知識產權一體化保護研究

劉華俊 著

文匯出版社

图书在版编目(CIP)数据

知识产权一体化保护研究/刘华俊著.—上海:文汇出版社,2022.11
ISBN 978-7-5496-3919-9

Ⅰ.①知… Ⅱ.①刘… Ⅲ.①知识产权法—研究—中国 Ⅳ.①D923.404

中国版本图书馆 CIP 数据核字(2022)第 203670 号

知识产权一体化保护研究

著　　者／刘华俊

责任编辑／黄　勇
特约编辑／建　华
封面装帧／张　晋

出版发行／文汇出版社
　　　　　上海市威海路 755 号
　　　　　(邮政编码 200041)
经　　销／全国新华书店
排　　版／南京展望文化发展有限公司
印刷装订／启东市人民印刷有限公司
版　　次／2022 年 11 月第 1 版
印　　次／2022 年 11 月第 1 次印刷
开　　本／720×1000　1/16
字　　数／280 千字
印　　张／19.25

ISBN 978-7-5496-3919-9
定　　价／75.00 元

前言

识产权上诉案件由蒙高人民法院审理可见知识产权的法律制度保障更有度极大地促进知识产权的创新发展知识产权一体化保护的研究是在我之前出版的专利权诉讼典型案例指引商标权诉讼典型案例指引著作权诉讼典型案例指引反不正当竞争诉讼典型案例指引知识产权诉讼制度研究知识产权价值评估研究等知识产权系列专

前言

近年来中国特色社会主义法治建设达到新高度,就知识产权领域而言,中华人民共和国民法典于二〇二〇年五月二十八日经全国人民代表大会审议通过,商标法反不正当竞争法专利法著作权法甘知识产权部门法相继修订,北京上海广州成立了知识产权法院,与技术有关的知为知识产权的保护应当坚持知识产权一体化的保护路径，可以说在知识产权保护简案方面出现山穷水尽之时有可能可以迎来柳暗花明。本书的研究即是在知识产权理论与司法实践相结合的基础上全面系统深入地探讨知识产权一体化的保护问题。本书具有以下主要特点：

第一，案例新，代表性强。本书探讨的全部案例均选用近三年著的基礎上進行的新探索並對新的實踐經驗進行了總結。我之前出版的知識產權系列專著的一大特點是聚焦於知識產權某一領域，知識產權是法學領域的重要學科，雖然不同的知識產權之間存在著密切聯繫，但由於權利基礎不同，適用法律依據也有所不同。近些年來我對此問題進行深入思考並開展相關的實務工作，經過反復的求實與思考認而本案具有一定的代表性商標領域的案例為中策橡膠集團股份有限公司訴山東元豐橡膠科技有限公司侵害商標權糾紛案此案中權利人主張按照侵權實際獲利來計算賠償額得到浦東法院認可並採信這与之前普遍主張採用法定賠償有所不同因而該案較為典型可為類似案件提供參考專利權案件為北京熱刺激光技術有限責任公司訴上海

的案例案件类型主要涉及版权专利商标及不正当竞争领域上述三个领域各选取一个案例进行分析研究版权领域的案例为中策橡胶集团股份有限公司与朝阳日策橡胶有限公司天津市晟祥橡胶制品有限公司著作权纠纷案此案虽为适用著作权审理的案件但实践中也可以根据案情适用反不正当竞争或外观专利权进行保护因

研究的基礎上進一步論述運用知識產權一體化的保護體現,由簡案到綜合,由簡單到複雜,進而逐步深入的過程,因此本書中所選取的案例本身具有綜合的特點,例如在2021粤民終9○一號案中,權利方系福達中國投資有限公司旗下的公司,福達投資為世界五百強企業,其生產的產品具有較高的知名度,產品銷售範圍廣,該案件涉及的權利也山普镭射技术有限公司侵害发明专利权纠纷案一般而言发明专利权经过实质审查权利基础相对稳定在审理案件之前涉案专利权经历行政无效和行政诉讼程序权利基础稳定程度更高因而本案也极具典型性

第二循序渐进由简案到综合本书意在探讨知识产权一体化保护即在对版权专利商标反不正当竞争保护有一定

谈而是聚之围绕庭审中的争议焦点问题展开研究法分析路径上首先介绍案例基本情况进而再分析相关法律依据最后原文呈现判决书本书旨在体现从理论到实践的分析路径尤其对非实践中的重点问题给出具体的解决对策从而归结出解决相关问题的类型化方案

第四体系一致一脉相承本书与我之前出版的专著在体例

括版權不正當競爭及外觀者利如果權利都在有效期內則均可以訴諸法律進行保護當一種權利不能得到保護時可以尋求其他救濟方式因此權利種類雖不同但案件事實相關聯無論是在理論上還是司法實踐中此案件均可以稱得上是知識產權一體化保護的典型案例

第三緊扣焦點立足實踐 本書對所引用的案例並非泛泛而

本书没有拘泥于知识产权领域中的某一部门法而是将知识产权的相关权利综合运用并加以阐释算是一次全新的尝试这也是我不断研究学习坚持实践的过程本书的出版希望对我国培养体系全面性实务性的知识产权人才有所帮助但囿于水平有限书中不足或缺陷之处在所难免肯请同仁批评指正 二〇二二年九月 刘华俊

上保持相對一致。雖然理論分析及案例重要的關注點不同但分析體系保持不變通過對案例的介紹法條的解析法院判決書到爭議問題的分析再到總結提升由淺入深地進行抽絲剥繭的分析相信更有利於讀者能夠快速領會知識產權一體化保護的精髓並深切希望能夠應用於實踐解決實踐中復雜疑難問題。

前　　言

近年来,中国特色社会主义法治建设达到新高度,就知识产权领域而言,《中华人民共和国民法典》于2020年5月28日经全国人民代表大会审议通过,《商标法》《反不正当竞争法》《专利法》《著作权法》等知识产权部门法相继修订。北京、上海、广州等地成立了知识产权法院,与技术有关的知识产权上诉案件由最高人民法院审理。可见,知识产权的法律制度保障更有力度,极大地促进知识产权的创新发展。

知识产权一体化保护的研究是在我之前出版的《专利权诉讼典型案例指引》《商标权诉讼典型案例指引》《著作权诉讼典型案例指引》《反不正当竞争诉讼典型案例指引》《知识产权诉讼制度研究》《知识产权价值评估研究》等知识产权系列专著的基础上进行的新探索,并对新的实践经验进行了总结。

我之前出版的知识产权系列专著的一大特点是聚焦于知识产权的某一领域。知识产权是法学领域的重要学科,虽然不同的知识产权权利之间存在着密切联系,但由于权利基础不同,适用的法律依据也有所不同。近些年来,我对此问题进行深入思考,并开展相关的实务工作,经过反复的求实与思考,认为知识产权的保护应当坚持知识产权一体化的保护路径。可以说,在知识产权保护个案方面出现"山穷水尽"之时,有可能可以迎来"柳暗花明"。本书的研究即是在知识产权理论与司法实践相结合的基础上,全面、系统、深入地探讨知识产权一体化的保护问题。本书具有以下主要特点:

第一,案例新,代表性强。本书探讨的全部案例均选用近三年的案例,案件类型主要涉及版权、专利、商标及不正当竞争领域,上述三个领域各选取一个案例进行分析研究。版权领域的案例为中策橡胶集团股份有限公司与朝阳日策橡胶有限公司、天津市晟祥橡胶制品有限公司等著作权侵权纠纷案。此案虽为适用著作权审理的案件,但实践中也可以根据案情适用反不正当竞争或外观专利权进行保护,因而本案具有一定的代表性。商标领域的案例为中策橡胶集团股份有限公司诉山东元丰橡胶科技有限公司等侵害商标权纠纷案。此案中权利人主张按照侵权实际获利来计算赔偿额得到浦东法院认可并采信,这与之前普遍主张采用法定赔偿有所不同,因而该案较为典型,可为类似案件提供参考。专利权案件为北京热刺激光技术有限责任公司诉上海山普镭射技术有限公司侵害发明专利权纠纷案。一般而言,发明专利权经过实质审查,权利基础相对稳定,在审理案件之前,涉案专利权经历行政无效和行政诉讼程序,权利基础稳定程度更高,因而本案也极具典型性。

第二,循序渐进,由个案到综合。本书意在探讨知识产权一体化保护,即在对版权、专利、商标及不正当竞争保护有一定研究的基础上,进一步论述运用知识产权一体化的保护,体现由个案到综合、由简单到复杂,进而逐步深入的过程。因此,本书中所选取的案例本身具有综合性的特点。例如,在(2021)粤民终901号案中,权利方系福达(中国)投资有限公司旗下的公司,福达投资为世界五百强企业,其生产的产品具有较高的知名度,产品销售范围广。该案件涉及的权利包括版权、不正当竞争及外观专利,如果权利都在有效期内,则均可以诉诸法律进行保护,当一种权利不能得到保护时,可以寻求其他救济方式。因此,权利种类虽不同,但案件事实相关联,无论是在理论上还是司法实践中,此案件均可以称得上是知识产权一体化保护的典型案例。

第三,紧扣焦点,立足实践。本书对所引用的案例并非泛泛而谈,而是紧紧围绕庭审中的争议焦点问题展开研究。从分析路径上,首先介绍案例基本情况,进而再分析相关法律依据,最后原文呈现判决书。

本书旨在体现从理论到实践的分析路径,尤其对于实践中的重点问题给出具体的解决对策,从而总结出解决相关问题的类型化方案。

第四,体系一致,一脉相承。本书与我之前出版的专著在体例上保持相对一致。虽然理论分析及案例重要的关注点不同,但分析体系保持不变。通过对案例的介绍、法条的解析、法院判决书到争议问题的分析,再到总结提升,由浅入深地进行抽丝剥茧的分析,相信更有利于读者能够快速领会知识产权一体化保护的精髓,并深切希望能够应用于实践,解决实践中复杂疑难问题。

本书没有拘泥于知识产权领域中的某一部门法,而是将知识产权的相关权利综合运用并加以阐释,算是一次全新的尝试,这也是我不断研究学习、坚持实践的过程。本书的出版,希望对我国培养体系性、全面性、实务性的知识产权人才有所帮助,但囿于水平有限,书中不足或缺陷之处在所难免,恳请同仁批评指正。

刘华俊

2022 年 9 月

目 录

前言 ·· 1

第一章　知识产权一体化保护中的实体法及程序法问题 ················ 1
　一、知识产权一体化保护中的实体法问题 ································ 3
　　　1. 知识产权的权利竞合 ·· 3
　　　2. 知识产权的权利冲突 ·· 4
　　　3. 知识产权权利基础不稳定 ······································ 6
　　　4. 知识产权侵权赔偿数额不明确 ······························· 7
　　　5. 知识产权保护期限不同 ··· 9
　　　6. 法院保护力度存在差异 ·· 10
　二、知识产权一体化保护中的程序法问题 ······························· 11
　　　1. 法院管辖不统一 ··· 11
　　　2. 知识产权类案件审理程序滞后 ································ 12

第二章　知识产权一体化保护的理论基础 ·································· 13
　一、实体法角度的理论基础 ··· 15
　　　1. 知识产权一体化保护的含义 ··································· 15
　　　2. 知识产权一体化保护的产生原因 ····························· 16
　　　3. 知识产权一体化保护的理论来源 ····························· 18
　　　4. 知识产权四大实体法之间的联系 ····························· 20
　　　5. 知识产权实体法之间的区别 ··································· 22
　　　6. 知识产权一体化保护在实体法理论上的可行性 ·········· 23
　二、程序法角度的理论基础 ··· 23
　　　1. 知识产权案件的审理主体 ······································ 24
　　　2. 知识产权案件的审理组织 ······································ 26

3. 知识产权案件的管辖 28
三、行政法角度的理论基础 29
　　1. 法律规范方面的规定 29
　　2. 管理机构方面的规定 30
　　3. 权利授予及异议方面的规定 31

第三章　知识产权一体化保护之实体法定要点分析 33
一、著作权保护的法定要点分析 35
　　1. 著作权的主体 36
　　2. 著作权的产生时间 37
　　3. 著作权的保护期限 38
　　4. 著作权保护的特殊规定 38
　　5. 著作权案件的侵权行为和侵权事实 39
　　6. 具体案件分析 43
二、专利权法定要点分析 70
　　1. 权利人的权利基础 70
　　2. 侵权人的侵权行为 71
　　3. 侵权人恶意程度 72
　　4. 侵权赔偿额的确定 73
　　5. 具体案件分析 75
三、商标权保护法定要点分析 87
　　1. 权利基础 87
　　2. 侵权行为 88
　　3. 涉案产品知名度 89
　　4. 侵权人的主观恶意 90
　　5. 侵权人实际获利 91
　　6. 具体案件分析 92
四、不正当竞争法定要点分析 118
　　1. 权利基础 118
　　2. 侵权行为 119

3. 涉案产品知名度 ································· 119
　　　4. 侵权人的主观恶意 ································· 120
第四章　知识产权一体化保护之程序法定要点分析 ············· 121
　一、知识产权一体化保护的管辖问题 ····················· 123
　　　1. 著作权侵权的管辖法院 ··························· 123
　　　2. 商标权侵权及不正当竞争行为诉讼的管辖法院 ······· 123
　　　3. 专利权侵权诉讼的管辖法院 ······················· 123
　二、知识产权一体化保护审理阶段问题 ··················· 125
　　　1. 知识产权案件一审要点 ··························· 125
　　　2. 知识产权案件二审要点 ··························· 127
　　　3. 知识产权案件再审要点 ··························· 128
　三、知识产权民事诉讼与行政争议解决的交叉问题 ········· 129
　　　1. 专利权方面 ····································· 129
　　　2. 商标权方面 ····································· 130

第五章　知识产权一体化保护相关案件分析 ··················· 133
　一、开平味事达调味品有限公司诉开平市家常用调味品有限
　　　公司、莆田市冠超商贸有限公司著作权权属、侵权纠纷案 ··· 135
　二、国家知识产权局关于味事达专利权无效宣告请求审查决
　　　定案 ··· 169
　三、开平味事达调味品有限公司诉开平市家常用调味品有限
　　　公司等不正当竞争纠纷案 ····························· 181
　四、知识产权一体化保护案例的启示与建议 ··············· 227

附录　上海容东激光科技有限公司与国家知识产权局、第三人北京
　　　热刺激光技术有限责任公司发明专利权无效行政系列案件 ··· 231
　一、案情简介 ··· 233
　二、法律文书 ··· 234

后记 ··· 269

第一章

知識產權一體化保護中的實體法及程序法問題

第一章
知识产权一体化保护中的实体法及程序法问题

一、知识产权一体化保护中的实体法问题

1. 知识产权的权利竞合

我国现有知识产权制度在实体方面的问题主要表现为不同种类知识产权的权利之间存在冲突和竞合、权利基础不稳定、赔偿依据不明确以及同一客体上的知识产权保护时间不同等。例如,某些知识产权载体所体现的权利可同时主张外观设计专利权及著作权保护,二者的保护时间不同。知识产权是由法律规定所创设的权利,立法活动是一个主观见之于客观的过程,基于人认识能力的有限性和客观世界的无限性,主观认识并不总是与客观事实相一致,个体之间的主观认识也存在偏差。反映到知识产权制度中,各类知识性权利的边界并不总是清晰的,产生交叉的可能性较大,如著作权与商标权、著作权与外观设计专利权、商标权与外观设计专利权、商标权与有一定影响力的商品的特有名称以及包装、装潢之间的冲突与竞合。

知识产权的权利竞合又被称为"知识产权的重叠保护",是指知识产权所有者依据不同部门知识产权法律规范,针对同一客体可能获得的多重知识产权保护。从形式上而言,知识产权的权利重叠可归属到法条竞合中的"相容竞合"情形,其法律效果在逻辑上不相矛盾,似可并行不悖。[①]

不同种类的知识产权权利归属同一主体时会产生竞合,如同一权利人对同一标识同时享有外观设计专利权或商标权的情况。又如知名商品特有名称、包装、装潢与注册商标的竞合、著作权与知名商品包装

[①] 何炼红:《知识产权的重叠保护问题》,载《法学研究》2007年第5期。

装潢的竞合等,对于不同知识产权权利竞合的情况,司法实践中存在不同的处理方式。以侵害商标权及不正当竞争纠纷为例,司法实践中人民法院对这类纠纷的处理存在较大差异。在原告就被告的同一行为同时提出商标侵权和不正当竞争诉由的案件中,有的法院认为此种情形构成"法律竞合",应当对竞合的法律择一适用。据此,法院要么以商标侵权业已成立为由排除《中华人民共和国反不正当竞争法》(以下简称《反不正当竞争法》)的适用,要么以涉案行为构成不正当竞争为由不再对商标侵权争议做出裁判。而在另外一些案件中,法院则将原告的商标侵权诉由和不正当竞争诉由视为法律规范的"想象竞合",认为被告的同一行为并非仅侵害一法益,出于利益多元化保护的需要,应当同时适用《中华人民共和国商标法》(以下简称《商标法》)和《反不正当竞争法》对被告的涉案行为一并予以评价。①

我认为,在权利人维权过程中出现知识产权的权利竞合时,鉴于各级审判法院审判水平及地区的不同,权利人应先研究各地区、各级法院相应的审判思路,结合权利人在维权过程中要求法院保护的具体知识产权类别,调整相应诉讼请求及诉讼策略。

2. 知识产权的权利冲突

首先,关于权利冲突,有学者认为这是一个伪命题,任何权利都有特定边界,权利边界通过立法技术、司法解释、法律原则、公序良俗等是可以划定的。② 只要明确了各自的界限,权利之间就不交叉和重叠,也就不会发生冲突。但我认为,在实践中,由于划定每一个特定权利的具体边界并不容易,如果难以划清两个发生冲突的权利之间的界限,则仍然难以解决实际纠纷。

同时,财产权天然的排他属性决定了各项财产权之间一般不会产生权利冲突,即同一项财产的权利不能由多个主体所有,除非法律的特

---

① 徐聪颖:《论侵害商标权及不正当竞争案件中的损害混同与聚合》,载《河北法学》2019年第37卷第9期。
② 郝铁川:《权利冲突:一个不成为问题的问题》,载《法学》2004年第9期。

别规定或另有约定。① 但是在知识产权领域,人们对智力成果的"占有",并非像物权等财产权一样是一种具体而实在的控制,而是表现为认知和利用。知识产权的权利组成是多样的,由于权利产生的方式、主体的不同,不同权利主体可以享有、使用同一项智力成果,这种特性使得知识产权相较于财产性权利更易发生权利冲突。

另有学者认为,知识产权的权利冲突,指的是根据同一智力成果而衍生出的两项或多项相互抵触或矛盾的权利同时存在的现象。也就是说,知识产权的权利冲突是指同一智力成果在特定条件下归属于多个权利主体的法律形态。权利冲突的现象在知识产权领域相当普遍,几乎可以覆盖知识产权的所有角落。② 知识产权的冲突不仅体现在各类不同的知识性权利之间,甚至同一类型的知识产权也存在发生冲突的可能。例如,注册商标之间产生的冲突,根据最高人民法院《关于审理注册商标、企业名称与在先权利冲突的民事纠纷案件若干问题的规定》,对于注册商标与注册商标之间的冲突,应先由行政程序解决,人民法院不予受理。虽然"注册商标之间的权利冲突不作为民事案件受理,更多的是一种政策上的考虑和选择。为最大限度地维护商标的全国集中授权制度,在客观条件不是非常成熟的情况下,不予受理较为稳妥。"③在(2019)苏05知初355号案件中,江苏省苏州市中级人民法院即采用了该种裁判思路。但不予受理的政策选择并非想象中的稳妥,并不能解决现实生活中可能发生的所有注册商标之间的权利冲突,也不能及时保护权利人及消费者的利益。④

我认为,为防止在维权过程中出现权利冲突,权利人应在日常经营中进行相应的商标注册监控,在检索到相应侵权标识意欲申请为注册商标时,应及时提出异议及无效。在诉讼过程中,则应尽量在民事诉讼

---

① 方明:《论知识产权的权利冲突及协调原则》,载《淮阴师范学院学报(哲学社会科学版)》2004年第6期。
② 王凯:《商标权利冲突问题研究》,西安理工大学硕士学位论文(2010年),第9页。
③ 孔祥俊:《商标与不正当竞争法原理和判例》,法律出版社2009年版,第527页。
④ 凌宗亮、谈娅:《知识产权权利冲突解决策略的反思及完善》,载《上海政法学院学报(法治论丛)》2017年第1期。

一审判决前无效侵权标识,以防止知识产权权利冲突的发生。

3. 知识产权权利基础不稳定

知识产权一体化保护中还存在知识产权权利基础不稳定的问题,其具体表现在:

在著作权领域,著作权作品创作时间或形成时间不明确。权利人未及时对其享有著作权的作品进行版权登记或保留作品使用的相关证据,导致权利人存在证据形式不完善、权利基础不稳定的问题。著作权是从作品完成之日起自动享有,但权利人未选择将其作品予以发表或进行版权登记时,作品的权利主体便容易出现争议。因此,著作权的权利主体在创作文学、艺术和科学作品的过程中,应当注重保留创作过程的证据,并在作品完成时及时在版权登记部门进行作品的版权登记,以便更好地维护自身合法权益。

在专利权领域,在进行专利申请时存在检索研究不全面、专利维权不及时、权利的基础不稳定、外观设计专利对产品利润贡献率不明确等问题。在专利权受到侵害后,如若存在专利维权不及时的现象会影响权利基础的稳定性。并且在外观设计专利方面,应当遵循"申请在前、使用在后"的原则,在企业使用或者公开该外观设计专利之前应当及时向国家知识产权局申请外观设计专利,否则就构成现有设计,不利于外观发明的保护。另外,虽然外观设计专利对产品利润的贡献率不明确,专利侵权也基本无关乎产品的知名度问题,但外观设计产品知名度会影响产品的利润。因此,将外观设计作为商品的一种装潢设计在商品上使用,形成具有一定影响力的商品装潢设计后,为了避免他人实施混淆行为,可以通过《反不正当竞争法》对其加以保护。由此可见,知识产权一体化保护具有不可分割性。

在反不正当竞争法领域,存在权利人的权力权利基础不稳定的问题。根据《最高人民法院关于适用〈中华人民共和国反不正当竞争法〉若干问题的解释》的第5条规定可知,产品的包装、装潢需要具有区别商品来源的显著特征。但在具体案件中,产品的包装、装潢具有不稳定性,存在变化的情况,这在一定程度上影响了产品包装、装潢显著性的特征,导致权利基础不稳定的情况发生。例如,在开平味事达调味品有限公司诉开平市家常用调味品有限公司等不正当竞争纠纷案(2021)粤民终901号中,本案所涉及的权利基础就存在变化的情况。此外,产品宣传证据保留不完善、产品的销售范围及销售记录不完善的问题也进一步导致权利人的权利基础不稳定。

我认为,权利人应在维权前进行充分的前期工作,夯实相应权利基础,以确保维权过程中不会因权利基础不稳定而陷于不利的困局。

4. 知识产权侵权赔偿数额不明确

(1)权利人受偿数额缺乏参考依据

知识产权的侵权救济主要依靠知识产权损害赔偿金。与禁令救济不同,损害赔偿是面向已经发生的"损害"进行评价,与有形财产所遭受的"损害"相比,缺乏"可视化"。[①] 因此,无形财产的损害往往以市场竞争为媒介,在数额确定上受因果关系证明、证据获取以及市场需求变化等因素影响,缺乏"可视化"。[②] 另外,在存在知识产权侵权情况下,权利人对具体的赔偿数额也缺乏充分的参考依据。例如,在专利权侵权的情况下,根据《最高人民法院关于审理专利纠纷案件适用法律问题的若干规定》第21条的规定,在专利权人的损失或者被诉侵权人获得的利益难以确定的情况下,如果是专利权人许可他人实施专利的,权利人可以请求法院参照该专利许可使用费的倍数合理确定赔偿数额;如果专利权人没有进行专利许可,则法院需要根据专利权的类型、侵权行为的性质和情节等因素来确定赔偿的数额,同时,法院自由裁量的空间变大,对权利人来讲则意味着缺乏可供参考的赔偿依据来主张自己的权利并得到有效保护。这种情况下,一方面如果不能对知识产权的损害情况予以充分救济,则容易出现侵权人获利,进而导致连续侵权的情况发生;另一方面如果对知识产权的侵权损害情况予以过度评价,对被控侵权人判决过高的损害赔偿额,则容易导致司法不公的现

[①] 张鹏:《商标侵权损害赔偿数额计算的现状与展望》,载《知识产权》2021年第5期。
[②] 张鹏:《商标侵权损害赔偿数额计算的现状与展望》,载《知识产权》2021年第5期。

象。因此,明确知识产权损害赔偿的参考依据,不论对权利人还是对被控侵权人均意义重大。

(2)知识产权侵权损害赔偿的参考因素不明确

从实体法角度分析,知识产权一体化保护中著作权、专利权、商标权及《反不正当竞争法》中规定的侵权损害赔偿存在参考因素不统一、法律规定及裁判结果差距较大等问题。著作权侵权的赔偿参考因素为权利人因此受到的实际损失或者侵权人的违法所得、权利使用费、作品类型、作者知名度、合理使用费、侵权行为性质、后果等;专利权侵权的赔偿参考因素为权利人因被侵权所受到的实际损失或者侵权人因侵权所获得的利益、该专利许可使用费的倍数、专利权的类型、侵权范围、侵权行为的性质和情节等其他因素;商标权侵权的赔偿参考因素为权利人因被侵权所受到的实际损失、侵权人因侵权所获得的利益、该商标许可使用费的倍数、商标知名度、侵权范围、侵权恶意度及情节;不正当竞争行为的赔偿参考因素为被侵权所受到的实际损失、侵权人因侵权所获得的利益、权利知名度、侵权范围、侵权行为的情节。在参照许可使用费的倍数确定赔偿数额方面,我国《中华人民共和国专利法》(以下简称《专利法》)、《中华人民共和国著作权法》(以下简称《著作权法》)及相关司法解释并未对倍数的上限作出明确规定,导致以此种方式确定赔偿数额具有极大的不确定性。例如,对于侵犯著作权的行为,有些法院以 8 倍稿酬为赔偿上限,而有些法院则以 5 倍稿酬为赔偿上限。作为惩罚色彩较为浓重的赔偿确定方法,许可使用费倍数上限的不统一容易导致"同案不同判",降低了司法裁决的可预见性。[1] 除此之外,知识产权侵权损失大多数采取客观确定标准,但知识产权侵权损失不仅包括因侵权行为所直接导致的损失,还包括因侵权行为所造成的商誉减值以及销量减少等,这些间接损失难以具体量化,权利人无法依靠民事证据规则的证明逻辑证据自己全部损失,而侵权人则可以通过这种侵权行为实现非法获利。[2]

---

[1] 张广良:《知识产权损害赔偿惩罚体系的构建》,载《法学》2020 年第 5 期。
[2] 蒋华胜:《知识产权惩罚性赔偿制度研究:立法检视与司法适用——兼论我国〈民法典〉第 1185 条法律规范的体系化构建》,载《中国应用法学》2021 年第 1 期。

从上述著作权、专利权、商标权及反不正当竞争行为的赔偿参考因素中可知,不同的知识产权权利受到侵害时所参考的赔偿因素不同,法律对侵权赔偿问题缺乏明确客观的具体规定,法院认定赔偿数额时拥有较大的自由裁量权,进而导致法院在裁判相关案件时裁判结果差异大,存在"类案不同判"的情况。我国应当完善知识产权实体法与程序法来彻底解决知识产权司法定价与市场价值匹配的问题。[1] 但知识产权制度尤其是著作权与专利制度的终极目标均不是保护在先创新者,而是激励持续创新,故损害赔偿需要保持适当的谦抑性,法院应随时警惕过度偏向在先创新者的制度风险。[2] 一方面如果不能对知识产权侵权予以充分救济,会导致侵权人更易因侵权而获利诱发再次侵权的情况发生,最终使得侵权救济规则的设置无异于画饼充饥;另一方面如果对知识产权侵权的损害予以过度评价,也会限制商业活动的自由。[3] 因此,明确知识产权侵权赔偿数额的参考依据及因素意义重大。[4]

我认为,尽管法律实践中知识产权侵权赔偿数额经常具有不确定性,但权利人可以通过对侵权人生产规模、能力、销售范围、行业平均利润进行调查,向法院申请要求调取侵权人财务数据等方式,明确具体的赔偿数额。

5. 知识产权保护期限不同

根据法律相关规定,著作权中的署名权、修改权、保护作品完整权等人身权的保护期不受期限限制。自然人的作品,其发表权,《著作权法》第十条第一款第五项至第十七项规定的权利的保护期为作者终生及其死亡后50年,截止于作者死亡后第50年的12月31日,如果是合作作品,截止于最后死亡的作者死亡后第50年的12月31日;法人或者其他组织的作品、著作权(署名权除外)由法人或者其他组织享有的

---

[1] 蒋华胜:《民营企业知识产权司法保护中的关键性问题探析》,载《河北法学》2017年第11期。
[2] 蒋舸:《著作权法与专利法中"惩罚性赔偿"之非惩罚性》,载《法学研究》2015年第6期。
[3] 张鹏:《商标侵权损害赔偿数额计算的现状与展望》,载《知识产权》2021年第5期。
[4] 蒋舸:《著作权法与专利法中"惩罚性赔偿"之非惩罚性》,载《法学研究》2015年第6期。

职务作品,发表权与《著作权法》第十条第一款第五项至第十七项规定的权利的保护期为 50 年,截止于作品首次发表后第 50 年的 12 月 31 日,但作品自创作完成后 50 年内未发表的,不再受法律保护。视听作品的发表权与《著作权法》第十条第一款第五项至第十七项规定的权利的保护期为 50 年,截止于作品首次发表后第 50 年的 12 月 31 日,但作品自创作完成后 50 年内未发表的,不再受法律保护。在有关专利权的保护期限中,发明专利权为 20 年,实用新型专利权为 10 年,外观设计专利权为 15 年,均自申请日起计算。此外,注册商标的有效期为 10 年,期满可续展,每次续展注册的有效期为 10 年。

根据上述规定可知,知识产权权利种类所包含的著作权、专利权、商标权三大权利的保护期限各不相同,不正当竞争进行保护的期限,根据产品的知名度、销量、包装装潢的特点等法定要求,期限处于特定时期的变化中。正是由于不同知识性权利的保护期限不同,权利人对知识产权保护的认识也会产生相应的差异,从而影响权利人相关权利的行使。

我认为,权利人可以根据不同类知识产权不同的保护时间,结合不同保护客体的具体需求,选择具体的知识产权类别进行知识产权保护及权利主张,进行知识产权一体化保护。

6. 法院保护力度存在差异

不同法院在审理不同类型知识产权案件时,适用法律依据不相同,导致不同类型的知识产权权利保护力度存在较大差异。通常而言,由于著作权存在取证困难以及难以计算收益等问题,其保护力度偏小。同时,为了鼓励创新及发明创造,专利权的保护力度则在不断加大,专利法中有关专利侵权的赔偿数额有了相应提升,专利权无效的审查周期也有所缩短;同时,商标权的保护同专利权保护相同,其保护力度也在不断加强,侵犯商标权所应承担的赔偿责任也有所加重。

但侵权人在侵犯知识产权中获利的现象仍频频发生。在青岛啤酒股份有限公司与山东圣洲啤酒有限公司侵犯商标权纠纷案(2015)鲁民三终字第 13 号以及百威公司与山东圣洲啤酒有限公司侵犯商标权纠纷案(2022)闽民终 691 号两案中,山东圣洲啤酒有限公司于 2015 年就因侵犯青岛啤酒股份有限公司被法院判决赔偿原告40万,然而被告在被法院判决后仍继续实施侵权行为。2022年山东圣洲啤酒有限公司又因侵犯百威公司商标权被法院判决赔偿百威公司50万元经济损失。山东圣洲啤酒有限公司明知其实施侵犯商标权的行为会承担赔偿责任,仍继续实施侵权行为。由此而知,我认为,部分对侵权行为的惩罚力度仍落后于侵权人实施侵权行为的获益,这导致知识产权重复侵权行为屡禁不止。可见,打击侵犯商标权、加大知识产权保护之路,仍任重而道远。

我认为,权利人受到知识产权侵权时,鉴于不同地区经济发展水平及不同层级法院之间的审判水平差异,应选择知识产权保护力度大的地区及法院进行诉讼,以更好地维护权利人的正当利益。

二、知识产权一体化保护中的程序法问题

知识产权一体化保护中所涉及的程序法问题主要是法院管辖不统一以及审理程序滞后等,这些问题在某种程度上阻碍了知识产权一体化保护进程。

1. 法院管辖不统一

在著作权领域,大部分侵犯著作权的案件由基层人民法院管辖;在商标权领域及反不正当竞争法领域,同著作权案件的管辖大致相似,也由基层人民法院予以管辖。在专利权领域,侵犯专利权案件管辖法院与上述案件的管辖法院有所不同。侵犯专利权的案件包括发明专利、实用新型及外观设计专利在内的一审案件大部分由中级人民法院或专门的知识产权法院管辖;外观设计专利的二审案件由各地高级人民法院管辖,发明专利及实用新型专利的二审案件则由最高人民法院管辖。不同地区对同一侵权事实的管辖法院不同,致使权利人可以通过选择侵权行为地或被告所在地的方式来挑选审理法院及审理层级,又因为在司法实践中,法官自由裁量权范围、各地经济发展水平以及知识产权案件的损害赔偿数额参考依据不统一等因素对案件判赔金额有较大影

响,导致不同法院对同类知识产权案件的裁判结果存在较大差别,这也是影响知识产权一体化保护的重要因素。

2. 知识产权类案件审理程序滞后

在专利权领域,涉及专利权的案件中审理中,我国采用"二元"审理体制。对于专利权侵权纠纷案件,通常由我国中级人民法院适用民事诉讼法进行审理;对于涉及专利权有效性的案件,需要先由国家知识产权局对专利的有效性作出行政决定,在此基础上法院再继续开展对民事案件的审理。可见,涉及专利权有效性的案件往往存在程序上的交叉,专利权有效性的认定在民事诉讼领域存在程序上的滞后性,不利于知识产权一体化的保护。

但是,国家知识产权局对于诉讼中涉及专利无效的行政争议的案件已经通过尝试采取新的诉讼模式来缩短专利无效宣告的审查及审理周期,加快了审理程序,这在一定程度上缓解了程序滞后给专利权保护所造成的不利影响。在商标权领域,涉及商标权的案件中也存在行政程序与民事诉讼的"二元"审理程序。对于同类商品在商标侵权的民事诉讼中,在涉及有关注册商标有效性的相关争议时,也需要先对商标的有效性作出行政认定,进而才能继续开展对商标侵权案件的审理,这也造成了知识产权一体化保护的程序滞后。除了当事人主动开启注册商标无效宣告程序,司法实践中出现的主要情况是在商标民事侵权案件中,被控侵权人将注册商标无效用作抗辩手段从而启动商标无效宣告程序,这使得法官在审理过程中难免会受到无效宣告程序的掣肘:若中止案件审理等待无效宣告结果会削减审理效率;若自行判断商标有效性又可能与商标评审机构的评审结果不一致,从而增加权利不稳定的风险。[①]

我认为,以上两类问题是知识产权一体化保护中常见的程序法问题。权利人在进行维权时,应通过研究相应法院审判案例、流程,在可选择的管辖法院范围内,选择审理程序较快、知识产权保护力度较大、执行力度较大的法院进行维权诉讼。

---

① 苗奕凡:《注册商标无效宣告案件救济模式之完善》,载《行政与法》2022 年第 6 期。

第二章 知識產權一體化保護的理論基礎

第二章
知识产权一体化保护的理论基础

一、实体法角度的理论基础

1. 知识产权一体化保护的含义

权利附着于客体,客体衍生出权利。每一项权利必然寄生于某一客体,但一个客体,不一定只衍生出一项权利。[1] 特定客体被放在特定的法律环境和社会环境之中,就能从不同视角、侧面、切入点等衍生出不同的权利。[2] 知识产权也经常碰到类似的问题,依据不同的法律,知识产权所有者可以就商标、专利、不正当竞争、著作权获得多重保护。

知识产权特定客体衍生的多项知识产权,彼此之间的关系大体有三种形态:第一,同主共属形态,即同一权利主体对同一客体享有两项或者两项以上的知识产权的权利保护状态;第二,异主共存形态,即不同权利主体对同一客体享有两项或者两项以上的知识产权的权利保护状态,但各权利主体之间通过构造相容管道,使得彼此的权利和睦共存,各受其利;第三,异主抵触形态,即不同权利主体对同一客体享有两项或者两项以上的知识产权的权利保护状态,且彼此之间没有构建起相容管道,致使一方权利主体的权利阻却了他方权利主体的权利,从而引发冲突。[3] 前两项形态的权利主体针对同一客体产生了多项知识产权同时得以和谐共存,权利主体可以各种知识产权的法定要件,获得知识产权的重叠保护。而后一种形态下的权利主体的利益不同,随之产

---

[1] 钱矛锐:《知识产权权利冲突研究》,西南政法大学硕士学位论文(2003年),第2页。
[2] 陈金涛、刘雅君:《国际电子商务中域名与商标的冲突与协调》,载《吉林财税高等专科学校学报期刊》2001年第11期。
[3] 钱矛锐:《知识产权权利冲突研究》,西南政法大学硕士学位论文(2003年),第2页。

生的因市场及经济等因素的需求不同,则容易产生冲突,由此产生知识产权的权利冲突。

就实体法角度而言,所谓知识产权的一体化保护指的是同一种权利载体上,根据知识产权的种类不同,考察具体的法定要件,全面运用知识产权权利之法,保护知识产权的价值,即知识产权所有者利用知识产权的重叠特点,尽可能地扩大特定客体的权利范围,充分发挥其经济价值。与此同时,知识产权所有者一旦发现他人权利与自己的权利冲突时便进行有效地冲突解决,避免自身与他人知识产权产生冲突。

2. 知识产权一体化保护的产生原因

探讨实体法角度知识产权一体化保护的机制构建,就必须要探究知识产权一体化保护产生的原因。前面谈及知识产权由于其自身特性导致知识产权重叠保护及知识产权的权利冲突,从而促使知识产权一体化保护的产生。知识产权一体化保护的产生与知识产权自身特性是密不可分的。[①] 我认为,知识产权一体化保护产生的原因主要有以下几个方面:

(1) 知识产权的无形性等特殊固有属性是知识产权一体化保护产生的内部根源

知识产权的客体,不同于传统意义上的物质性客体,其非物质性特征决定了知识产权与其他的有形财产具有相异的产生、运用与处分形态。首先,智力成果的流转相较于传统意义上的物质性财产较难被所有者控制。可以认为,无形之中,应运而生,智力成果本身具有一定的使用价值,而且不会占据物理意义上的空间,智力成果是非物质形态的,所有人对它的占有更多的以对其的感受和认知进行表现,智力成果的所有者很难像控制有形资产那样有效地将自己的智力成果纳入自身的控制。其次,智力成果的流转、使用所花费的费用相较于智力成果的孕育产生所花费的成本,低太多。随着现代社会科学技术的高速发展,智力成果信息的复制和流通的方式越来越多,范围越来越广,速度越来

---

① 钱矛锐:《知识产权权利冲突研究》,西南政法大学硕士学位论文(2003年),第13页。

越快,这种情况就使得他人能够轻易获得智力成果所有者在公开渠道披露的信息,他人只需付出非常小的成本便能够利用。再次,智力成果的使用不像有形资产那样会发生损耗,在法定的期限内,可以存续,发明和实用新型专利根据技术发展水平决定是否存用。智力成果也不会因为物理上的处分导致智力成果的消失。由此可见,正是由于智力成果的非物质性、可复制性、永存性以及共用性,使得权利对智力成果的保护实际处于一种难以有效控制的状态。[①]

知识产权是智力成果衍生的权利,相较于一般意义上的民事权利存在差异。具体而言,与传统物权法的"一物一权"原则不同,客体与权利本身相对分离的现象导致知识产权客体的使用呈现多样性,使用次数可以无限增加。也就是说,不同的权利主体可以在权利有效期限之内,随时利用某一知识产权客体,从而引发了知识产权权利的衍生,导致同一知识产权客体上产生出多项权利以及存在若干权利利用主体,出现了"一权多用"的情形,容易导致知识产权的权利边界不像有形资产那样具有空间的限制性,特定行为侵害某类知识产权的判断也更加困难。

正因为知识产权以及知识产权的客体存在上述种种特殊性,使得知识产权的重叠保护和知识产权的权利冲突存在理论上的合理性、根源上的正当性。进一步而言,知识产权一体化保护的产生拥有了理论上的内部根源。

(2) 经济利益驱动是知识产权一体化保护的外部动因

知识产权不仅仅是一种权利,更是一种极其重要的竞争性、具有垄断性的资源和无形资产,在权利的有效期限内,它可以给知识产权权利人带来无限的经济利益。尤其是在当下的知识经济付费时代,知识产权在社会经济生活中可以占据主导地位,知识产权的生产力在如今的知识经济时代已经成为不可替代的、价值潜力巨大的、独立的生产力因素,它可以直接渗透进入生产过程创造巨大价值,同时决定了一个社会

[①] 参见钱矛锐:《知识产权权利冲突研究》,西南政法大学硕士学位论文(2003年),第20页。

整体生产力水平的高低。① 越是具有技术创新性或者知名度的知识产权,越能给权利人创造无穷无尽的财富,这种利益驱动效应使得市场上的经营者总是在寻求用最快捷的方式使自己的商品迅速占领市场,而利用他人知识产权已有的知名度或技术先进性为自己所用,无疑是提高自己产品知名度或经济效应最快捷易行的办法。② 由此很多行业内经营者就产生了"傍名牌""搭便车""侵犯技术专利""侵害商业秘密"的想法,为了达到使得一般消费者对他人已有一定影响力的产品与其自身生产的产品产生混淆、形成误认的目的,涉嫌侵权人往往将相同或类似的权利标识依照法律规定的程序向对应的行政机关申请并最终获得了与原权利人不同的知识产权,使其本可能构成侵权的擦边行为披上了合法的伪装,从而达到仅花费很少的代价侵占他人智力成果的目的,知识产权的权利冲突也因此而生。③ 例如,将他人的商标权作为外观设计专利进行申请。相反,智力成果的所有者总希望在智力成果的使用中谋取利益最大化,竭力维护知识产权所带来的竞争优势,所以通常会利用可能的手段来强化知识产权的控制,由此产生知识产权的重叠保护。此外,随着科学技术的发展,一些特定的知识产权衍生出很多新权利。越来越进步的高新科学技术使知识产权的复制变得从未有过的廉价和快捷。侵权成本的低廉也引诱更多的竞争者趋之若鹜,从而引发更多的知识产权冲突问题。

综上所述,知识产权一体化保护的产生,既有其特殊的内部根源,又有利益驱动等外部动因。上述原因的分析,是研究和构建知识产权一体化保护的基础性理论工作。④

3. 知识产权一体化保护的理论来源

对知识产权进行保护是有实体法基础,具有充分理论依据。《中华人民共和国民法典》(以下简称《民法典》)第一二三条明确规定,民

---

① 参见王凯:《商标权利冲突问题研究》,西安理工大学硕士学位论文(2010年),第13页。
② 陈小平、丁现:《知识产权权利冲突法律思考》,载《西南政法大学学报》2000年第1期。
③ 钱矛锐:《知识产权权利冲突研究》,西南政法大学硕士学位论文(2003年),第21页。
④ 王凯:《商标权利冲突问题研究》,西安理工大学硕士学位论文(2010年),第14页。

事主体依法享有知识产权。知识产权是权利人依法就下列客体享有的专有的权利：（一）作品；（二）发明、实用新型、外观设计；（三）商标；（四）地理标志；（五）商业秘密；（六）集成电路布图设计；（七）植物新品种；（八）法律规定的其他客体。从《民法典》的规定可知，知识产权属于民事权利的一种，受到法律保护。知识产权客体是一种具有法律上之财产属性的物，由于这一物具有"有构""无质"性，所以是一种"无体物"，但具有用益性。知识产权是精神的、内在的财富，但可以通过一定形式的表达而取得外部存在。知识产权属于无形财产权，应当归属权利人所有。[1]

根据知识产权中的具体权利所依附的客体不同，客体产生的权利也就不同，进而适用的法律规定也就不同。著作权的保护客体为作品，其具体权利包括著作人身权和著作财产权，对著作权的保护主要适用《著作权法》；专利权的客体为发明、实用新型和外观设计专利，其具体权利主要有专利的独占权、许可权和转让权等内容，对专利权的保护主要适用《中华人民共和国专利法》；商标权的保护客体为商标，其最基本的权利为注册商标的专有使用权，对商标权的保护主要适用《中华人民共和国商标法》；针对不正当竞争行为的侵权行为，如擅自使用与他人有一定影响的商品名称、包装、装潢等相同或者近似的标识或者其他足以引人误认为是他人商品或者与他人存在特定联系的混淆行为，则主要适用《中华人民共和国反不正当竞争法》加以规制。《民法典》对知识产权作了概括性规定，以统领各个单行的知识产权法律，表明知识产权的私法归属，以列举和兜底的规定，为未来知识产权法的发展变化留下了空间，这就形成了民法典与知识产权专门法之间的一般法与特别法的关系。在知识产权司法审判中，对于民法典没有明确规定的问题，就需要从知识产权专门法中寻找法律依据。[2]

总之，从实体法保护的角度来看，对知识产权的保护具有确切的法

---

[1] 蒋华胜：《知识产权惩罚性赔偿制度研究：立法检视与司法适用——兼论我国〈民法典〉第1185条法律规范的体系化构建》，载《中国应用法学》2021年第1期。
[2] 朱理：《专利侵权惩罚性赔偿制度的司法适用政策》，载《知识产权》2020年第8期。

律依据和充分的理论依据。为了保护劳动成果,促进创新,知识产权一体化保护也将成为知识产权保护领域的一种发展趋势。

4. 知识产权四大实体法之间的联系

我国现行法律框架下并未直接规定知识产权的一体化保护,但我国各个知识产权部门法《商标法》《专利法》《著作权法》《反不正当竞争法》等均对各种知识产权进行了具体的规定,而各知识产权之间分别也存在联系与区别。这些联系使得知识产权的一体化保护在我国现行法律框架下成为可能,而各个知识产权的区别则给智力成果的享有者提供了选择的空间,使权利人可以针对智力成果的特点以及根据自己的需要挑选适合的知识产权对客体进行一体化保护。

首先,专利权与著作权之间有一定联系。发明、实用新型专利产品图纸、说明书等专利文献,可以作为著作权法上的作品,适用著作权法进行保护。对于享有外观设计专利权的权利人,如果其享有的外观设计专利已经过期,外观设计本身构成作品的,也可以通过主张著作权来维护自身合法权益。

其次,外观设计专利与商标权及不正当竞争之间也有所关联。商标权是指商标注册人依法对其注册商标所享有的一种民事权利。在我国,商标权的取得必须经国家商标局核准。商标权主要包括商标专用权、商标转让权、商标使用许可权及商标继承权等,其中商标专用权是商标权的核心。[①] 商标是一种不同于专利发明创造、著作权作品及商业秘密等创造性智力成果的标识性智力成果,一般情况下,有商品、商品服务或者有商品标识的地方都有商标。商标代表了附有该标识商品的特殊价值,包括但不限于品质、售后服务等,消费者将其作为区别不同产品来源的标识,受到消费者认可的商标能给企业带来极高的经济价值。《专利法》第二条第三款规定了外观设计,是指对产品的形状、图案或者其结合以及色彩与形状、图案的结合所作出的富有美感并适

---

① 安建:《著作权与商标权的冲突及解决途径》,载《中华商标》1998年第10期。

于工业应用的新设计。[①] 根据上述定义可知,所谓外观设计是添附于产品上并与产品结合紧密的新设计。考虑到外观设计专利具有一定的期限性,权利人可选择将外观设计方案中的部分要素、组合申请注册商标。在面临他人侵权的情况下,权利人可以根据侵权对象的不同,选择外观设计专利或商标权进行维权。当外观设计和注册商标作为商品的包装、装潢长期使用后,形成具有一定影响力的商品包装、装潢,为了避免他人实施混淆行为,也可以适用《反不正当竞争法》来加以保护。

最后,商标权和不正当竞争与著作权之间亦存在一定的联系。依我国《著作权法》的规定,著作权是指文学、艺术和科学作品的创作人或其他依法享有著作权的公民、法人或非法人单位所享有的以对其作品的支配为客体的一种民事权利,具体包括著作人身权与著作财产权。当权利人选择将自己的著作权成果用以注册商标时,会出现商标权、不正当竞争与著作权重叠保护的情况。此时,权利人既可以选择商标权和不正当竞争主张维权,又可以选择适用著作权法来进行维权。关于《商标法》与《反不正当竞争法》的关系,学术界存在不同观点。[②] 司法实践中有观点认为,《商标法》与《反不正当竞争法》属于特别法与普通法的关系(法条竞合的关系),凡属特别法可以规制的行为一般不能再以普通法予以认定。[③] 也就是说,《反不正当竞争法》系《商标法》的补充,《商标法》对于制止商标侵权行为的规定更具体、全面,体现了商标保护的专门政策,依据"特别法优于普通法"的法律精神,对于商标侵权行为应当优先适用《商标法》;商标侵权与一般条款之间是法条竞合的关系,不能对注册商标提供重复保护。

总而言之,著作权、专利权、商标权和不正当竞争之间具有一定的联系,其对应的实体法也联系密切。因此,在知识产权保护问题上,应当全面考虑著作权、专利权、商标权和不正当竞争的关系,综合运用所对应的四大实体法,健全知识产权一体化保护的内容。

[①] 参见《专利法》第 2 条第 3 款。
[②] 王太平:《我国普通未注册商标与注册商标冲突之处理》,载《知识产权》2020 年第 6 期;张伟君、庄雨晴:《"〈商标法〉优先适用论"辨析》,载《知识产权》2020 年第 6 期。
[③] 杭州铁路运输法院(2016)浙 8601 民初 296 号民事判决书。

5. 知识产权实体法之间的区别

(1) 实体法所保护对象不同

《著作权法》保护的对象是作者和其他人对创作的文学、艺术和科学作品享有的财产权和人身权,主要是对作品的思想、情感和观点的表现形式。著作权的取得是自动取得,只要是独立创作的,作品符合法定要件,均可获得著作权。《专利权法》保护的对象包括发明专利、实用新型专利和外观设计专利,专利权的取得都需要经过初步审查,发明创造更需要经过实质性审查,对专利的新颖性有较高的要求,排他性较强。《商标法》保护对象为申请人在某一类的特定商品上使用的并能够与他人的商品相区别的商标标识,包括文字、图形、字母、数字、三维标志、颜色组合和声音等,以及上述要素的组合申请的注册商标。不正当竞争行为,如擅自使用与他人有一定影响的商品名称、包装、装潢等相同或者近似的标识或者其他足以引人误认为是他人商品或者与他人存在特定联系的混淆行为,需要《反不正当竞争法》来加以规制。同样是针对注册商标提供保护,《商标法》第 57 条和《反不正当竞争法》第 6 条都是在混淆机制的框架下提供保护,但前者基于注册商标专用权的排斥力,针对注册商标的侵权行为,后者则需要考察注册商标的知名度及他人的恶意,针对使用注册商标的不正当竞争行为,两者内在机制不同。[①]

(2) 实体法规定的权利保护期限不同

在权利的保护期限方面,我国《著作权法》规定,著作权中的人身权保护期不受期限限制,财产权有相应的保护期限。公民著作财产权的保护期限为作者终生及其死亡后 50 年;法人或其他组织的作品(职务作品)为首次发表后 50 年;视听作品为首次发表后 50 年。我国《专利法》规定,发明专利的保护期为 20 年,实用新型专利权为 10 年,外观设计专利权为 15 年,均自申请日起计算。著作权的客体作品,专利权的客体技术方案,一旦超过法定有效期限,进入公有领域,人们就可以

---

① 刘维:《论混淆使用注册商标的反不正当竞争规制》,载《知识产权》2020 年第 7 期。

不经过权利人的许可,不支付任何报酬而使用它们。我国《商标法》规定的商标权有效期为10年,但有连续续展的规定,这实际上是我国对商标权提供了无限期的保护。①

6. 知识产权一体化保护在实体法理论上的可行性

在如今新时代的背景下,我们鼓励发展创新、注重保护权利,也日益重视知识产权的保护工作。从理论基础来分析,知识产权一体化保护具有可行性。知识产权一体化,即专利权、商标权、有一定影响产品特有的包装、装潢在知识产权权利保护中的综合应用。上述权利之间相对独立,也相互联系。"相对独立"体现在,如果某种权利超过保护期限,在条件符合的情况下,权利人可以以其他权利进行维权,也即各项权利独立存在,其中一项权利的消失不会对另一项权利产生影响;"相互联系"则是指只有将上述权利综合加以运用,寻求救济,才能更好地使知识产权免于不法侵害。例如,在某项外观设计专利过期的情况下,由于使用该外观设计的产品经过长期的宣传和使用,已经成为具有一定影响的商品包装、装潢,则针对该产品就可以适用《反不正当竞争法》来予以保护。

总而言之,知识产权一体化保护在实体法及程序法上具备可行性,在知识产权受到侵害时,权利人可以根据侵权客体的特殊情况,综合运用不同的法律来更好地保护知识产权,维护自身合法权益。

二、程序法角度的理论基础

程序法角度知识产权一体化保护的理论基础在于对司法体制机制的探讨。司法体制是一个国家或地区有关司法机构的设置,各司法机关之间的职权划分和互相关系的体系、制度、形式和活动原则的总称,主要包括司法权的配置和权限划分、司法机构的组织体系,以及司法人

---

① 商标权专利权著作权的异同,攀枝花律师,http://blog.sina.com.cn/s/blog_6707a8570102x0g4.html,最后访问时间:2018.12.11。

员的编制和司法理念等要素。审判体制主要指法院体制,包括法院的设置体系、职权、审判组织等方面的法律制度。① 我国设置四级法院,实行"四级两审终审制"。知识产权司法审判体制,也就是知识产权审判体制,是指有关知识产权民事、行政、刑事案件审判的司法体制设置与职权划分。知识产权审判体制涉及三大诉讼制度,是司法审判体制的重要组成部分,在各国、各地区的审判体制中均具有重要地位。②

1. 知识产权案件的审理主体

知识产权专门法院的建立是知识产权程序法角度一体化保护的重要里程碑。专门法院,也称为特别法院,是指法律明确规定授予某类案件管辖权,即管辖范围仅限于某一类或某几类案件的法院。③ 在专门法院中,凡独立的司法单位且拥有审判权,即上诉案件由同类专门法院受理的,被称为正式的专门法院。例如,大陆法系国家的行政法院不仅受理初审行政案件,还受理对初审案件的上诉和申诉;而英国法院系统,行政裁判所为无终审权的法院,凡上诉案件管辖权都由英国上诉法院管理。④ 这种虽独立设置但没有终审权的专门法院,被称为非正式的专门法院。可以认为,凡独立的司法单位,且拥有终审权,即是正式的专门法院。例如,法国的行政法院、德国的税务法院和保险法院等。总体而言,专门法院对行政、商事等现代诉讼具有专门性、统一性的诸多优势,因而为不同法律传统的现代法治国家采用,从而在各自国家构建了专门法院与普通法院有机结合的法院系统。⑤

中国知识产权保护制度始于 20 世纪 70 年代末期。我国内地第一部知识产权法律是 1982 年出台的《商标法》。随后,1984 年《专利法》、

---

① 陈忠琼:《海峡两岸检察体制比较略论》,载《福建广播电视大学学报》2014 年第 6 期。
② 陈忠琼:《海峡两岸知识司法审判体制的比较与借鉴》,载《进口经理人》2014 年第 5 期。
③ 沈达明:《比较民事诉讼法初论》,中信出版社 1991 年版,第 118 页。
④ 刘国有:《浅论专门法院出现的原因及其法律现代化的意义》,载《天津市政法管理干部学报》2004 年第 2 期。
⑤ 吴汉东:《中国知识产权法院建设的理论与实践》,载《知识产权》2018 年第 3 期。

1990年《著作权法》的推出,标志着我国知识产权保护制度的初步形成。2014年,经过全国人民代表大会常务委员会的立法授权和最高人民法院的具体筹划,第十二届全国人民代表大会常务委员会第十次会议通过了《关于在北京、上海、广州设立知识产权法院的决定》,对知识产权专门法院的组织设立及其职权行使作出了相应的规定。根据《关于在北京、上海、广州设立知识产权法院的决定》第1条规定,率先在北京、上海、广州设立知识产权法院。北京、上海、广州先后在2014年正式成立知识产权法院。[1]

北京、上海、广州知识产权法院作为试点样本,对于完善健全中国知识产权审判体系、发挥知识产权司法保护的主导作用具有重要意义。[2] 最高人民法院院长周强在向全国人民代表大会常务委员会第二十九次会议的报告中明确指出:"知识产权法院的重要作用逐步显现,通过推进审判机构专门化、审判人员专职化和审判工作专业化,对于统一裁判标准,提高审判世界上只有少数国家要求履行登记注册手续,提升全国法院知识产权审判水平发挥了引领示范作用。"[3]

其次,分析中国知识产权民事案件的受理数据可知,2021年中国知识产权民事案件受理为66 418件,2020年为76 944件,2019年为67 141件,2018年为50 480件,2017年为37 308件,2016年为25 370件,2015年为8 273件。[4] 由上述数据分析可知,除2021年受疫情因素影响外,知识产权民事案件呈现逐年增长趋势。随着社会经济的发展,知识产权案件的类型也由案情简单、程序单一变成案情复杂、程序繁杂。因此,法院在审理知识产权案件时积累了丰富的审判经验,法官的整体水平也有所提升,符合目前知识产权一体化保护的需要。

再次,分析中国知识产权案件的法院层级可知,2010—2015年最高法院审理80件,高级法院审理2 102件,中级法院审理6 593件,基层法

---

[1] 李明德:《关于我国知识产权法院体系建设的几个问题》,载《知识产权》2018年第3期。
[2] 陈忠琼:《海峡两岸知识司法审判体制的比较与借鉴》,载《进口经理人》2014年第5期。
[3] 周强:《最高人民法院关于知识产权法院工作情况的报告》,载http://www.court.gov.cn/zixun-xiangqing-58142.html,访问日期:2022年10月7日。
[4] 载中国裁判文书网https://wenshu.court.gov.cn/访问时间:2022年10月7日。

院审理10 692件。2015—2022年最高法院审理2 560件,高级法院审理16 407件,中级法院141 200件,基层法院181 588件。其中,基层法院审理案件的数量最多且增长最快,增长了170 896件。①《最高人民法院关于审理专利纠纷案件适用法律问题的若干规定》第二条:"专利纠纷第一审案件,由各省、自治区、直辖市人民政府所在地的中级人民法院和最高人民法院指定的中级人民法院管辖。"商标案件的管辖规定为,《最高人民法院关于审理商标案件有关管辖和法律适用范围问题的解释》第二条:"商标民事纠纷第一审案件由中级以上人民法院管辖,各高级人民法院根据本辖区的实际情况,经最高人民法院批准,可以在较大的城市确定各基层人民法院受理第一审商标民事纠纷案件。"著作权案件的管辖规定为,《最高人民法院关于审理著作权民事纠纷案件适用法律若干问题的解释》第二条:"著作权民事纠纷案件由中级以上人民法院管辖,各高级人民法院根据本辖区的实际情况,可以确定若干基层人民法院管辖第一审著作权民事纠纷案。"随着知识产权案件数量的增加,法官审理案件的水平越来越高,大量的著作权、商标及不正当竞争案件可以在基层法院审理,有利于提高诉讼效率,节约司法资源。

2. 知识产权案件的审理组织

(1) 简单的知识产权案件可以采用独任制审理组织并适用简易程序

根据《中华人民共和国人民法院组织法》,我国当前审判组织强调合议制和独任制并重,充分发挥各自的制度优势,统筹兼顾司法质量与效率,促进司法资源合理优化分配。在中国知识产权审判实践中,一般由三人或者五人组成合议庭,由审判长负责案件的审理和相关的裁判工作,并由两名审判员和一名书记员协助办理。在判决结果出来后,由承办案件的主审法官将案件提交合议庭合议。

当前,知识产权案件大量增长,为了节约司法资源、提高诉讼效率,

---

① 载中国裁判文书网 https://wenshu.court.gov.cn/ 访问时间:2022年10月7日。

对于案情简单、事实清楚、审理程序单一、权利义务关系明确的知识产权案件,可以采用独任制并适用简易程序审理方式。实践中,部分基层法院已根据案件的复杂程度、诉讼程序的难易、诉讼标的额大小等因素决定案件采用独任制并适用简易程序进行审理。简单的知识产权案件也出现了独任制审理组织并适用简易程序。

(2)复杂的知识产权案件适用大合议制的审理组织

为了保证案件审理的公正性,对于案情复杂、审理程序复杂,难点较多的案件,可以采用五名审判员组成的大合议庭进行审理。首先,采用大合议庭进行审理有利于促进司法公正,使得裁判结果充分反映群体意见。第二,采用大合议制审理知识产权案件有利于提高诉讼效率,增强法院裁判的公信力。另外,也有利于司法统一,高级别的法院采用大合议制对疑难问题作出裁判,能够补充指导现有的法律制度,有利于实现司法统一。

随着社会经济的发展,知识产权案件越来越向专业化方向发展。我国现行的知识产权案件合议庭基本由三名法官组成,很少启动由五名法官组成的大合议庭。在一审程序中,合议庭成员中可以有一名人民陪审员,而对任职法官所掌握的技术知识也没有特殊要求,这种合议庭组成方式与知识产权案件高度专业化已经不相适应。为了实现知识产权一体化保护,大合议制已变成审理案件的重要方式。对社会可能产生重大影响的案件,可以考虑采用五人大合议庭方式进行审理。[①] 除上述简单的案件采用独任制并适用简易程序和复杂案件适用大合议制的,其他所有的知识产权案件可以采用三人合议制并适用一般普通程序。

另外,绝大部分知识产权的案件存在法律问题与技术问题的交叉重叠,知识产权案件庭审的焦点也主要涉及技术判断,技术事实的判断对案件事实的认定及法律适用有着直接的利害关系,而技术调查官具备专业的技术知识,可以更好的认定知识产权案件技术层面的事实。因此,为了更清楚地查明技术事实,有必要在专利案件中引入技术调查

[①] 刘华俊:《知识产权诉讼制度研究》,法律出版社2012年版,第130页。

官制度。并且,近年来,上海、深圳、杭州、苏州等很多法院在知识产权案件诉讼中均引入了技术调查官制度。司法实践证明,引入这一制度不仅有利于缩短知识产权案件审理的时间,提高知识产权案件的审判效率和审判质量,也有利于更好地发挥知识产权司法保护作用。

3. 知识产权案件的管辖

首先,知识产权案件,在我国,法院的管辖是以专属管辖和普通管辖相结合的方式进行的。在知识产权法院的专属管辖方面,北京知识产权法院集中管辖审理专利、商标行政确权知识产权案件,而北京、上海、广州三家法院专属管辖专利、技术秘密、植物新品种、布图设计等技术类民事知识产权案件。除了上述的案件实行专属管辖外,其他案件则由普通法院进行普通管辖。也就是说,我国的知识产权法院对知识产权案件实行专属管辖为主,普通管辖为辅,专属管辖与普通管辖相结合的管辖方式。① 此外,从《关于在北京、上海、广州设立知识产权法院的决定》第二条到第五条以及《关于北京、上海、广州知识产权法院案件管辖的规定》中的相关条款可以看出,在北京、上海、广州设立的知识产权法院并非单纯的知识产权上诉法院或者知识产权的一审法院,它们的案件受理范围已经明确确定了,只处理知识产权民事、行政类纠纷,不受理知识产权刑事案件。②

其次,通常知识产权侵权案件包括三种类型:专利权侵权,其中专利权又包括专利、实用新型和外观设计;商标权侵权;著作权侵权,著作权分为著作人身权和著作财产权。著作权民事纠纷管辖法院一般为中级人民法院、最高人民法院指定的基层人民法院。在当前司法实践中,大部分的著作权侵权案件由基层人民法院管辖。商标民事纠纷与反不正当竞争纠纷第一审案件,一般由中级人民法院或者基层法院审理,基层法院审理商标民事纠纷与反不正当竞争纠纷的趋势更加明显。即各

---

① 载中国裁判文书网 https://wenshu.court.gov.cn/访问时间:2022年10月7日。
② 左娟:《中国特色知识产权法院之重塑研究》,河北经贸大学硕士学位论文(2016年),第18页。

高级人民法院根据本辖区的实际情况,经最高人民法院批准,可以在较大城市确定基层人民法院受理第一审商标民事纠纷案件。专利权的权利内容包括发明、实用新型和外观设计,以上三种专利权侵权纠纷的一审,由知识产权法院、最高人民法院确定的中级人民法院管辖。在二审中,大部分发明和实用新型侵权纠纷由最高人民法院管辖,而外观设计的侵权纠纷二审通常是由各省级区域的高级人民法院审理。

三、行政法角度的理论基础

行政法角度的知识产权一体化保护是指国家对知识产权事务实行集中的一体化行政管理体制。下面我将分别从行政法角度就知识产权一体化保护法律规范、管理机构、权利授予及异议三方面的规定展开探讨对知识产权一体化保护的理论基础。

1. 法律规范方面的规定

目前,我国现行的保护知识产权的三大法律规范《著作权法》《专利法》《商标法》中均规定了有关知识产权保护的行政法律规范,这些行政法律规范共同构成了知识产权一体化保护的行政法法源基础。除此之外,一些地方性法规及行政法规也对一些特定领域的知识产权审查、核准、无效等作出了详细的规定,如《著作权集体管理条例》《著作权法实施条例》《商标法实施条例》《集成电路布图设计保护条例》等行政法规均对不同类型知识产权的登记、权利行使及法律责任等方面作出了详细的规定。关于行政行为所认定事实的效力,有学者认为,行政行为所认定事实在后诉中具有免证效之规范内容在理论上不具科学性和正当性。关于已决事实的效力,应当从立法论上废除已决事实的免证效力规定,将已决事实评价放归于法官自由心证,强调已决事实在后诉中的事实性证明效力[1]。

---

[1] 段文波:《预决力批判与事实性证明效展开:已决事实效力论》,载《法律科学》2015 年第 5 期;张卫平:《民事证据法》,法律出版社 2017 年版,第 149 页。

2. 管理机构方面的规定

我国现行的知识产权行政管理体制主要由国家和地方知识产权（含版权）行政管理部门组成。在我国，专利及商标管理工作由国家知识产权局负责，国家市场监督管理总局管理，而版权管理工作主要由国家版权局负责。因此，我国知识产权行政管理机关的设置所采用的是非集中管理，由不同的主管部门管理，即专利、商标与版权的工作分属不同行政机关管理。

在著作权领域，根据《著作权法》第7条的规定，由国家著作权主管部门即国家版权局负责全国的著作权管理工作；由县级以上地方主管著作权的部门即各地版权局负责本行政区域的著作权管理工作。国家版权局隶属于国务院，主管著作权管理工作，包括拟订并组织实施国家版权战略和著作权保护的政策措施，管理作品的著作权登记和法定许可使用；承担著作权涉外条约有关事宜，处理涉外及港澳台的著作权关系；组织查处著作权领域重大及涉外违法违规行为等。[1]

在专利权、商标权及不正当竞争领域，2018年我国实行国务院机构改革，将国家知识产权局的职责、国家工商行政管理总局的商标管理职责予以整合，重新组建国家知识产权局，统一管理知识产权，由国家市场监督管理总局统一领导，目前专利管理工作、商标管理工作均由国家知识产权局统一负责。

从纵向来看，现行知识产权行政管理体制从中央到地方分为多个管理层次。著作权由国家版权局实行垂直领导，商标由国家工商行政管理总局商标局统一注册，分级管理，有较统一的自上而下的管理体系。专利方面，地方行政管理机构级别设置亦不统一。总而言之，我国现行的知识产权行政纵向管理体制主要采取"分而治之"的管理方式。中央到地方各级行政管理部门呈现"多层级"的特点，不同地方层级和

---

[1] 丛立先：《国家版权局机构改革与职能调整的法治保障》，载《中国出版》2018年第4期。

编制设置不同。① 分散的管理体制,对外,多方发声、意见难统一,不利于扩大国际交流与合作,不利于提升在世界贸易组织和世界知识产权组织中的话语权,不利于形成应对国际知识产权保护的快速反应机制。所以从全球范围来看,设立统一的知识产权行政管理机构为主流,更有利于国家整合行政管理资源,制定和实施知识产权国内外贸易政策,促进国际合作,顺应知识产权管理国际发展规律。② 改变这种分散行政管理模式,顺应各类知识产权成果集聚、集成利用、互利互补的趋势,实行"统一"的知识产权集中管理模式,是融入世界知识产权话语体系,营造与国际接轨的、统一高效的知识产权保护环境的必由之路,是知识产权行政纵向管理体制改革的当务之急。③

3. 权利授予及异议方面的规定

首先,通过对专利权、商标权及不正当竞争行为在制度层面的分析可知,专利、商标及不正当竞争行为的具体纠纷均由地方市场监管局或知识产权局管理,国家知识产权局只负责受理和审查专利申请、商标的注册和管理,不负责处理具体纠纷。

其次,通过对权利授予的流程进行分析可知,行政确权的案件由国家知识产权局主管,申请人向国家知识产权局提出专利授权或商标注册的申请,经其审查符合专利授权或商标注册的法定条件后,对专利、商标予以授权、注册。然而,著作权与专利权和商标权有所不同。我国法律规定,著作权的产生或灭失,遵循自动保护原则和自愿登记制度。自动保护原则,即本企业人员所作的作品,不论是否发表,从作品完成之日起,依照法律规定自动拥有享有著作权,不依赖于任何审查或登记程序。另外,根据《中华人民共和国专利法》以及《中华人民共和国商标法》相关规定,如果第三人对专利或商标的授予、注册存在异议,可以申请向国家知识产权局提出宣告该专利或商标无效的请求,国家知

---

① 段文波:《预决力批判与事实性证明效展开:已决事实效力论》,载《法律科学》2015年第5期;张卫平:《民事证据法》,法律出版社2017年版,第149页。
② 杨美琳:《论我国知识产权行政管理体制的完善》,载《保定学院学报》2012年第3期。
③ 颜维琦:《知识产权行政管理再不能"九龙治水"》,载《光明日报》2016年3月7日。

识产权局依据有关法律规定及时对该请求进行审查并做出决定/裁定,对国家知识产权局作出的宣告无效或者维持的决定/裁定不服的,也可以在法定时间内向人民法院起诉。

第三章 知識產權一體化保護之實體法定要點分析

第三章
知识产权一体化保护之实体法定要点分析

一、著作权保护的法定要点分析

知识产权的重叠保护是指不同类型的知识产权客体之间的相似或相同保护。例如,符合外观专利条件的实用艺术品可以通过申请专利获得著作权与专利权的双重保护。由于著作权保护的时间相对长,外观设计专利的保护时间较短,在外观设计专利期届满后,权利人往往可以享有单一的著作权保护。因此知识产权的重叠保护存在由多个权利保护向单一保护转化的过程。权利人可以通过申请外观设计专利使部分符合专利授予条件的智力成果获得著作权与外观设计专利权的双重保护。[1]

在美国对知识产权的一体化保护中,即美国对实用艺术品的外观设计专利权与著作权重叠保护发展历程中,在1949年到1954年,版权法第一次明确对实用艺术品进行保护,而美国法院受"知识产权选择原则"理论的影响,并不采取对外观设计专利权与著作权进行双重保护。1954年后,美国法院最终对外观设计专利权与著作权进行了双重保护。英国向来是自由竞争市场,在立法时尽量避免知识产权一体化保护。英国这种制度将外观设计专利权与著作权的保护范围加以区分,并将其置于一种"转换权利"的地位,一旦选择了这种特殊权利的保护,在外观设计专利权的保护范围内著作权便不能产生效力,著作权只在外观设计专利权保护范围之外有效。[2]

同样以实用艺术品的外观设计专利权与著作权重叠保护在日本的

---

[1] 郑成思:《版权法》,中国人民大学出版社1997年版,第268页。
[2] 丁伟:《产品设计的专利权与著作权双重保护问题研究》,西南政法大学硕士学位论文(2016年),第12页。

发展变化为例。早期,由工业大规模生产的实用艺术作品不被著作权保护,而只有手工业产品才可获得保护,而后续日本认可实用艺术品可受到著作权和专利权的重叠保护,日本法院判决认定不能将大规模工业生产的产品置于著作权保护之外,它们同样可以受到保护。①

综上所述,从各国的立法和司法实践看,不同国家、同一国家不同时期对知识产权的一体化保护的规定各不相同,但基本原理趋于相同。

在我国,《中华人民共和国民法典》把知识产权作为一种特殊的综合性权利,只要符合各部门法对知识产权实体法法定要件的规定,都可以在实体法上获得知识产权保护。如有侵权发生,依据不同的知识产权部门法诉诸法律,保护的依据取决于不同知识产权权利的法源规定是否相同。

立法上对知识产权的重叠保护还未做出统一规定。我认为,因各部门法依据不同,应当对知识产权的重叠保护有所取舍。当同一侵权行为侵犯两种或两种以上知识产权时,如果侵犯的标的物种类也相同,则侵权人不需要承担两种或两种以上侵权责任。

同一侵权行为侵犯两种或两种以上知识产权时,在知识产权已经得到保护的前提下,不建议通过另外的权利寻求其他保护。对于侵权行为,权利人可以通过认真研究各知识产权部门法,选择最有利于保护自己权益的方式。

在知识产权重叠保护的状态下,当一个侵权行为同时侵犯两种或两种以上的知识产权时,对该侵权行为,权利人可以选择对自己有利的保护方式,但不能同时主张两种或两种以上的保护,亦即在侵权人的民事责任范围内,不能要求侵权人承担侵犯两种或者两种以上的知识产权的侵权责任。②

1. 著作权的主体

著作权又称版权,是公民、法人和其他组织依法对其创作的文学、

---

① 谭姝灵:《实用艺术作品的知识产权保护》,南昌大学硕士学位论文(2014年),第12页。
② 德利娅·利普希克:《著作权与邻接权》,中国对外翻译出版公司2000年版,第28页。

艺术和科学作品所享有的各项专有权利的总称。著作权作品具体由《著作权法》第三条规定，本法所称的作品，是指文学、艺术和科学领域内具有独创性并能以一定形式表现的智力成果。包括：文字作品；口述作品；音乐、戏剧、曲艺、舞蹈、杂技艺术作品；美术、建筑作品；摄影作品；视听作品；工程设计图、产品设计图、地图、示意图等图形作品和模型作品；计算机软件及符合作品特征的其他智力成果。

著作权人包括创作者和其他依照法律规定享有著作权的自然人、法人或者非法人组织。由法人或其他组织主持，代表法人或其他组织的意志创作，并由法人或其他组织承担责任的作品，法人或其他组织视为作者。职务作品的特殊规定，自然人为完成法人或其他组织工作任务所创作的作品是职务作品，职务作品在两种情况下，除署名权外的其他权利由法人或其他组织享有：一是主要是利用企业的物质技术条件创作，并由企业承担责任的工程设计图、产品设计图、地图、示意图、计算机软件等职务作品；二是法律、行政法规规定或者合同约定著作权由企业享有的职务作品。

2. 著作权的产生时间

在权利的取得方面，世界上大多数国家的著作权都采取自动产生的原则。著作权的成立的判定要求具有独创性，因为思想内容相同但表现形式不同的作品，只要是独立创作的，依法可以构成著作权。我国法律规定，著作权的产生或灭失，遵循自动保护原则和自愿登记制度。自动保护原则，即本企业人员所作的作品，不论是否发表，从作品完成之日起，依照法律规定自动拥有享有著作权，不依赖于任何审查或登记程序。根据国家版权局发布的《作品自愿登记试行办法》第二条，作品实行自愿登记。作品不论是否登记，作者或其他著作权人依法取得的著作权不受影响。作者或其他著作权人可自愿申请登记作品，由作品登记机关审查后，发放作品登记证，并向社会公众开放。其中，计算机软件登记较为特殊，《计算机软件著作权登记办法》第六条规定，国家版权局认定中国版权保护中心为软件登记机构。无论著作权登记还是软件著作权登记均属于确认登记，是知识产权主管机关依申请将权利人之著作权或软件著作权记载于登记簿以确认作品的权利属性。知识产权主管机关对于作品或软件的确权登记,因涉及相关主体的著作权权属,故该著作权登记或软件著作权登记所认定之事实往往会与后续著作权或软件著作权侵权诉讼密切关联,会对后诉法官认定事实发挥重要作用。①

除登记制度外,在法律实务中,法院一般以作者是否公开发表作品或将作品完整地发给他人等参考下的判断标准。企业人员完成作品后,可以选择公开发表、发送至企业邮箱、发送给其他人或者向主管部门申请登记等方法,来确定作者或企业对作品合法享有著作权。

3. 著作权的保护期限

著作权的法定内容包括两种,即人身权和财产权。人身权包括发表权、署名权、修改权以及保护作品完整权。财产权包括复制权、发行权、展览权、出租权、表演权、放映权广播权、信息网络传播权、摄制权、汇编权、翻译权以及改编权。著作权中的署名权、修改权、保护作品完整权的保护期不受期限限制。自然人的作品,其发表权、《著作权法》第十条第一款第五项至第十七项规定的权利的保护期为作者终生及其死亡后50年,截止于作者死亡后第50年的12月31日。如果是合作作品,截止于最后死亡的作者死亡后第50年的12月31日。法人或者其他组织的作品、著作权(署名权除外)由法人或者其他组织享有的职务作品的发表权与《著作权法》第十条第一款第五项至第十七项规定的权利的保护期为50年,截止于作品首次发表后第50年的12月31日,但作品自创作完成后50年内未发表的,不再受法律保护。

4. 著作权保护的特殊规定

根据《中华人民共和国著作权法实施条例》第二条的规定,著作权法所称作品,是指文学、艺术和科学领域内具有独创性并能以某种有形

---

① 张海燕:《知识产权行政行为所认定事实在民事诉讼中的效力》,载《法学论坛》2022年第3期。

形式复制的智力成果。因此,要构成著作权法上的作品,除了属于著作权法规定的保护对象外,必须具有独创性并能以某种有形形式复制。不能仅仅是想象作品,欠缺独创性、无法以有形的形式复制的作品,都不属于著作权法意义上的作品。作品的内容违反法律法规,损害公共利益、公序良俗的,也不能形成著作权法意义上的作品。实践中,是否构成著作权意义上的作品是焦点问题,只有为法律所认可时,才能为法律所保护。同时《著作权法》第五条规定:(一)法律、法规,国家机关的决议、决定、命令和其他具有立法、行政、司法性质的文件,及其官方正式译文;(二)单纯事实消息;(三)历法、通用数表、通用表格和公式不属于著作权法的保护范围。保护期届满、进入公有领域的作品,财产权不属于著作权法的保护范围。

5. 著作权案件的侵权行为和侵权事实

(1)被控侵权行为的认定

《著作权法》第五十二条,有下列侵权行为的,应当根据情况,承担停止侵害、消除影响、赔礼道歉、赔偿损失等民事责任:(一)未经著作权人许可,发表其作品的;(二)未经合作作者许可,将与他人合作创作的作品当作自己单独创作的作品发表的;(三)没有参加创作,为谋取个人名利,在他人作品上署名的;(四)歪曲、篡改他人作品的;(五)剽窃他人作品的;(六)未经著作权人许可,以展览、摄制视听作品的方法使用作品,或者以改编、翻译、注释等方式使用作品的,本法另有规定的除外;(七)使用他人作品,应当支付报酬而未支付的;(八)未经视听作品、计算机软件、录音录像制品的著作权人、表演者或者录音录像制作者许可,出租其作品或者录音录像制品的原件或者复制件的,本法另有规定的除外;(九)未经出版者许可,使用其出版的图书、期刊的版式设计的;(十)未经表演者许可,从现场直播或者公开传送其现场表演,或者录制其表演的;(十一)其他侵犯著作权以及与著作权有关的权利的行为。

被诉侵权作品与原告主张权利的在先作品相关内容相同或者实质性相似,被告在创作时接触过原告主张权利的作品或者存在接触的可能,且被告不能举证或者说明被诉侵权作品具有合法来源的,可以推定被告侵害了原告著作权。参照外观设计的判断标准,关于相同或实质性相似作以下认定:(一)如果两者的形状、图案、色彩等主要设计要素部分相同,则应当认为两者是相同的作品;(二)如果构成要素的主要设计部分相同或者相近近似,次要部分不相同,则应当认为是相近似的外观设计;(三)如果两者的主要设计部分不相同或者不相近似,则应当认为是不相同的或者是不相近似的外观设计。

(2)权利人及其作品的影响

知名度在知识产权案件中有非常重要的地位。权利人及其作品的影响可能决定著作权保护强度的高低。权利人及其作品的影响可以通过以下方式认定:

① 权利人及其作品是否获奖;

② 权利人及其作品受保护的记录;

③ 权利人及其作品的登记证书、认证机构出具的证明等;

④ 权利人及其作品是否受权威媒体报道;

⑤ 权利人及其作品的广告宣传投入情况;

⑥ 权利人及其作品是否带来商业销售、销售数量、市场占有率等;

⑦ 权利人及其作品是否出现被仿冒的情况。

(3)被控侵权人的恶意度

被控侵权人的恶意度是著作权侵权中的重要考量因素。被控侵权人的恶意度可以通过行为予以推定,司法工作人员可以围绕意志因素,通过被控侵权人的行为判断其恶意度,如被控侵权人是否重复侵权、规模化侵权、对权利人的警告不予置理等。被控侵权人的恶意度可以通过以下方式认定:

① 被控侵权人假借已注销或吊销的企业名义销售侵权产品;

② 被控侵权人无正当理由拒不提供相关的财务账册;

③ 被控侵权人在判令停止侵权生效以后,仍然生产及销售侵权产品;

④ 被控侵权人在权利人发出警告以后仍然没有停止生产及销售侵权产品;

⑤ 被控侵权人在权利人起诉后仍然扩大规模生产及销售侵权产品；

⑥ 其他情形。

（4）著作权案件赔偿数额的确定

根据《著作权法》第五十四条的规定："侵犯著作权或者与著作权有关的权利的，侵权人应当按照权利人的实际损失给予赔偿；实际损失难以计算的，可以按照侵权人的违法所得给予赔偿。赔偿数额还应当包括权利人为制止侵权行为所支付的合理开支。权利人的实际损失或者侵权人的违法所得不能确定的，由人民法院根据侵权行为的情节，判决给予五百元以上五百万元以下的赔偿。"

侵犯著作权的赔偿规则如下：

① 按照实际损失或违法所得计算。侵犯著作权权利的，侵权人应当按照权利人因此受到的实际损失或者侵权人的违法所得给予赔偿；权利人的实际损失或者侵权人的违法所得难以计算的，可以参照该权利使用费给予赔偿。对故意侵犯著作权或者与著作权有关的权利，情节严重的，可以在按照上述方法确定数额的一倍以上五倍以下给予赔偿。在著作权惩罚性赔偿的各个构成要件中，最能体现其惩罚性、威慑性和预防性的是，在"一倍以上五倍以下"的赔偿标准中，选择高倍数。

② 按照法定数额赔偿。权利人的实际损失、侵权人的违法所得、权利使用费难以计算的，由人民法院根据侵权行为的情节，判决给予五百元以上五百万元以下的赔偿。赔偿数额还应当包括权利人为制止侵权行为所支付的合理开支。由于法定赔偿具有降低权利人举证负担、提高案件审理效率等优点，在司法实践中被普遍应用，已经成为审理知识产权案件确定知识产权损害赔偿数额最为常用的一种方式。

③ 确定赔偿数额的举证。人民法院在审理案件中，为确定赔偿数额，在权利人已经尽了必要举证责任，而与侵权行为相关的账簿、资料等主要证据由侵权人掌握的，可以责令侵权人提供与侵权行为相关的账簿、资料等；侵权人拒不提供，或者提供虚假的账簿、资料等的，人民法院可以参考权利人的主张和提供的证据确定赔偿数额。

根据我国司法实践现状，人民法院在处理著作权侵权案件时，限于权利人的证据收集能力等客观情况,真正按照权利人的实际损失或者侵权人的侵权获利来确定赔偿金额的案例非常少,以至于法定赔偿方法有可能成为司法实践中确定侵权损害赔偿额常规方法。鉴于此,新修正案将惩罚性赔偿的适用顺位放到了权利人的实际损失、侵权人的违法所得、权利许可使用费的倍数之后;如果在权利人的实际损失、侵权人的违法所得和权利许可使用费都无法确定的情况下,人民法院仅可以根据侵权行为的情节,判决给予五百万元以下的赔偿(即法定赔偿)。如此一来不但理顺了法定赔偿与惩罚性赔偿之间的不同功能和定位,而且也对法定赔偿与惩罚性赔偿适用的先后顺序作出了明确规定,有利于分别发挥好惩罚性赔偿和法定赔偿的各自功能和制度优势,也有利于对著作权人的兜底保护。①

由于举证难、维权成本高、司法判赔额低,著作权人的维权积极性并不高,从长远来看这将会影响社会的文化繁荣和公共福祉。一般情况下,著作权侵权的赔偿额相较于专利权、商标权偏低。每一种权利都具有不可侵性,这也是法律创制权利初衷。② 知识产权侵权赔偿低问题一直是社会各界关注的焦点,这一难题严重影响营造良好的法治化营商环境。侵权行为无法被感知,难以被发现,侵权赔偿非常低,但侵权人能够获取暴利而易诱发侵权,网络时代知识产权侵权行为更为普遍。侵权行为具有广泛性与欺骗性。侵权行为的隐蔽性容易使侵权人获得非法利益,反向激励侵权人铤而走险实施侵权行为。权利人维权存在证据取得难,固定难,风险大,技术比对难等顽疾,而维权所获得的赔偿额低下,导致知识产权人的研发成本无法收回,制约着开拓创新能力。法律对权利人举证责任要求高,侵权赔偿低阻碍知识产权交易市场的正常运营,降低权利人的市场竞争力。

解决知识产权侵权赔偿低难题已成为提升知识产权保护水平的重要议题,正如有学者认为解决知识产权侵权赔偿低主要存在两大难点:

---

① 李扬、陈曦程:《论著作权惩罚性赔偿制度——兼评〈民法典〉知识产权惩罚性赔偿条款》,载《知识产权》2020年第8期。
② 朱谢群:《信息共享与知识产权专有》,载《中国社会科学》2003年第4期。

其一,知识产权侵权取证难;其二,知识产权人的损失额难以计算。[①] 以味事达调味品有限公司诉家常用调味品有限公司等不正当竞争纠纷案(2021)粤民终901号为例,法院判决赔偿味事达调味品有限公司经济损失及合理维权费用共计20万元;而味事达调味品有限公司诉家常用调味品有限公司等著作权权属、侵权纠纷一案(2021)闽03民初357号中,法院判决赔偿味事达调味品有限公司经济损失及合理维权费用共计7万元。法律对于著作权法定赔偿范围规定较模糊,法官自由裁量权较大。可以通过充分利用市场价值评估损失以及细化法定赔偿范围的处罚标准来完善赔偿制度。

6. 具体案件分析

中策公司与朝阳日策公司、晟祥公司等著作权侵权纠纷案

一、案情简介

原告中策橡胶集团有限公司(以下简称中策公司)与被告朝阳日策橡胶有限公司(以下简称朝阳日策公司)、天津市晟祥橡胶制品有限公司(以下简称晟祥公司)、杨文祥、山东秉宸商贸有限公司(以下简称秉宸公司)、张静著作权侵权纠纷一案。

中策公司向一审法院起诉请求:1. 判令朝阳日策公司、晟祥公司、秉宸公司立即停止侵犯名称为"大力神"外包装纸的设计的著作权,即停止复制、展出、发行侵权产品;2. 判令晟祥公司、朝阳日策公司、杨文祥、秉宸公司、张静连带赔偿中策公司经济损失50万元;3. 判令晟祥公司、朝阳日策公司、杨文祥、秉宸公司、张静共同支付中策公司为制止侵权行为而支出的合理费用5万元。

被告朝阳日策公司、晟祥公司、杨文祥共同辩称,1. 中策公司提交的证据不足以证明其为涉案作品权利人,亦不能证明所获著作权的时间为2009年2月18日;2. 其对被诉侵权商品所使用的

---

① 庄秀峰:《保护知识产权应增设惩罚性赔偿》,载《法学杂志》2002年第5期。

外包装图案享有独立的著作权,没有侵犯原告的著作权;3.中策公司诉请的50万元经济损失属于虚假陈述,违反了诚实信用原则,其频繁起诉、撤诉的行为造成了司法资源的浪费。

被告朝阳日策公司补充辩称,被诉侵权产品包装上虽然显示了朝阳日策公司的名称,但该事实系合同授权行为所致,其不应为此承担责任。

被告杨文祥补充辩称,中策公司将其列为本案被告,属于滥用公司人格否认制度、滥用诉权。

一审法院认为本案中,中策公司提交了作品电子文件、后台信息打印件、外观专利证书截图等,上述证据互相印证,在无相反证据的情况下,一审法院确认中策公司对涉案美术作品享有著作权,有权提起本案诉讼。被诉侵权产品与中策公司主张的美术作品仅存在细微差别,二者在元素的组成、颜色的选取、构图的比例、整体的视觉效果等方面基本一致,构成实质性相似。另,晟祥公司认可其生产、销售了涉案侵权产品;而被诉侵权产品上标注有"朝阳日策橡胶有限公司"的企业名称,一审法院认定朝阳日策公司亦为涉案侵权产品的生产、销售商。对朝阳日策公司与晟祥公司是否存在内部的授权关系,一审法院不再评价。朝阳日策公司、晟祥公司未经中策公司许可,在其生产、销售轮胎的包装纸上使用中策公司享有著作权的美术作品,属于商业性使用,其行为构成对中策公司涉案美术作品复制权和发行权的侵犯,应承担停止侵权、赔偿经济损失的责任。秉宸公司未经著作权人许可销售侵权产品,亦应停止侵权、在其销售范围内承担赔偿损失的责任。

一审判决后,朝阳日策公司、晟祥公司、杨文祥向山东省高级人民法院提起上诉。上诉人认为,原审法院认定中策公司对涉案美术作品享有著作权不符合法律规定。被诉侵权商品使用的外包装图案与中策公司所主张的美术作品,属于由不同作者就同一题材创作的作品,作品的表达系独立完成且有创作性,应当认定作者各自享有独立著作权。二审法院经过审理后,认定侵权产品与中策公司主张的美术作品构成实质性相似。一审判决认定事实清楚,适用法律正确,应予维持。

二、被上诉人(中策公司)二审阶段主要观点

1. 中策公司是适格的权利人

根据中策公司提供的《采购电动车胎无敌威龙 大力神 外包装带的通知》及证明相关源文件创建、修改日期的公证书(2017)浙杭证民字第8131号,摩托车胎"大力神"外包装纸的设计(以下简称《包胎纸设计稿》)最晚于2009年2月18日之时已经被创作出。该设计稿中的包胎纸上印有中策公司于2004年被浙江省工商行政管理局认定为驰名商标的1289482号朝阳及图商标。根据《中华人民共和国著作权法》(以下简称《著作权法》)第11条规定,如无相反证明,在作品上署名的公民、法人或者其他组织为作者。因此,在该《包胎纸设计稿》上署上象征企业身份的驰名商标的中策公司是该设计稿的作者,拥有《包胎纸设计稿》的著作权,此外,成知民初字第933号案件中成都市中级人民法院认定了涉案美术作品的形成时间是2009年,后经四川省高院确认。综上所述,中策公司获得著作权的时间应不迟于2009年2月18日。

2. 涉案侵权产品是否构成著作权侵权

(1) 中策公司通过公证保全的案件事实

依据(2020)鲁济南高新证经字第945号公证书(以下简称"第945号公证书")的记载,2020年7月26日,中策公司委托的代理人及公证员来到位于悬挂"山东秉宸商贸有限公司"字样标牌的店铺,购得标有"朝阳日策橡胶有限公司大力神魔兽高耐磨加强型3.75-12"字样的轮胎一个以及标有"朝阳日策橡胶有限公司大力神魔兽高耐磨加强型3.75-12,TUBELESS 真空胎"字样的轮胎一个。购得的轮胎外包裹着与中策公司设计相似的包胎纸(以下简称"涉案侵权产品"),所购得的轮胎胎身上印有3C认证的工厂编号"F000533"。

(2) 涉案侵权产品的设计与中策公司《包胎纸设计稿》构成实质性相似

涉案侵权产品采用了与中策公司《包胎纸设计稿》几乎相同

的设计,即采用银白色背景及红色、黑色的正方形、直角三角形色块,色块排列方式、颜色填充、比例大小均与《包胎纸设计稿》一致。在黑色正方形色块的正中间印有"精品轮胎",红色正方形色块上印有"朝阳日策橡胶有限公司"。由上述对比可知,除去方块中的文字不同以及直角三角形色块的略微错位,涉案侵权产品的图案排列、大小、颜色均与《包胎纸设计稿》相同。因此涉案侵权产品相对于《包胎纸设计稿》构成实质性相似。

(3) 日策公司、晟祥公司和秉宸公司对中策公司的《包胎纸设计稿》存在接触可能

中策公司曾就《包胎纸设计稿》的设计于 2015 年 10 月 9 日向专利局申请外观设计专利,并于 2016 年 1 月 27 日被公告授权。即 2016 年 1 月 27 日起中策公司的《包胎纸设计稿》即处于公开发表的状态,包括日策公司、晟祥公司和秉宸公司在内的任何企业或个人都可以通过公开渠道接触该设计。另外,中策公司的《包胎纸设计稿》广泛应用于旗下朝阳品牌轮胎的外包装纸上,在全国范围进行销售。而日策公司、晟祥公司和秉宸公司作为中策公司同行业的从业者,理应通过轮胎市场上的产品知晓中策公司设计。因此,日策公司、晟祥公司和秉宸公司对中策公司的《包胎纸设计稿》存在接触可能。

(4) 日策公司、晟祥公司、秉宸公司复制、发行涉案侵权产品,构成著作权侵权

根据公证书记载,涉案侵权产品的胎身和销售标贴上印有"朝阳日策橡胶有限公司"字号。《最高人民法院关于产品侵权案件的受害人能否以产品的商标所有人为生产生产者提起民事诉讼的批复》(法释[2002]22 号)指出:任何将自己的姓名、名称、商标或者可资识别的其他标识体现在产品上,表示其为产品制造者的企业或个人,均属于《中华人民共和国民法通则》第一百二十二条规定的"产品制造者"和《中华人民共和国产品质量法》规定的"生产者"。故根据该法律规定和相关事实,日策公司应当被认定为涉案侵权产品的生产商。涉案侵权产品销售标贴注明了晟祥公司

是生产商,并且胎身上的"F000533"亦是晟祥公司的3C工厂编号,可以认定晟祥公司是涉案侵权产品的生产商。因此日策公司和晟祥公司在生产行为中复制了中策公司《包胎纸设计稿》。

日策公司、晟祥公司通过秉宸公司销售涉案侵权产品,因此日策公司、晟祥公司、秉宸公司是涉案侵权产品的销售者,即实行了对中策公司《包胎纸设计稿》的发行。

三、法学原理及分析

1.《中华人民共和国著作权法》(2010年修正)第十一条:"著作权属于作者,本法另有规定的除外。创作作品的自然人是作者。由法人或者非法人组织主持,代表法人或者非法人组织意志创作,并由法人或者非法人组织承担责任的作品,法人或者非法人组织视为作者。"

法条分析:本条是关于如何认定作者的规定。作者是文学、艺术、科学作品的创作者,作者对作品的创作付出了辛勤的劳动,因此,在通常情况下,著作权的权利属于作者。本案中,中策公司提交了作品电子文件、后台信息打印件、外观专利证书截图等,上述证据互相印证,在无相反证据的情况下,一审法院确认中策公司对涉案美术作品享有著作权,有权提起本案诉讼。

2.《中华人民共和国著作权法》(2010年修正)第四十八条:"有下列侵权行为的,应当根据情况,承担停止侵害、消除影响、赔礼道歉、赔偿损失等民事责任;同时损害公共利益的,可以由著作权行政管理部门责令停止侵权行为,没收违法所得,没收、销毁侵权复制品,并可处以罚款;情节严重的,著作权行政管理部门还可以没收主要用于制作侵权复制品的材料、工具、设备等;构成犯罪的,依法追究刑事责任:

(一)未经著作权人许可,复制、发行、表演、放映、广播、汇编、通过信息网络向公众传播其作品的,本法另有规定的除外;

(二)出版他人享有专有出版权的图书的;

(三)未经表演者许可,复制、发行录有其表演的录音录像制品,或者通过信息网络向公众传播其表演的,本法另有规定的除外；

（四）未经录音录像制作者许可，复制、发行、通过信息网络向公众传播其制作的录音录像制品的，本法另有规定的除外；

（五）未经许可，播放或者复制广播、电视的，本法另有规定的除外；

（六）未经著作权人或者与著作权有关的权利人许可，故意避开或者破坏权利人为其作品、录音录像制品等采取的保护著作权或者与著作权有关的权利的技术措施的，法律、行政法规另有规定的除外；

（七）未经著作权人或者与著作权有关的权利人许可，故意删除或者改变作品、录音录像制品等的权利管理电子信息的，法律、行政法规另有规定的除外；

（八）制作、出售假冒他人署名的作品的。"

法条分析： 本条是关于侵犯著作权以及与著作权有关的权益的行为及行为人应当承担的民事、行政或刑事责任的规定。被告朝阳日策公司、晟祥公司未经原告许可，在其生产、销售轮胎的包装纸上使用原告享有著作权的美术作品，属于商业性使用，其行为构成对中策公司涉案美术作品复制权和发行权的侵犯，应承担停止侵权、赔偿经济损失的责任。被告秉宸公司未经著作权人许可销售侵权产品，亦应停止侵权、在其销售范围内承担赔偿损失的责任。

3.《中华人民共和国著作权法》（2010年修正）第四十九条："侵犯著作权或者与著作权有关的权利的，侵权人应当按照权利人的实际损失给予赔偿；实际损失难以计算的，可以按照侵权人的违法所得给予赔偿。赔偿数额还应当包括权利人为制止侵权行为所支付的合理开支。

权利人的实际损失或者侵权人的违法所得不能确定的，由人民法院根据侵权行为的情节，判决给予五十万元以下的赔偿。"

法条分析： 本条侵犯著作权以及与著作权有关的权益的行为及行为人应当承担赔偿规则的规定。本案中，对于原告主张的经济损失，因其未提供侵权受损或被告侵权获利的直接证据，本院综合考虑涉案美术作品的类型、知名度,结合被告过错程度、侵权行为性质、使用作品的方式、生产规模、在国内的影响力、律师出庭、相关案件的诉讼等因素,本院酌情确定被告朝阳日策公司、晟祥公司赔偿数额为35 000元,被告秉宸公司赔偿数额为2 000元。对于原告主张的合理费用,本院亦参考上述因素,酌情确定被告朝阳日策公司、晟祥公司赔偿原告合理费用10 000元。

4.《最高人民法院关于审理著作权民事纠纷案件适用法律若干问题的解释》第七条:"当事人提供的涉及著作权的底稿、原件、合法出版物、著作权登记证书、认证机构出具的证明、取得权利的合同等,可以作为证据。在作品或者制品上署名的自然人、法人或者其他组织视为著作权或者著作权有关权益的权利人,但有相反证明的除外。"

法条分析: 本案中,中策公司提交了作品电子文件、后台信息打印件、外观专利证书截图等,上述证据互相印证,在无相反证据的情况下,一审法院确认中策公司对涉案美术作品享有著作权,有权提起本案诉讼。朝阳日策公司、晟祥公司、杨文祥不认可中策公司享有涉案美术作品的相应权利,但未提交相反证据,故对其该项辩称一审法院不予支持。

四、相关法律文书

1. (2021)鲁01民初46号

山东省济南市中级人民法院
民事判决书

(2021)鲁01民初46号

原告:中策橡胶集团有限公司,住所地:浙江省杭州市钱塘新区10大街2号。

法定代表人:沈金荣,董事长兼总经理。

被告:朝阳日策橡胶有限公司,住所地:辽宁省朝阳市双塔区疏港路绿波园32号101。

法定代表人：孙颖，总经理。

被告：天津市晟祥橡胶制品有限公司，住所地：天津市静海区唐官屯镇鲁辛庄桥东往东400米。

法定代表人：杨文祥，总经理。

被告：杨文祥，男，1972年6月24日出生，汉族，住天津市津南区北闸口镇大芦庄村二区1排32号。

被告：山东秉宸商贸有限公司，住所地：山东省济南市槐荫区八里桥庄60路。

法定代表人：张静，经理。

被告：张静，女，1985年9月30日出生，汉族，住山东省济南市天桥区堤口路80号1号楼1单元403号。

原告中策橡胶集团有限公司（以下简称中策公司）与被告朝阳日策橡胶有限公司（以下简称朝阳日策公司）、天津市晟祥橡胶制品有限公司（以下简称晟祥公司）、杨文祥、山东秉宸商贸有限公司（以下简称秉宸公司）、张静著作权侵权纠纷一案，本院于2021年1月6日立案后，依法适用普通程序，公开开庭进行了审理。原告中策公司的委托诉讼代理人，被告朝阳日策公司、晟祥公司、杨文祥的共同委托诉讼代理人到庭参加诉讼。被告秉宸公司、张静经传票传唤无正当理由拒不到庭参加诉讼。本案现已审理终结。

原告中策公司向本院提出诉讼请求：1.判令被告朝阳日策公司、晟祥公司、秉宸公司立即停止侵犯名称为《"大力神"外包装纸的设计》的著作权，即停止复制、展出、发行侵权产品；2.判令被告连带赔偿原告经济损失50万元；3.判令五被告共同支付原告为制止被告侵权行为而支出的合理费用5万元。

事实与理由：朝阳日策公司、晟祥公司生产、销售的被诉侵权产品侵犯了原告的著作权，依法应承担侵权责任；秉宸公司系被诉侵权产品销售商，亦应承担相应责任，晟祥公司的唯一股东是杨文祥，秉宸公司的唯一股东是张静，杨文祥和张静应当分别对晟祥公司和秉宸公司的侵权赔偿承担连带责任。

被告朝阳日策公司、晟祥公司、杨文祥共同辩称,1. 中策公司提交的证据不足以证明其为涉案作品权利人,亦不能证明所获著作权的时间为2009年2月18日;2. 其对被诉侵权商品所使用的外包装图案享有独立的著作权,没有侵犯原告的著作权;3. 中策公司诉请的50万元经济损失属于虚假陈述,违反了诚实信用原则,其频繁起诉、撤诉的行为造成了司法资源的浪费。

被告朝阳日策公司补充辩称,被诉侵权产品包装上虽然显示了朝阳日策公司的名称,但该事实系合同授权行为所致,其不应为此承担责任。

被告杨文祥补充辩称,中策公司将其列为本案被告,属于滥用公司人格否认制度、滥用诉权。

被告秉宸公司、张静未答辩亦未提交证据。

当事人围绕诉讼请求依法提交了证据,本院组织当事人进行了证据交换和质证。对当事人无异议的证据,本院予以确认并在卷佐证。对有异议的证据,本院认定如下:

对于原告提交的《"大力神"外包装纸的设计》《采购电动车胎无敌威龙大力神外包装带的通知》及(2017)浙杭证民字第8131号公证书等证据,被告朝阳日策公司、晟祥公司、杨文祥不认可其真实性,对此本院认为上述证据相互印证,能够形成完整的证据链,结合原告提交的外观专利证书等证据,本院对该组证据予以采信。

被告朝阳日策公司为证明其主张,向本院提交了其于2018年9月17日与被告晟祥公司签订的《授权书》一份,授权晟祥公司无偿使用朝阳日策公司的企业名称、商标、包装纸版权等。原告不认可该证据的真实性,对此本院认为在没有其他证据佐证的情况下,两被告的证据达不到高度盖然性的证明标准,本院对该证据不予采信。

根据上述庭审举证、质证、认证情况和双方当事人庭审陈述本院确认如下事实:

一、关于中策公司享有的权利情况

原告中策公司向本院提交了《"大力神"外包装纸的设计》的

美术作品一份,该美术作品以银色为底色的背景颜色,由红色、黑色的正方形和直角三角形色块有序的拼接组合而成,设计用途为包胎纸,该设计黑色方格中间标注有朝阳轮胎、红色方格中间标注"朝阳文字及图形"商标。

(2019)川知民终520号判决书显示杭州橡胶总厂许可中策公司使用第1289482号"朝阳文字及图形"注册商标,许可方式系排他许可。

2015年10月19日,原告中策公司将上述美术作品向国家知识产权局申请了名称为"包胎纸"的外观设计专利,授权公告日期为2016年1月27日,专利号为"ZL201530389564.4"。

2017年8月11日,原告中策公司向杭州市国立公证处申请证据保全,该处公证人员根据原告的请求,在公证人员的监督下对原告提供的电脑相关文件进行拍照、录像,其中文件名称为《采购电动车胎无敌威龙大力神外包装带的通知》的Word文件创建时间为2009年2月18日,最后一次保存时间为2009年2月18日。该Word文件记载的"大力神—驱动轮铝箔包装带"的图片与上述美术作品样式基本一致。杭州市国立公证处对上述过程出具(2017)浙杭证民字第8131号公证书。

二、关于各被告使用涉案美术作品的情况

2020年7月26日,原告中策公司向济南市高新公证处申请证据保全,原告的委托代理人及公证员来到位于济南市标有"八里桥村223号济南土产市场"字样门口斜对面、悬挂"山东秉宸商贸有限公司"字样标牌的店铺,花费250元购得标有"朝阳日策橡胶有限公司大力神魔兽高耐磨加强型375-12"字样的轮胎一个以及标有"朝阳日策橡胶有限公司大力神魔兽高耐磨加强型3.75-12,TUBELESS真空胎"字样的轮胎一个,取得标有"张克勤、山东秉宸商贸有限公司"字样的名片一张。济南市高新公证处为上述过程作出(2020)鲁济南高新证经字第945号公证书。

庭审中,将封存完好的公证产品进行拆封,公证产品轮胎标注有工厂编号"F000533"及被告朝阳日策公司企业名称。被告晟祥公司认可其系被诉侵权产品的生产商。被告朝阳日策公司表示其仅授权晟祥公司使用其企业名称。

经比对,被诉侵权的"轮胎"的包装纸以银色为底色的背景颜色,由黑色方性格及红色方形格交错周期性排列,在中间位置有红色和黑色小三角,红色方格中间标注"朝阳日策橡胶有限公司";与原告美术作品相比,二者区别是涉案侵权产品包装纸将第二行与第四行错位了一个小三角的位置及方格中间标注不一样。被告朝阳日策公司、晟祥公司、杨文祥认为被诉侵权产品与原告美术作品在各个组成要素的不同取舍,选择安排设计方面的均有差异,形成了不同的外观表现,属于不同的作者就同一题材创作的作品,被告没有构成侵权。

原告中策公司提交的(2019)沪长证经字第2945号公证书、(2019)鲁济南高新证经字第1614号公证书、(2020)鲁济南高新证经1187号公证书、(2020)苏泰姜堰证字第2464号公证书、(2020)苏泰姜堰证字第2465号公证书、(2020)苏泰姜堰证字第2466号公证书、(2020)苏泰姜堰证字第2467号公证书、(2020)苏泰姜堰证字第2468号公证书显示,涉案侵权产品在上海、南昌均有销售。

三、其他情况

被告提交的《作品登记证书》显示,2016年11月24日,被告朝阳日策公司取得了被诉侵权产品包装纸的著作权登记。

原告中策公司就被诉侵权产品于2020年1月17日、10月12日分别向上海知产法院、上海市徐汇区人民法院起诉本案被告朝阳日策公司、晟祥公司、杨文祥侵犯其外观设计及商标权。

朝阳日策公司成立于2016年11月22日,注册资本10万元,经营范围为天然橡胶、合成橡胶、轮胎、五金产品批发兼零售。

晟祥公司成立于2015年9月1日,注册资本500万元,系自然人独资有限责任公司,法定代表人、出资人为杨文祥,经营范围为橡胶制品制造、销售等。

秉宸公司成立于2019年10月21日,注册资本500万元,系自然人独资有限责任公司,法定代表人、出资人为张静,经营范围为批发、零售橡胶制品等。原告中策公司主张其为本案支出律师费10 000元,公证费5 500元。

以上事实,有原、被告提供的公证书及封存实物、工商登记信息及网站信息、外观专利证书、生效判决书等证据及当事人的庭审陈述在案佐证。

本院认为,因原告起诉时及被告侵权行为发生时,均在2021年6月1日之前,故本案应当适用2010年修正的《中华人民共和国著作权法》,该法第十一条第一、四款规定,著作权属于作者,本法另有规定的除外。如无相反证明,在作品上署名的公民、法人或者其他组织为作者《最高人民法院关于审理著作权民事纠纷案件适用法律若干问题的解释》第七条规定:"当事人提供的涉及著作权的底稿、原件、合法出版物、著作权登记证书、认证机构出具的证明、取得权利的合同等,可以作为证据。在作品或者制品上署名的自然人、法人或者其他组织视为著作权或者著作权有关权益的权利人,但有相反证明的除外。"本案中,原告中策公司提交了作品电子文件、后台信息打印件、外观专利证书截图等,上述证据互相印证,在无相反证据的情况下,本院确认中策公司对涉案美术作品享有著作权,有权提起本案诉讼。被告朝阳日策公司、晟祥公司、杨文祥不认可中策公司享有涉案美术作品的相应权利,但未提交相反证据,故对其该项辩称本院不予支持。

被诉侵权产品与原告主张的美术作品仅存在细微差别,二都在元素的组成、颜色的选取、构图的比例、整体的视觉效果等方面基本一致,构成实质性相似。且朝阳日策公司使用被诉侵权产品包装纸的时间晚于原告设计日期,因此对于被告朝阳日策公司、晟祥公司、杨文祥"被诉侵权产品所使用的外包装图案享有独立的著作权"、"被诉侵权产品与原告美术作品不相同、不相似"的意见本院不予采信。另,晟祥公司认可其生产、销售了涉案侵权产品;而被诉侵权产品上标注有被告"朝阳日策公司"的企业名称,本院认定朝阳日策公司亦为涉案侵权产品的生产、销售商。

对朝阳日策公司与晟祥公司是否存在内部的授权关系,本院不再评价。被告朝阳日策公司、晟祥公司未经原告许可,在其生产、销售轮胎的包装纸上使用原告享有著作权的美术作品,属于商业性使用,其行为构成对中策公司涉案美术作品复制权和发行权的侵犯,应承担停止侵权、赔偿经济损失的责任。被告秉宸公司未经著作权人许可销售侵权产品,亦应停止侵权、在其销售范围内承担赔偿损失的责任。原告并未提供证据证明各被告的行为侵犯了原告的展览权,因此对于该项诉讼请求,本院不予支持。

对于原告主张的经济损失,因其未提供侵权受损或被告侵权获利的直接证据,本院综合考虑涉案美术作品的类型、知名度,结合被告过错程度、侵权行为性质、使用作品的方式、生产规模、在国内的影响力、律师出庭、相关案件的诉讼等因素,本院酌情确定被告朝阳日策公司、晟祥公司赔偿数额为35 000元,被告秉宸公司赔偿数额为2 000元。对于原告主张的合理费用,本院亦参考上述因素,酌情确定被告朝阳日策公司、晟祥公司赔偿原告合理费用10 000元。被告杨文祥系被告晟祥公司的唯一股东,被告张静系被告秉宸公司的唯一股东,其二人均未提供证据证明个人财产独立于公司的财产,故杨文祥应对晟祥公司的前述赔偿承担连带责任,张静应对告秉宸公司的前述赔偿承担连带责任。

综上所述,根据《中华人民共和国著作权法》(2010年修正)第十条、第十一条、第四十八条、第四十九条,《中华人民共和国公司法》第六十三条,《最高人民法院关于审理著作权民事纠纷案件适用法律若干问题的解释》第七条、第二十五条、第二十六条,《中华人民共和国民事诉讼法》第一百四十四条规定,判决如下:

一、被告山东秉宸商贸有限公司立即停止销售侵犯原告中策橡胶集团有限公司《"大力神"外包装纸的设计》著作权的商品的行为;

二、被告朝阳日策橡胶有限公司、天津市晟祥橡胶制品有限公司立即停止生产、销售侵犯原告中策橡胶集团有限公司《"大力神"外包装纸的设计》著作权的商品的行为;

三、被告山东秉宸商贸有限公司于本判决生效之日起十日内连带赔偿原告中策橡胶集团有限公司经济损失 2 000 元；

四、被告朝阳日策橡胶有限公司、天津市晟祥橡胶制品有限公司于本判决生效之日起十日内连带赔偿原告中策橡胶集团有限公司经济损失 35 000 元；

五、被告朝阳日策橡胶有限公司、天津市晟祥橡胶制品有限公司于本判决生效之日起十日内连带赔偿原告中策橡胶集团有限公司合理费用 10 000 元；

六、被告张静对上述判决第三项中被告山东秉宸商贸有限公司的债务承担连带责任；

七、被告杨文祥对上述判决第四项、第五项中被告天津市晟祥橡胶制品有限公司的债务承担连带责任；

八、驳回原告中策橡胶集团有限公司的其他诉讼请求。

如果未按本判决指定的期间履行给付金钱义务，应当依照《中华人民共和国民事诉讼法》第二百五十三条之规定，加倍支付迟延履行期间的债务利息。

案件受理费 9 300 元，由原告中策橡胶集团有限公司负担 4 300 元，由被告朝阳日策橡胶有限公司、天津市晟祥橡胶制品有限公司负担 5 000 元。

如不服本判决，可以在判决书送达之日起十五日内，向本院递交上诉状，并按对方当事人的人数提出副本，上诉于山东省高级人民法院。

2.（2022）鲁民终 206 号

山东省高级人民法院
民事判决书

（2022）鲁民终 206 号

上诉人（原审被告）：朝阳日策橡胶有限公司，住所地：辽宁省朝阳市双塔区疏港路绿波园 32 号 101。

法定代表人：孙颖，总经理。

上诉人(原审被告)：天津市晟祥橡胶制品有限公司，住所地：天津市静海区唐官屯镇鲁辛庄桥东往东400米。

法定代表人：杨文祥，总经理。

上诉人(原审被告)：杨文祥，男，1972年6月24日出生，汉族，住天津市津南区北闸口镇大芦庄村二区1排32号。

被上诉人(原审原告)：中策橡胶集团股份有限公司(原中策橡胶集团有限公司)，住所地：浙江省杭州市钱塘新区10大街2号。

法定代表人：沈金荣，董事长兼总经理。

原审被告：山东秉宸商贸有限公司，住所地：山东省济南市槐荫区八里桥庄60路。

法定代表人：张静，总经理。

原审被告：张静，女，1985年9月30日出生，汉族，住山东省济南市槐荫区匡山小区97号楼3单元101号。

上诉人朝阳日策橡胶有限公司(以下简称朝阳日策公司)、天津市晟祥橡胶制品有限公司(以下简称晟祥公司)、杨文祥因与被上诉人中策橡胶集团股份有限公司(以下简称中策公司)及原审被告山东秉宸商贸有限公司(以下简称秉宸公司)、张静侵害著作权纠纷一案，不服山东省济南市中级人民法院(2021)鲁01民初46号民事判决，向本院提起上诉。本院立案后，依法组成合议庭进行了审理。本案现已审理终结。

朝阳日策公司上诉请求：1.依法撤销一审判决第二项、第四项、第五项、第七项，改判驳回中策公司全部诉讼请求或发回重审；2.一、二审诉讼费用由中策公司承担。事实与理由：一、原审法院认定朝阳日策公司为涉案侵权产品的生产商、销售商缺乏事实依据，应予以纠正。2018年9月17日，朝阳日策公司与晟祥公司签订《授权书》，约定晟祥公司无偿使用朝阳日策公司名称、第21839099号"大力神魔兽"商标和相应的作品。朝阳日策公司没有参与晟祥公司的经营活动，没有获利，更不存在任何主观过失，即使晟祥公司的经营行为构成侵权，朝阳日策公司亦不应承担任何责任。二、原审法院认定中策公司对涉案美术作品享有著作权不符合法律规定。首先,所谓的"大力神"外包装纸设计稿为中策公司提交的自制证据复印件,其一审代理人当庭认可该证据没有原件。中策公司对保存在电脑内的设计稿虽有相应的公证书,但该设计稿多次删改,并非原始记录,不能排除中策公司在电脑内预先设置内容程序再进行公证保全的可能,不能证明中策公司系该作品著作权人及具体创作时间。其次,2012年12月15日,朝阳凤鸣轮胎有限公司设计出与中策公司完全相同的图案,因此中策公司提交的申请日为2015年10月9日的第201530389564.4号外观设计专利材料不能佐证其为著作权人。原审法院根据中策公司提交的设计稿复印件、外观设计专利证书截图就认定其为该作品的著作权人不符合法律规定,应予以纠正。三、被诉侵权商品使用的外包装图案与中策公司所主张的美术作品,属于由不同作者就同一题材创作的作品,作品的表达系独立完成且有创作性,应当认定作者各自享有独立著作权。

晟祥公司上诉请求:1.依法撤销一审判决第二项、第四项、第五项、第七项,改判驳回中策公司全部诉讼请求或发回重审;2.一、二审诉讼费用由中策公司承担。事实和理由:同朝阳日策公司上诉理由第二、三点。杨文祥上诉请求:1.依法撤销一审判决第二项、第四项、第五项、第七项,改判驳回中策公司全部诉讼请求或发回重审;2.一、二审诉讼费用由中策公司承担。事实和理由:一、原审法院以杨文祥未提供证据证明个人财产独立于晟祥公司的财产,故应对晟祥公司的赔偿责任承担连带责任,属于适用法律错误。《中华人民共和国公司法》第六十三条规定"一人有限责任公司的股东不能证明公司财产独立于股东自己的财产的,应当对公司债务承担连带责任。"只有当公司股东滥用公司独立法人地位和股东有限责任,逃避债务,严重损害公司债权人利益,才应当对公司债务承担连带责任。本案并未出现上述情况。原审法院判决杨文祥对晟祥公司的赔偿责任承担连带责任,属于适用法律错误。二、2021年的3月9日,晟祥公司由自然人独资变更为有限责任公司,因此无论晟祥公司是否侵权,杨文祥都不应承担责任。其他理由同朝阳日策公司上诉理由第二、三点。

中策公司辩称,1. 中策公司作为著作权人的权利基础证据包括外观设计专利、计算机保全公证书以及四川高院的二审判决书,四川高院确认中策公司于2008年享有涉案作品著作权。2. 经中策公司在国家企业信用信息系统上查询,朝阳凤鸣轮胎有限公司现更名为朝阳日策公司,且于2014年被朝阳市中级人民法院判决认定侵害中策公司商标、字号等权利,该企业现在被列为失信被执行人,本身就是侵权企业,其自一开始便抄袭中策公司商标权利和著作权利,至今仍未履行相关义务,不能依据朝阳凤鸣轮胎有限公司相关事实推翻四川高院认定中策公司2008年拥有相应著作权的事实。3. 朝阳日策公司与晟祥公司系委托生产关系,二者系共同生产商,故原审法院对于二者的责任认定并无不当。4. 被诉侵权产品与涉案美术作品唯一区别就是一个黑色的三角形略微发生了平移,二者构成实质性相似。5. 晟祥公司在涉案侵权产品生产销售时间内系杨文祥个人投资企业,故在杨文祥未能举证其财产独立于公司的情况下应承担连带侵权责任。6. 中策公司于1999年取得了朝阳商标权,于2006年取得了中策商标权,朝阳日策公司接触了中策公司的相关著作权有关权利,并且构成实质相似。秉宸公司、张静未陈述意见。

中策公司向一审法院起诉请求:1. 判令朝阳日策公司、晟祥公司、秉宸公司立即停止侵犯名称为《"大力神"外包装纸的设计》的著作权,即停止复制、展出、发行侵权产品;2. 判令晟祥公司、朝阳日策公司、杨文祥、秉宸公司、张静连带赔偿中策公司经济损失50万元;3. 判令晟祥公司、朝阳日策公司、杨文祥、秉宸公司、张静共同支付中策公司为制止侵权行为而支出的合理费用5万元。

一审法院认定如下事实:

一、关于中策公司享有的权利情况

中策公司向一审法院提交了《"大力神"外包装纸的设计》的美术作品一份,该美术作品以银色为底色的背景颜色,由红色、黑色的正方形和直角三角形色块有序的拼接组合而成,设计用途为包胎纸,该设计黑色方格中间标注有朝阳轮胎、红色方格中间标注"朝阳文字及图形"商标。

(2019)川知民终520号判决书显示杭州橡胶总厂许可中策公司使用第1289482号"朝阳文字及图形"注册商标,许可方式系排他许可。

2015年10月19日,中策公司将上述美术作品向国家知识产权局申请了名称为"包胎纸"的外观设计专利,授权公告日期为2016年1月27日,专利号为"ZL201530389564.4"。

2017年8月11日,中策公司向杭州市国立公证处申请证据保全,该处公证人员根据中策公司的请求,在公证人员的监督下对中策公司提供的电脑相关文件进行拍照、录像,其中文件名称为《采购电动车胎无敌威龙大力神外包装带的通知》的Word文件创建时间为2009年2月18日,最后一次保存时间为2009年2月18日。该Word文件记载的"大力神—驱动轮铝箔包装带"的图片与上述美术作品样式基本一致。杭州市国立公证处对上述过程出具(2017)浙杭证民字第8131号公证书。

二、关于被诉使用涉案美术作品的情况

2020年7月26日,中策公司向济南市高新公证处申请证据保全,中策公司的委托代理人及公证员来到位于济南市标有"八里桥村223号济南土产市场"字样门口斜对面、悬挂"山东秉宸商贸有限公司"字样标牌的店铺,花费250元购得标有"朝阳日策橡胶有限公司大力神魔兽高耐磨加强型3.75-12"字样的轮胎一个以及标有"朝阳日策橡胶有限公司大力神魔兽高耐磨加强型3.75-12,TUBELESS真空胎"字样的轮胎一个,取得标有"张克勤、山东秉宸商贸有限公司"字样的名片一张。济南市高新公证处为上述过程作出(2020)鲁济南高新证经字第945号公证书。

一审庭审中,将封存完好的公证产品进行拆封,公证产品轮胎标注有工厂编号"F000533"及朝阳日策公司企业名称。晟祥公司认可其系被诉侵权产品的生产商。朝阳日策公司表示其仅授权晟祥公司使用其企业名称。

经一审比对,被诉侵权的"轮胎"的包装纸以银色为底色的背景颜色,由黑色方形格及红色方形格交错周期性排列,在中间位置有红色和黑色小三角,红色方格中间标注"朝阳日策橡胶有限公司";与中策公司美术作品相比,二者区别是涉案侵权产品包装纸将第二行与第四行错位了一个小三角的位置及方格中间标注不一样。朝阳日策公司、晟祥公司、杨文祥认为被诉侵权产品与中策公司美术作品在各个组成要素的不同取舍,选择安排设计方面的均有差异,形成了不同的外观表现,属于不同的作者就同一题材创作的作品,没有构成侵权。

中策公司提交的(2019)沪长证经字第 2945 号公证书、(2019)鲁济南高新证经字第 1614 号公证书、(2020)鲁济南高新证经 1187 号公证书、(2020)苏泰姜堰证字第 2464 号公证书、(2020)苏泰姜堰证字第 2465 号公证书、(2020)苏泰姜堰证字第 2466 号公证书、(2020)苏泰姜堰证字第 2467 号公证书、(2020)苏泰姜堰证字第 2468 号公证书显示,涉案侵权产品在上海、南昌均有销售。

三、其他情况

当事人提交的《作品登记证书》显示,2016 年 11 月 24 日,朝阳日策公司取得了被诉侵权产品包装纸的著作权登记。

中策公司就被诉侵权产品于 2020 年 1 月 17 日、10 月 12 日分别向上海知产法院、上海市徐汇区人民法院起诉朝阳日策公司、晟祥公司、杨文祥侵犯其外观设计及商标权。

朝阳日策公司成立于 2016 年 11 月 22 日,注册资本 10 万元,经营范围为天然橡胶、合成橡胶、轮胎、五金产品批发兼零售。

晟祥公司成立于 2015 年 9 月 1 日,注册资本 500 万元,系自然人独资有限责任公司,法定代表人、出资人为杨文祥,经营范围为橡胶制品制造、销售等。

秉宸公司成立于 2019 年 10 月 21 日,注册资本 500 万元,系自然人独资有限责任公司,法定代表人、出资人为张静,经营范围为批发、零售橡胶制品等。

中策公司主张其为本案支出律师费10 000元,公证费5 500元,一审法院认为,因中策公司起诉时及被诉侵权行为发生时,均在2021年6月1日之前,故本案应当适用2010年修正的《中华人民共和国著作权法》,该法第十一条第一、四款规定,著作权属于作者,本法另有规定的除外。如无相反证明,在作品上署名的公民、法人或者其他组织为作者。《最高人民法院关于审理著作权民事纠纷案件适用法律若干问题的解释》第七条规定:"当事人提供的涉及著作权的底稿、原件、合法出版物、著作权登记证书、认证机构出具的证明、取得权利的合同等,可以作为证据。在作品或者制品上署名的自然人、法人或者其他组织视为著作权或者著作权有关权益的权利人,但有相反证明的除外。"本案中,中策公司提交了作品电子文件、后台信息打印件、外观专利证书截图等,上述证据互相印证,在无相反证据的情况下,一审法院确认中策公司对涉案美术作品享有著作权,有权提起本案诉讼。朝阳日策公司、晟祥公司、杨文祥不认可中策公司享有涉案美术作品的相应权利,但未提交相反证据,故对其该项辩称一审法院不予支持。被诉侵权产品与中策公司主张的美术作品仅存在细微差别,二者在元素的组成、颜色的选取、构图的比例、整体的视觉效果等方面基本一致,构成实质性相似。且朝阳日策公司使用被诉侵权产品包装纸的时间晚于中策公司设计日期,因此对朝阳日策公司、晟祥公司、杨文祥"被诉侵权产品所使用的外包装图案享有独立的著作权""被诉侵权产品与中策公司美术作品不相同、不相似"的意见一审法院不予采信。另,晟祥公司认可其生产、销售了涉案侵权产品;而被诉侵权产品上标注有"朝阳日策橡胶有限公司"的企业名称,一审法院认定朝阳日策公司亦为涉案侵权产品的生产、销售商。对朝阳日策公司与晟祥公司是否存在内部的授权关系,一审法院不再评价。朝阳日策公司、晟祥公司未经中策公司许可,在其生产、销售轮胎的包装纸上使用中策公司享有著作权的美术作品,属于商业性使用,其行为构成对中策公司涉案美术作品复制权和发行权的侵犯,应承担停止侵权、赔偿经济损失的责任。秉宸公司未经著作权人许可销售侵权产品,亦应停止侵权、在其销售范围内承担赔偿损失的责任。中策公司并未提供证据证明被诉侵权行为侵犯了中策公司的展览权,因此对于该项诉讼请求,一审法院不予支持。

对于中策公司主张的经济损失,因其未提供侵权受损或侵权获利的直接证据,一审法院综合考虑涉案美术作品的类型、知名度,结合侵权人过错程度、侵权行为性质、使用作品的方式、生产规模、在国内的影响力、律师出庭、相关案件的诉讼等因素,一审法院酌情确定朝阳日策公司、晟祥公司赔偿数额为35 000元,秉宸公司赔偿数额为2 000元。对于中策公司主张的合理费用,一审法院亦参考上述因素,酌情确定朝阳日策公司、晟祥公司赔偿中策公司合理费用10 000元。杨文祥系晟祥公司的唯一股东,张静系秉宸公司的唯一股东,其二人均未提供证据证明个人财产独立于公司的财产,故杨文祥应对晟祥公司的前述赔偿承担连带责任,张静应对秉宸公司的前述赔偿承担连带责任。

综上所述,一审法院根据《中华人民共和国著作权法》(2010年修正)第十条、第十一条、第四十八条、第四十九条,《中华人民共和国公司法》第六十三条,《最高人民法院关于审理著作权民事纠纷案件适用法律若干问题的解释》第七条、第二十五条、第二十六条,《中华人民共和国民事诉讼法》(2017年修正)第一百四十四条规定,判决:一、秉宸公司立即停止销售侵犯中策公司《"大力神"外包装纸的设计》著作权的商品的行为;二、朝阳日策公司、晟祥公司立即停止生产、销售侵犯中策公司《"大力神"外包装纸的设计》著作权的商品的行为;三、秉宸公司于判决生效之日起十日内连带赔偿中策公司经济损失2 000元;四、朝阳日策公司、晟祥公司于判决生效之日起十日内连带赔偿中策公司经济损失35 000元;五、朝阳日策公司、晟祥公司于判决生效之日起十日内连带赔偿中策公司合理费用10 000元;六、张静对上述判决第三项中秉宸公司的债务承担连带责任;七、杨文祥对上述判决第四项、第五项中晟祥公司的债务承担连带责任;八、驳回中策公司的其他诉讼请求。

如果未按判决指定的期间履行给付金钱义务,应当依照《中华人民共和国民事诉讼法》(2017年修正)第二百五十三条之规定,加倍支付迟延履行期间的债务利息。案件受理费9 300元,由中策公司负担4 300元,由朝阳日策公司、晟祥公司负担5 000元。

本案二审期间,当事人围绕上诉请求依法提交了证据。本院组织当事人进行了举证和质证。晟祥公司向本院提交以下证据:1. 2021年广西福彩事件的网络宣传情况,证明网络系统生成内容存在被篡改可能,中策公司的所谓"大力神"外包装设计纸不能证明其系著作权人和具体创作时间。2. QQ昵称为"宇哥"2013—2015年空间截图;3. QQ昵称为"枫叶火红"空间截图。证据2-3证明中策公司不是涉案作品著作权人,晟祥公司不构成侵权。中策公司发表质证意见称,对上述证据的真实性、合法性、关联性均有异议,证据1系个人发布,不排除断章取义的可能性,且该事件与本案无关联性。证据2、3均系复印件,且该两份证据上的包胎纸企业名称为朝阳日策公司,"朝阳"是中策公司的驰名商标,朝阳日策公司的行为本身说明其有接触中策公司作品的可能,因为QQ邮件发送都是私密的,以上证据也不能用来确定著作权权利基础。本院认为,晟祥公司提供的证据1与本案无关,本院不予采信,证据2、3系复印件,且中策公司对证据真实性不予认可,故本院对其真实性不予确认。

本院对一审法院认定的事实予以确认。

另查明:朝阳日策公司经核准取得"大力神魔兽"商标权,有效日期自2017年12月28日至2027年12月27日。

中策橡胶集团有限公司于2021年10月15日变更企业名称为中策橡胶集团股份有限公司。

秉宸商贸公司、张静在一审判决作出后亦向本院提出上诉,但其未在本院确定的期限内缴纳上诉费用,本院已出具民事裁定书,按其撤回上诉处理。

本院认为,本案二审争议的焦点问题是:一是中策公司是否享有涉案作品著作权;二是朝阳日策公司、晟祥公司是否侵害了涉案作品著作权;三是一审法院确定的责任承担是否适当。

一、关于中策公司是否享有涉案作品著作权的问题。《最高人民法院关于审理著作权民事纠纷案件适用法律若干问题的解释》第七条规定:"当事人提供的涉及著作权的底稿、原件、合法出版物、著作权登记证书、认证机构出具的证明、取得权利的合同等,可以作为证据。在作品或者制品上署名的自然人、法人或者其他组织视为著作权或者著作权有关权益的权利人,但有相反证明的除外。"一审中,中策公司为证明其享有涉案作品著作权及创作完成时间,向法院提交了作品电子文件、后台信息打印件、外观专利证书截图、生效民事判决等证据。虽然中策公司在一审时向法院提供的作品电子文件、后台信息打印件系复印件,但中策公司对上述证据进行了公证,并在一审开庭时当庭对上述电子证据公证的光盘进行了播放,故可以认定中策公司提供的系电子证据原件,对于朝阳日策公司等关于上述证据系复印件的主张不予支持。上述证据能够相互印证并形成优势证据,应予采信。根据上述证据,中策公司作品电子文件创建时间为2009年2月18日,最后一次保存时间为2009年2月18日,中策公司于2015年10月19日将涉案美术作品申请为外观设计专利,生效裁判文书也认定涉案作品于2009年创作完成并投入使用,因此,可以认定中策公司于2009年创作完成涉案作品并投入使用,故中策公司享有涉案作品的著作权。朝阳日策公司等虽主张朝阳凤鸣轮胎有限公司于2012年12月15日设计出与中策公司相同的图案,中策公司提交的申请日为2015年10月9日的第201530389564.4号外观设计专利材料不能佐证其为著作权人,中策公司不享有涉案作品著作权,但朝阳日策公司等均未能提供有效证据证明上述主张,且外观设计专利仅是佐证中策公司是涉案作品著作权人的证据,即使没有该证据,亦可以通过中策公司提供其他证据认定其系涉案作品著作权人。综上,朝阳日策公司等的主张不能成立,本院不予支持。

二、关于朝阳日策公司、晟祥公司是否侵害了涉案作品著作权的问题。首先,关于朝阳日策公司是否实施了生产销售被控侵权商品的行为。本院认为,根据法院查明的事实,被控侵权商品上标注有朝阳日策公司的企业名称、商标等信息,且朝阳日策公司于2016年11月24日取得被控侵权产品包装纸的作品登记证书,故上述信息可以指向朝阳日策公司,一审法院认定朝阳日策公司系被控侵权商品的生产商并无不当。朝阳日策公司主张其仅授权晟祥公司使用其公司名称,没有参与生产经营,不构成侵权。对此,本院认为,授权他人在生产经营活动中使用其企业名称、商标等的行为是生产经营的一种方式,被控侵权产品上使用朝阳日策公司的企业名称、商标、设计的包装纸的事实本身就表明了朝阳日策公司参与了被控侵权商品的生产经营活动,而授权是有偿还是无偿均不影响授权行为性质的认定,故朝阳日策公司上述主张不能成立,本院不予支持。一审法院对朝阳日策公司与晟祥公司是否存在内部授权关系不予评价,系对朝阳日策公司抗辩及证据的不回应,该种做法不当,应予纠正。其次,关于被控侵权包装纸是否侵权的问题。将被诉侵权包装纸与涉案作品进行比对,二者均是由黑色方形格及红色方形格交错周期性排列,在中间位置有红色和黑色小三角,在黑色和红色方格中标识企业名称或商标,二者在元素的构成、颜色的选取、构图的比例、整体的视觉效果等方面基本一致,构成实质性相似。朝阳日策公司等主张被诉侵权商品使用的外包装图案与中策公司所主张的美术作品属于由不同作者就同一题材创作的作品,应当认定作者各自享有独立著作权。对此,《最高人民法院关于审理著作权民事纠纷案件适用法律若干问题的解释》第十五条规定,由不同作者就同一题材创作的作品,作品的表达系独立完成并且有创作性的,应当认定作者各自享有独立著作权。本院认为,朝阳日策公司等虽主张被控侵权产品使用包装图案系孙颖自行设计,但孙颖既是朝阳日策公司的股东,又是该公司法定代表人,与该公司存在利害关系,且孙颖虽然获得被控侵权产品包装图案的著作权登记证书,但其作品设计和登记时间均在中策公司涉案作品创作完成、发布甚至获得外观设计专利之后,作为同行业竞争者,孙颖以及朝阳日策公司有接触中策公司涉案作品的可能,且朝阳日策公司并未提供孙颖创作的相关证据材料,故其关于不同主体就同一主题创作的作品的主张不能成立,本院不予支持。

三、关于一审法院确定的责任承担是否适当的问题。因朝阳日策公司、晟祥公司侵害了中策公司的涉案作品著作权,故应承担停止侵权、赔偿损失的民事责任。《中华人民共和国公司法》第六十三条规定"一人有限责任公司的股东不能证明公司财产独立于股东自己的财产的,应当对公司债务承担连带责任。"本案被控侵权行为发生于2020年7月26日,此时,杨文祥系晟祥公司的唯一股东,晟祥公司以及杨文祥均未提供证据证明侵权行为发生期间公司财产独立于股东财产,故一审法院认定杨文祥对晟祥公司赔偿责任承担连带责任并无不当。即使2021年3月9日晟祥公司由自然人独资变更为有限责任公司,也不影响杨文祥对之前作为唯一股东对公司债务承担连带责任的认定。因此,对杨文祥不承担责任的主张不予支持。

综上所述,朝阳日策公司、晟祥公司、杨文祥的上诉请求均不能成立,应予驳回;一审判决认定事实清楚,适用法律正确,应予维持。依据《中华人民共和国民事诉讼法》第一百七十七条第一款第一项规定,判决如下:驳回上诉,维持原判。二审案件受理费925元,由朝阳日策橡胶有限公司、天津市晟祥橡胶制品有限公司、杨文祥负担。

本判决为终审判决。

五、案件相关问题及解析

1. 关于中策公司是否享有涉案作品著作权的问题

《最高人民法院关于审理著作权民事纠纷案件适用法律若干问题的解释》第七条规定:"当事人提供的涉及著作权的底稿、原件、合法出版物、著作权登记证书、认证机构出具的证明、取得权利的合同等,可以作为证据。在作品或者制品上署名的自然人、法人或者其他组织视为著作权或者著作权有关权益的权利人,但有相反证明的除外。"一审中,中策公司为证明其享有涉案作品著作权及创作完成时间,向法院提交了作品电子文件、后台信息打印件、外观专利证书截图、生效民事判决等证据。虽然中策公司在一审时向法院提供的作品电子文件、后台信息打印件系复印件,但中策公司对上述证据进行了公证,并在一审开庭时当庭对上述电子证据公证的光盘进行了播放,故可以认定中策公司提供的系电子证据原件,对于朝阳日策公司等关于上述证据系复印件的主张不予支持。上述证据能够相互印证并形成优势证据,应予采信。根据上述证据,中策公司作品电子文件创建时间为2009年2月18日,最后一次保存时间为2009年2月18日,中策公司于2015年10月19日将涉案美术作品申请为外观设计专利,生效裁判文书也认定涉案作品于2009年创作完成并投入使用,因此,可以认定中策公司于2009年创作完成涉案作品并投入使用,故中策公司享有涉案作品的著作权。朝阳日策公司等虽主张朝阳凤鸣轮胎有限公司于2012年12月15日设计出与中策公司相同的图案,中策公司提交的申请日为2015年10月9日的第201530389564.4号外观设计专利材料不能佐证其为著作权人,中策公司不享有涉案作品著作权,但朝阳日策公司等均未能提供有效证据证明上述主张,且外观设计专利仅是佐证中策公司是涉案作品著作权人的证据,即使没有该证据,亦可以通过中策公司提供其他证据认定其系涉案作品著作权人。综上,朝阳日策公司等的主张不能成立,本院不予支持。

2. 关于朝阳日策公司、晟祥公司是否侵害了涉案作品著作权的问题

首先,关于朝阳日策公司是否实施了生产销售被控侵权商品的行为。本院认为,根据法院查明的事实,被控侵权商品上标注有朝阳日策公司的企业名称、商标等信息,且朝阳日策公司于2016年11月24日取得被控侵权产品包装纸的作品登记证书,故上述信息可以指向朝阳日策公司,一审法院认定朝阳日策公司系被控侵权商品的生产商并无不当。朝阳日策公司主张其仅授权晟祥公司使用其公司名称,没有参与生产经营,不构成侵权。对此,本院认为,授权他人在生产经营活动中使用其企业名称、商标等的行为是生产经营的一种方式,被控侵权产品上使用朝阳日策公司的企业名称、商标、设计的包装纸的事实本身就表明了朝阳日策公司参与了被控侵权商品的生产经营活动,而授权是有偿还是无偿均不影响授权行为性质的认定,故朝阳日策公司上述主张不能成立,本院不予支持。一审法院对朝阳日策公司与晟祥公司是否存在内部授权关系不予评价,系对朝阳日策公司抗辩及证据的不回应,该种做法不当,应予纠正。其次,关于被控侵权包装纸是否侵权的问题。将被诉侵权包装纸与涉案作品进行比对,二者均是由黑色方形格及红色方形格交错周期性排列,在中间位置有红色和黑色小三角,在黑色和红色方格中标识企业名称或商标,二者在元素的构成、颜色的选取、构图的比例、整体的视觉效果等方面基本一致,构成实质性相似。朝阳日策公司等主张被诉侵权商品使用的外包装图案与中策公司所主张的美术作品属于由不同作者就同一题材创作的作品,应当认定作者各自享有独立著作权。对此,《最高人民法院关于审理著作权民事纠纷案件适用法律若干问题的解释》第十五条规定,由不同作者就同一题材创作的作品,作品的表达系独立完成并且有创作性的,应当认定作者各自享有独立著作权。本院认为,朝阳日策公司等虽主张被控侵权产品使用包装图案系孙颖自行设计,但孙颖既是朝阳日策公司的股东,又是该公司法定代表人,与该公司存在利害关系,且孙颖虽然获得被控侵权产品包装图案的著作权登记证书,但其作品设计和登记时间均在中策公司涉案作品创作完成、发布甚至获得外观设计专利之后,作为同行业竞争者,孙颖以及朝阳日策公司有接触中策公司涉案作品的可能,且朝阳日策公司并未提供孙颖创作的相关证据材料,故其关于不同主体就同一主题创作的作品的主张不能成立,本院不予支持。

3. 关于一审法院确定的责任承担是否适当的问题

因朝阳日策公司、晟祥公司侵害了中策公司的涉案作品著作权,故应承担停止侵权、赔偿损失的民事责任。《中华人民共和国公司法》第六十三条规定"一人有限责任公司的股东不能证明公司财产独立于股东自己的财产的,应当对公司债务承担连带责任。"本案被控侵权行为发生于 2020 年 7 月 26 日,此时,杨文祥系晟祥公司的唯一股东,晟祥公司以及杨文祥均未提供证据证明侵权行为发生期间公司财产独立于股东财产,故一审法院认定杨文祥对晟祥公司赔偿责任承担连带责任并无不当。即使 2021 年 3 月 9 日晟祥公司由自然人独资变更为有限责任公司,也不影响杨文祥对之前作为唯一股东对公司债务承担连带责任的认定。因此,对杨文祥不承担责任的主张不予支持。

二、专利权法定要点分析

1. 权利人的权利基础

在权利人的权利基础方面,权利人需要证明其合法拥有该专利,且该专利持续有效,即专利具有合法性、有效性。

专利的合法性是专利有效性的前提。专利合法性要求权利人的专利经过审查,拥有相应的权利证书。发明专利需要经过实质性审查,在经过实质审查后没有发现驳回理由的,由国务院专利行政部门作出授予发明专利权的决定,发给发明专利证书,同时予以登记和公告;外观专利和实用新型专利不需要进行实质性审查,只需要经初步审查,没有发现驳回理由的,由国务院专利行政部门作出授予实用新型专利权或者外观设计专利权的决定,发给相应的专利证书,同时予以登记和公告。这一流程,一方面体现了国家对于创新市场的行政干预,公权力介入到私权界定当中,对私权进行有效规制,防止权利的不当获取和权利的滥用;另一方面表现出国家对于发明创造作出技术贡献的期望,经审查后符合一定条件的知识产品才能获得法律的保护。[1]

专利权的有效性是指专利权一旦被授予首先应当是有效的,其后根据过程性判断,其效力可能会向合法有效、无效等情况转化。专利授

---

[1] 闫宇晨:《论专利权的推定效力》,南京大学硕士论文(2020 年),第 18 页。

权行为的法律效力也应当是一种形式效力而非实质效力,从本质上看,形式效力即是一种法律推定,具体表达为有效性推定。①专利的有效性是专利权人的权利基础之一,保持专利的有效需要具备以下要件:(1)专利权需要在有效期内。专利权具有一定的保护期限,发明专利权的期限为二十年,实用新型专利权的期限为十年,外观设计专利权的期限为十五年,均自申请日起计算。(2)专利权人需要按时缴费、保留缴费票据凭证。根据《专利法》相关规定,专利权人应当自被授予专利权的当年开始缴纳年费。通常,权利人需出具实用新型、外观设计专利权评价报告。专利评价报告主要对实用新型专利的新颖性、创造性,外观设计专利是否是现有设计进行评价。如果专利侵权纠纷涉及实用新型专利或者外观设计专利的,权利人在诉讼之前,要出具由国务院专利行政部门对相关实用新型或者外观设计进行检索、分析和评价后作出的专利权评价报告,由此来评价专利的稳定性,判断专利的有效性。

在现实生活中经常有人未经许可,将他人享有权利的作品、商标、企业名称、肖像、知名商品特有的包装装潢申请外观设计专利。由于对外观设计专利申请不进行新颖性和独创性的实质审查,这类外观设计也往往被授予专利权。在获得了这样的"专利权"之后,又宣称权利冲突,诉诸诉讼。《专利法》明确规定授予专利权的外观设计不得与他人在先取得的合法权利相冲突,就是宣告这类专利权自始无效。②

2. 侵权人的侵权行为

侵犯专利权的行为,主要是对已经取得授权的发明、实用新型、外观设计专利,未经专利权人许可,实施其专利的行为。对于发明、实用新型专利,侵权行为主要包括为生产经营目的制造、使用、许诺销售、销售行为。对于外观设计专利,侵权行为主要包括为生产经营目的制造、许诺销售、销售行为。

---

① 闫宇晨:《论专利权的推定效力》,南京大学硕士论文(2020年),第21页。
② 李明德:《中国外观设计保护制度的改革》,载《知识产权》2022年第3期。

要确认侵权人是否是侵犯了专利权,需要将被控侵权产品与权利人的专利权利要求进行比对分析,从而判断被控侵权产品是否落入专利保护范围。对于外观设计而言,要比对被控侵权产品与权利人的专利权是否相同或相似,如果相同或相似,则落入外观专利权的保护范围;对于发明、实用新型而言,要比对被控侵权产品与发明、实用新型具体的技术特征,判断其与专利权的保护范围是否相同或者等同,如果相同或者等同,那么则落入专利权的保护范围。

在北京热刺激光技术有限责任公司诉上海山普激光技术有限公司侵害发明专利权纠纷一案(2021)沪73知民初118号中,将涉案侵权产品与发明专利进行比对,原、被告均确认被诉侵权产品的技术方案包含了涉案专利的全部技术特征,法院经审查亦认为被诉侵权产品的相关技术特征与涉案专利权利要求1-2的相应技术特征相同,落入了涉案专利权的保护范围。而被控侵权人实施的技术又被法院认定为不属于现有技术,故被告未经原告许可,擅自制造、销售落入原告专利权保护范围的侵权产品,侵犯了原告享有的发明专利权,应当就此承担停止侵权的民事责任。由此可见,将被控侵权产品与权利人的专利进行比对分析,从而判断被控侵权产品是否落入专利保护范围,对判断侵权人的侵权行为有着至关重要的作用。

3. 侵权人恶意程度

侵权人实施侵犯专利权的行为,需要对侵权人的主观方面、侵权的时间、侵权的范围以及是否以侵权为业等方面进行判断,以此来证明侵权人实施侵权行为的主观恶意程度。

首先,从侵权人的主观方面来看,需要判断侵权人是明知侵权而故意而为,还是疏忽大意过失为之。如果是侵权人是故意侵犯他人的专利权,那么可见其具有强烈的主观恶意,构成故意侵犯专利权。就认识因素而言,故意要求行为人在其实施侵权行为时不仅知道他人具体专利权的存在,还知道其行为具有侵犯该专利权的高度可能性;就意志因素而言,故意侵权要求行为人希望侵权后果发生或者对侵权后果毫不在意。"故意"侵权的认定在绝大多数情况下均是多个事实因素综合判断的结果,需要综合考虑全案相关事实才能作出评价。[①] 其次,从侵权的时间来看,如果侵权人侵权的时间长且具有持续性,则可以判断其主观恶意程度深。最后,从侵权的范围以及被控侵权人是否以侵权为业的情况分析,侵权人如果不仅侵犯了权利人的一种专利权,还侵犯了此权利人的其他种类的专利权或者侵权人不仅对某一权利人的专利权构成侵犯,其还侵犯了其他权利人的专利权,那么这两种情况都可以说明侵权人侵权的范围广,主观恶意程度深。如果侵权人为获取利益、专门以侵犯他人专利权为其主要业务,也可以证明侵权人的恶意程度深。

侵权人实施侵权行为的恶意程度,关系到法院对赔偿金额的确定,从而对侵权人的责任承担判决造成影响。因此,对侵权人恶意程度的证明成为权利人出具的证据中的重要内容。

4. 侵权赔偿额的确定

因专利权侵权而进行损害赔偿主要考虑的因素有:

(1) 权利人实际损失或被侵权人所得收益:侵犯专利权的赔偿数额按照专利权人专利因被侵权所受到的实际损失或者侵权人因侵权所获得的利益确定;

(2) 专利许可使用费:专利权人的损失或者侵权人获得的利益难以确定的,如果专利权人许可他人实施专利的,参照该专利许可使用费的倍数合理确定。对故意侵犯专利权,情节严重的,可以在按照上述方法确定数额的一倍以上五倍以下确定赔偿数额;

(3) 专利权的类型、侵权行为的性质和情节等其他因素:专利权人的损失、侵权人获得的利益和专利许可使用费均难以确定的,人民法院可以根据专利权的类型、侵权行为的性质和情节等因素,确定给予三万元以上五百万元以下的法定赔偿。赔偿数额还应当包括权利人为制止侵权行为所支付的合理开支。

由此可见,确定侵犯专利权的赔偿数额,需要权利人举证其因侵权受到的实际损失或者侵权人因侵权所获得的利益,如果权利人的损失

[①] 朱理:《专利侵权惩罚性赔偿制度的司法适用政策》,载《知识产权》2020年第8期。

或者侵权人获得的利益难以确定的,则需要参照该专利许可使用费的倍数合理确定。如果均难以确定的,人民法院可以根据专利权的类型、侵权范围、侵权行为的性质和情节等因素综合确定最终赔偿数额。此外,赔偿数额还应当包括权利人为制止侵权行为所支付的合理开支。

在实际案件中,权利人因侵权受到的实际损失及专利许可使用费的举证适用率很低,对侵权人因侵权所获得利益的举证也具有一定难度,需要专利权人及专利权人的代理人仔细多方查证被控侵权人的侵权产品销售的时间、销售范围以及销售的具体获利情况,以此作为权利人主张赔偿数额的依据或者作为法院最终确定具体赔偿数额的参考,因此法院在确定知识产权案件具体损害赔偿数额时通常会采用法定赔偿的方式。据统计,目前99.6%的著作权、商标权案件以及98.4%的专利权案件,均采用法定赔偿方法确定赔偿数额,而且法定赔偿的适用比例近年来还有扩大趋势。[①]

关于侵权人的侵权产品销售的时间的长短、销售范围的大小以及销售的具体获利的多少将直接影响赔偿额的确定,但在实践中,权利人很难在此方面的充分举证。在北京热刺激光技术有限责任公司诉上海山普激光技术有限公司侵害发明专利权纠纷一案(2021)沪73知民初118号中,原告认为被告山普公司生产侵害原告专利权的产品,并在线上、线下进行销售,型号多、数量大、情节严重,对原告商业利益影响巨大,请求法院判令被告赔偿原告经济损失100万元及合理费用88 680元。被告则辩称,被诉侵权产品每年生产150个左右,销售金额在2 300~2 600元/个之间,利润率仅为5%左右,并且被告现已停止生产。但是原、被告双方均未能举证证明因侵权所遭受的实际损失或者因侵权所获得利益,又未能提供许可使用费可供参考,因此法院根据《专利法》第71条的规定,综合考虑涉案专利的类型、专利贡献度、被告侵权行为的性质、规模、后果、主观恶意等因素最后支持赔偿金额25万元。在为制止侵权行为所支付的合理费用方面,原告提交了律师费、

---

① 詹映、张弘:《我国知识产权侵权司法判例实证研究》,载《科研管理》2015年第7期;边仁君:《专利侵权损害赔偿规则的标准、困境与重构》,载《知识产权》2021年第3期。

公证费发票等证据,对于公证费、购买侵权产品费,法院予以支持,但在律师费用方面,法院则是综合考虑律师费收费标准、原告律师在本案中的实际工作量以及相关费用与本案的对应性等因素,最后确定合理费用数额为5万元。

综上所述,权利人损失、侵权人获利、专利许可使用费是权利人在进行专利权诉讼中确定赔偿额的举证要点,也是法院判定赔偿金额的重要依据。如果权利人不能出具相关证据,则其关于赔偿数额的诉讼请求就不能得到法院的完全支持。

5. 具体案件分析

北京热刺激光技术有限责任公司诉被告上海山普激光技术有限公司侵害发明专利权纠纷一案

(2021)沪73知民初118号

一、案情简介

北京热刺激光技术有限责任公司(以下简称热刺公司)成立于2008年5月12日,经营范围包括技术开发、技术咨询、技术推广;销售机械设备、电子产品;维修光学仪器;货物进出口;技术进出口;代理进出口。热刺公司拥有名称为"一种螺旋水管结构激光管"的发明专利,专利号为ZL200810007630.6,专利申请日为2008年3月3日,授权公告日为2012年8月22日,原专利权人为徐海军。2015年12月9日,涉案专利的专利权人变更为热刺公司,目前该专利权仍在保护期内。

2019年4月15日,原告委托代理人向QQ用户"激光设备配件、销售及维修"订购激光管一支。2019年4月17日,公证人员陪同原告委托代理人来到位于上海市汇川路99号"新时空国际商务广场"。原告委托代理人当场购得激光管一支,取得被告山普公司出具的票据凭证一张及被告山普公司盖章的产品销售合同一份。2020年5月8日,原告委托代理人进入淘宝网"达锐电子科技"店铺,购买了一款名称为"山普CO_2激光管60 W 80 W 90 W

100 W 120 W 150 W 激光雕刻机配件"的商品一件。将热刺公司的发明专利与被控侵权产品进行比对,上述被诉侵权产品的相关技术特征与涉案专利权利要求 1-2 的相应技术特征相同。

原告认为被告山普公司生产侵害原告专利权的产品,并在线上、线下进行销售,型号多、数量大、情节严重,对原告商业利益影响巨大,故请求判令山普公司停止对名称为"一种螺旋水管结构激光管"、专利号为 ZL200810007630.6 的发明专利权的侵权行为,即停止制造、销售侵权产品,销毁制造侵权产品的模具,并赔偿原告经济损失及合理费用共计人民币 1 080 680 元。

被告山普公司辩称,被诉侵权产品系由其生产、销售,其每年生产 150 个左右,销售金额在 2 300~2 600 元/个之间,利润率仅为 5%左右。现被告处虽尚有生产模具,但已不再生产。原告专利不具备创造性,被诉侵权产品采用的是现有技术,不构成侵权。原告诉请的赔偿金额及合理费用无事实与法律依据,请求法院驳回原告全部诉讼请求。

本案争议焦点为:一、被告主张的现有设计抗辩是否成立;二、被告民事责任如何承担。

法院认为,原告系涉案专利的发明专利权人,该专利权目前处于有效状态,而且经过比对,原、被告均确认被诉侵权产品的技术方案包含了涉案专利的全部技术特征,本院经审查亦认为被诉侵权产品的相关技术特征与涉案专利权利要求 1-2 的相应技术特征相同,落入了涉案专利权的保护范围,且被诉侵权产品使用的技术方案与该现有技术文件中披露的技术特征既不相同也不等同,不属于现有技术。因此,被告山普公司侵犯了原告享有的发明专利权,应当停止侵权,赔偿原告经济损失及合理费用。

二、法学原理及分析

1.《中华人民共和国专利法》第十一条第一款规定,发明和实用新型专利权被授予后,除本法另有规定的以外,任何单位或者个人未经专利权人许可,都不得实施其专利,即不得为生产经营目的制造、使用、许诺销售、销售、进口其专利产品,或者使用其专利方法以及使用、许诺销售、销售、进口依照该专利方法直接获得的产品。

法条分析：发明和实用新型的专利权人对其专利有独占使用权。本案中，被告山普公司在未经原告许可的情况下，擅自制造、销售涉案侵权产品，侵犯了原告享有的发明专利权，应当就此承担相应的民事责任。

2.《中华人民共和国专利法》第六十四条第一款规定，发明或者实用新型专利权的保护范围以其权利要求的内容为准，说明书及附图可以用于解释权利要求的内容。

法条分析：结合本案，将被控侵权产品与涉案专利进行比对，被诉侵权产品的相关技术特征与涉案专利权利要求1－2的相应技术特征相同，落入了涉案专利权的保护范围。

3.《中华人民共和国专利法》第七十一条第一款、第二款、第三款规定，侵犯专利权的赔偿数额按照权利人因被侵权所受到的实际损失或者侵权人因侵权所获得的利益确定；权利人的损失或者侵权人获得的利益难以确定的，参照该专利许可使用费的倍数合理确定。对故意侵犯专利权，情节严重的，可以在按照上述方法确定数额的一倍以上五倍以下确定赔偿数额。权利人的损失、侵权人获得的利益和专利许可使用费均难以确定的，人民法院可以根据专利权的类型、侵权行为的性质和情节等因素，确定给予三万元以上五百万元以下的赔偿。赔偿数额还应当包括权利人为制止侵权行为所支付的合理开支。

法条分析：确定侵犯专利权的赔偿数额的方式依次为权利人损失或侵权人获利、专利许可使用费、法院根据专利权类型、侵权行为性质和情节等因素综合确定。结合本案，原、被告双方未能举证证明因侵权所遭受的实际损失或者因侵权所获得利益，又未能提供许可使用费可供参考，故法院综合考虑涉案专利的类型、专利贡献度、被告侵权行为的性质、规模、后果、主观恶意等因素酌情确定赔偿金额。

4.《最高人民法院关于审理侵犯专利权纠纷案件应用法律若干问题的解释》第七条规定，人民法院判定被诉侵权技术方案是否落入专利权的保护范围,应当审查权利人主张的权利要求所记载的全部技术特征。被诉侵权技术方案包含与权利要求记载的全部技术特征相同或者等同的技术特征的,人民法院应当认定其落入专利权的保护范围;被诉侵权技术方案的技术特征与权利要求记载的全部技术特征相比,缺少权利要求记载的一个以上的技术特征,或者有一个以上技术特征不相同也不等同的,人民法院应当认定其没有落入专利权的保护范围。

法条分析:本案中,将被控侵权产品与涉案专利进行比对,原、被告均确认被诉侵权产品的技术方案包含了涉案专利的全部技术特征,法院经审查亦认为被诉侵权产品的相关技术特征与涉案专利权利要求1-2的相应技术特征相同,落入了涉案专利权的保护范围。

三、相关法律文书

上海知识产权法院民事判决书

(2021)沪73知民初118号

原告:北京热刺激光技术有限责任公司,住所地:北京市朝阳区酒仙桥东路1号院6号楼5层501、502室。

被告:上海山普激光技术有限公司,住所地:上海市宝山区沪太路9088号3号楼A-469。

原告北京热刺激光技术有限责任公司(以下简称热刺公司)与被告上海山普激光技术有限公司(以下简称山普公司)侵害发明专利权纠纷一案,本院于2021年1月12日立案后,依法适用普通程序,于2021年5月13日公开开庭进行了审理,本案现已审理终结。

原告热刺公司向本院提出诉讼请求,请求判令:1.被告山普公司停止对名称为"一种螺旋水管结构激光管"、专利号为ZL200810007630.6的发明专利权的侵权行为,即停止制造、销售侵权产品,销毁制造侵权产品的模具;2.被告山普公司赔偿原经济损失人民币100万元;3.被告山普公司承担原告为制止侵权行为而支出的合理费用88 680元(其中律师费80 000元、公证费5 200元、购买侵权产品费用4 980元,上述总额超过88 680元的部分不再主张)。事实和理由:原告系名称为"一种螺旋水管结构激光管"、专利号为ZL200810007630.6的发明专利专利权人。原告发现被告山普公司生产侵害原告专利权的产品,并在线上、线下进行销售,型号多、数量大、情节严重,对原告商业利益影响巨大,故诉至法院,请求判如所请。

被告山普公司辩称,被诉侵权产品系由其生产、销售,其每年生产150个左右,销售金额在2 300~2 600元/个之间,利润率仅为5%左右。现被告处虽尚有生产模具,但已不再生产。原告专利不具备创造性,被诉侵权产品采用的是现有技术,不构成侵权。原告诉请的赔偿金额及合理费用无事实与法律依据,请求法院驳回原告全部诉讼请求。

当事人围绕诉讼请求依法提交了证据,本院组织当事人进行了证据交换和质证。经审查,本院确认如下事实:

一、涉案专利情况

涉案发明专利的名称为"一种螺旋水管结构激光管",专利号为ZL200810007630.6,专利申请日为2008年3月3日,授权公告日为2012年8月22日,原专利权人为徐海军。2015年12月9日,涉案专利的专利权人变更为热刺公司。目前该专利权仍在保护期内。

涉案专利权利要求书记载:

1.一种螺旋型回水管的激光管结构,应用于中小功率激光切割、雕刻,该激光管结构是由放电管(6),水套管(5),回气管(4),储气管(3),水嘴(7)(10),回水管(11)组成的玻璃结构件,在烧制所述玻璃结构件时,将水套管(5)一头的所述回水管(11)不是直接连接在储气管上,而是把所述回水管(11)在所述水套管(5)外绕上一圈或多圈,形成螺旋型回水管(11),然后所述螺旋型回水管(11)的另一头和所述水嘴(7)烧接上,当水套管(5)和储气管

(3)处于不同温度下,而导致它们的轴向膨胀长度不一致,这种轴向膨胀长度不一致能被所述螺旋型回水管(11)的弹性所吸收。

2. 根据权利要求1所述的一种螺旋型回水管的激光管结构,其主要特征在于:所述水套管(5)其中一头的水流通道是通过绕了一圈或几圈的所述螺旋型回水管(11)连接到水嘴(7)上的。

说明书中记载:在烧制激光器玻璃管时,将水套管一头的通水管不直接连接在储气管上,而是在水套管外绕上一圈或多圈,然后再和储气管上的水嘴连接上,当水套管的温度和储气管处于不同温度下,导致轴向膨胀长度不一致时,这种长度差能被这种结构的螺旋水管的弹性所吸收,而不会使激光管炸裂。

2018年2月28日,国家知识产权局就上海容东激光科技有限公司(以下简称容东公司)针对涉案专利提出的无效宣告请求作出无效宣告请求审查决定(第35109号),维持专利权有效。2019年10月8日,北京知识产权法院针对上述审查决定作出(2018)京73行初3022号判决,驳回容东公司要求撤销上述决定的诉讼请求。2020年9月21日,最高人民法院就上述行政判决作出(2020)最高法知行终72号终审判决,维持上述判决。

被告山普公司于2021年4月2日向国家知识产权局提起专利无效宣告申请。2021年10月18日,国家知识产权局作出维持涉案专利权有效的决定(第52391号)。

二、原告取证及勘验比对情况

(2019)沪长证经字第1130号公证书(以下简称1130号公证书)载明如下事实:2019年4月15日,原告委托代理人向QQ用户"激光设备配件、销售及维修"以2600元的价格订购150W、长度是1650 mm的激光管一支。2019年4月17日,公证人员陪同原告委托代理人来到位于上海市汇川路99号"新时空国际商务广场"。原告委托代理人当场购得激光管一支,取得被告山普公司出具的票据凭证一张及被告山普公司盖章的产品销售合同一份。公证人员对购买现场进行了拍照。离开购买现场后,公证人员对激光管、票据及销售合同进行了拍照,并在封签后交由原告委托代理人收执。

（2020）鲁济南高新证经字第442号公证书（以下简称442号公证书）载明如下事实：2020年5月8日，原告委托代理人进入淘宝网"达锐电子科技"店铺，以2380元的价格购买了一款名称为"山普CO_2激光管60 W 80 W 90 W 100 W 120 W 150 W 激光雕刻机配件"【150 W（V7）长1.70米，保6个月】的商品一件。同年5月18日，原告委托代理人在公证处收取了快递包裹一件。公证人员拆封包裹进行了拍照，将物品封存后，交由原告委托代理人保管。公证书所附照片显示，被诉侵权产品标有"山普"商标，产品功率为150—170瓦，生产日期为2020年2月26日。

经当庭勘验1130号公证书封存的实物，被诉侵权产品系二氧化碳激光管，产品上标有"山普"商标，产品功率为130—150瓦，生产日期为2019年4月17日。该产品为三层玻璃管套接结构，从内至外分别为放电管、水套管和储气管。该激光管的最外层储气管两端各设置有一个水嘴。中间层水套管一端设有环绕其外周的多圈螺旋型回气管；另一端设有环绕其外周一圈的螺旋型回水管，该回水管一端烧接在中间层水套管上，另一端与最外层储气管的水嘴烧接。庭审中，将上述证物及442号公证书附图中展示的证物分别与原告专利权利要求1-2进行比对，双方均确认上述被诉侵权产品的相关技术特征与涉案专利权利要求1-2的相应技术特征相同。

三、被告主张现有技术的相关文件及被诉侵权产品所使用的技术方案与该现有技术文件的比对情况

名称为"自聚焦激光器"、公告号为CN87203941.2的实用新型专利申请说明书载明：该专利申请日为1987年3月17日。权利要求为：1.自聚焦激光器，由全反射镜、储气套、冷却水套、放电管、回气管、阴阳电极、进出水口、输出镜、附加聚焦镜组成，其特征在于：a.输出镜采用平（或凹）一凸透镜，取消了附加的聚焦镜；b.出水口在储气套内绕过冷却水套与进水口同一个侧面；c.阴阳电极分别安装在激光管两端附近，与进出水口同侧，并在一条直线

上。2. 根据权利要求 1 所述的自聚焦激光器,其特征在于平(或凹)—凸透镜两面分别镀增反介质膜和增透介质膜。3. 根据权利要求 1 所述的自聚焦激光器,其特征在于平(或凹)—凸透镜是用密封环氧树脂粘固在激光管体的一端。

说明书中记载:为了使安装在仪器中更方便,同时减少体积和重量,本实用新型在管体结构上作了改进,把激光器的出水口(2)改为在储气套(3)内绕过冷却水套(4)与进水口(9)同一个侧面引出到激光器外。

被告将上述材料作为本案现有技术抗辩的比对文件,经将被诉侵权产品的技术方案与上述比对文件记载的权利要求进行比对,两者存在以下主要区别:比对文件出水口上方的水管围绕冷却水套大致约半圈,进水口上方在冷却水套背面分布有多个回气管;被诉侵权产品中间层水套管一端设有环绕其外周的多圈螺旋型回气管,另一端设有环绕其外周一圈的螺旋型回水管。

四、与本案有关的其他情况

第 12745257 号"山普"文字商标由被告山普公司注册,核定使用在第 9 类"光学品;光学器械和仪器;光学玻璃"等商品上。专用权期限为 2014 年 10 月 28 日至 2024 年 10 月 27 日。

原告为本案支付律师费 80 000 元,购买产品费用 4 980 元,公证费 5 200 元。

上述事实有原告提供的专利授权公告文件、专利缴费信息、专利登记簿副本、(2019)沪长证经字第 1130 号公证书、(2020)鲁济南高新证经字第 442 号公证书、国家知识产权局专利无效审查决定书、北京知识产权法院行政判决书、最高人民法院行政判决书、商标注册信息、律师费发票、公证费发票,被告提供的实用新型专利申请说明书以及当事人的庭审陈述在案佐证。

被告提供国家知识产权局专利检索咨询中心于 2021 年 3 月 29 日出具的检索报告,以证明原告专利不具备创造性。原告对该证据的真实性无异议,但认为与本案无关。本院认为,该检索报告系被告单方委托检索,相关检索结论并不具有法律效力,该证据与本案无关,本院不予采纳。

本院认为,原告系涉案专利的发明专利权人,该专利权目前处于有效状态,任何单位或者个人未经原告许可,不得实施涉案专利,即不得为生产经营目的制造、使用、许诺销售、销售、进口其专利产品,否则依法应当承担相应的民事责任。经比对,原、被告均确认被诉侵权产品的技术方案包含了涉案专利的全部技术特征,本院经审查亦认为被诉侵权产品的相关技术特征与涉案专利权利要求1-2的相应技术特征相同,落入了涉案专利权的保护范围。根据我国专利法及相关司法解释规定,在专利侵权纠纷中,被控侵权人有证据证明其实施的技术或者设计属于现有技术或者现有设计的,不构成侵犯专利权。现有技术是指申请日以前在国内外为公众所知的技术。被告在本案中提出了现有技术抗辩,故本案争议焦点为:一、被告主张的现有设计抗辩是否成立;二、被告民事责任如何承担。

一、被告现有技术抗辩是否成立

被告认为,被诉侵权产品采用的技术方案与其提供的比对文件一致,该专利申请中出水口上方的水管在储气套内绕过冷却水套有半圈左右的弯曲部分,本领域技术人员很容易想到从半圈想到设置一圈或多圈形成螺旋型回水管,属于本领域的公知常识。原告认为,被诉侵权产品采用了横向回旋的螺旋型回水管结构,但被告提供的比对文件中未记载该结构,该文件中出水口上方水管围绕冷却水套的半圈左右的弯曲部分系径向的,故被诉侵权产品未采用该现有技术,而是落入了原告专利权的保护范围。本院认为,本案中,被告山普公司提交的比对文件仅公开了出水口上方的水管围绕冷却水套大致约半圈,并未提及形成螺旋型结构,仅绕半圈也无法形成完整的螺旋型结构。并且该文件的说明书中明确记载如此设置所解决的技术问题是为了使安装在仪器中更方便,同时减小体积和重量,而涉案专利采用的螺旋型水管结构是为了解决两种玻璃管在不同温度下轴向膨胀长度不一致进而导致玻璃管炸裂的技术问题。两者所涉技术问题完全不同。此外,尚无证据表明将螺旋型结构用于激光器的回水管上是本领域的公知常识。故被诉侵权产品使用的技术方案与该现有技术文件中披露的技术特征既不相同也不等同,本院对于被告的现有技术抗辩不予采纳。

二、本案民事责任承担问题

被告未经原告许可,擅自制造、销售落入原告专利权保护范围的侵权产品,侵犯了原告享有的发明专利权,应当就此承担停止侵权的民事责任,即停止制造、销售落入原告专利权保护范围的侵权产品,并销毁用于生产被诉侵权产品的生产模具,鉴于上述被告承担的停止侵权的民事责任中,包括了销毁用于生产被诉侵权产品的生产模具,故本院对于原告关于"销毁制造侵权产品的模具"的诉讼请求,不再另行支持。此外,被告还应就上述侵权行为承担赔偿原告经济损失的民事责任。

关于赔偿数额,根据我国专利法第七十一条的规定,侵犯专利权的赔偿数额按照权利人因被侵权所受到的实际损失或者侵权人因侵权所获得的利益确定;权利人的损失或者侵权人获得的利益难以确定的,参照该专利许可使用费的倍数合理确定。对故意侵犯专利权,情节严重的,可以在按照上述方法确定数额的一倍以上五倍以下确定赔偿数额。权利人的损失、侵权人获得的利益和专利许可使用费均难以确定的,人民法院可以根据专利权的类型、侵权行为的性质和情节等因素,确定给予三万元以上五百万元以下的赔偿。赔偿数额还应当包括权利人为制止侵权行为所支付的合理开支。鉴于原、被告双方未能举证证明因侵权所遭受的实际损失或者因侵权所获得利益,又未能提供许可使用费可供参考,故本院综合考虑涉案专利的类型、专利贡献度、被告侵权行为的性质、规模、后果、主观恶意等因素酌情确定赔偿金额。关于合理费用,鉴于原告提交了律师费、公证费发票等证据,本院对于公证费、购买侵权产品费予以支持,并将综合考虑律师费收费标准、原告律师在本案中的实际工作量以及相关费用与本案的对应性等因素,酌情确定合理数额。

据此,依照《中华人民共和国专利法》第十一条第一款,第六十四条第一款,第七十一条第一款、第二款、第三款,《最高人民法院关于审理侵犯专利权纠纷案件应用法律若干问题的解释》第七条规定,判决如下:

一、被告上海山普激光技术有限公司立即停止对原告北京热刺激光技术有限责任公司享有的名称为"一种螺旋水管结构激光管"(专利号为ZL200810007630.6)的发明专利权的侵害;

二、被告上海山普激光技术有限公司于本判决生效之日起十日内赔偿原告北京热刺激光技术有限责任公司经济损失人民币25万元;

三、被告上海山普激光技术有限公司于本判决生效之日起十日内赔偿原告北京热刺激光技术有限责任公司合理费用人民币5万元;

四、驳回原告北京热刺激光技术有限责任公司的其余诉讼请求。

如果未按本判决指定的期间履行给付金钱义务,被告上海山普激光技术有限公司应当依照《中华人民共和国民事诉讼法》第二百六十条之规定,加倍支付迟延履行期间的债务利息。

案件受理费人民币14 598元,由原告北京热刺激光技术有限责任公司负担人民币5 288元,被告上海山普激光技术有限公司负担人民币9 310元。

如不服本判决,可在判决书送达之日起十五日内向本院递交上诉状,并按对方当事人或者代表人的人数提出副本,上诉于最高人民法院。

四、案件相关问题及解析

1. 涉案侵权产品是否属于现有技术

在专利侵权纠纷中,被控侵权人有证据证明其实施的技术或者设计属于现有技术或者现有设计的,不构成侵犯专利权。被告认为被诉侵权产品所使用的技术方案与该其提供的现有技术文件的比对一致,被诉侵权产品采用的是现有技术,不构成侵权。原告认为,被诉侵权产品采用了横向回旋的螺旋型回水管结构,但被告提供的比对文件中未记载该结构,该文件中出水口上方水管围绕冷却水套的半圈左右的弯曲部分系径向的,故被诉侵权产品未采用该现有技术,而是落入了原告专利权的保护范围。

法院认为,被诉侵权产品使用的技术方案与该现有技术文件中披露的技术特征既不相同也不等同,对于被告的现有技术抗辩不予采纳。裁判理由为:被告山普公司提交的比对文件仅公开了出水口上方的水管围绕冷却水套大致约半圈,并未提及形成螺旋型结构,仅绕半圈也无法形成完整的螺旋型结构。并且该文件的说明书中明确记载如此设置所解决的技术问题是为了使安装在仪器中更方便,同时减小体积和重量,而涉案专利采用的螺旋型水管结构是为了解决两种玻璃管在不同温度下轴向膨胀长度不一致进而导致玻璃管炸裂的技术问题。两者所涉技术问题完全不同。此外,尚无证据表明将螺旋型结构用于激光器的回水管上是本领域的公知常识。

2. 被告民事责任如何承担

原告认为被告山普公司生产侵害原告专利权的产品,并在线上、线下进行销售,型号多、数量大、情节严重,对原告商业利益影响巨大,故请求判令山普公司停止侵权行为,即停止制造、销售侵权产品,销毁制造侵权产品的模具,并赔偿原告经济损失及合理费用共计人民币 1 080 680 元。被告山普公司辩称,被诉侵权产品系由其生产、销售,其每年生产 150 个左右,销售金额在 2 300~2 600 元/个之间,利润率仅为 5% 左右。现被告处虽尚有生产模具,但已不再生产。

法院认为,被告侵犯了原告享有的发明专利权,应当就此承担停止侵权的民事责任,即停止制造、销售落入原告专利权保护范围的侵权产品,并销毁用于生产被诉侵权产品的生产模具。此外,被告还应就上述侵权行为承担赔偿原告经济损失的民事责任。法院综合考虑涉案专利的类型、专利贡献度、被告侵权行为的性质、规模、后果、主观恶意等因素酌情确定赔偿金额为 25 万元。关于合理费用,鉴于原告提交了律师费、公证费发票等证据,法院对于公证费、购买侵权产品费予以支持,并将综合考虑律师费收费标准、原告律师在本案中的实际工作量以及相关费用与本案的对应性等因素,酌情确定合理数额为5万元。

五、本案给我们的启示

权利人在进行发明专利申请时,要注意发明应当具备新颖性、创造性和实用性三个特点。新颖性,是指该发明创造不属于现有技术,也没有任何单位或者个人就同样的发明创造在申请日以前向国家知识产权局提出过申请,并记载在申请日以后公布的专利申请文件或者公告的专利文件中。创造性,是指与现有技术或设计相比,该发明具有突出的实质性特点和显著的进步,该实用新型具有实质性特点和进步。现有技术或设计,是指申请日以前在国内外为公众所知的技术或设计。实用性,是指该发明或者实用新型能够制造或者使用,并且能够产生积极效果。

权利人要广泛收集证据,对其主张的损害赔偿数额进行充分举证,以此获得法院的充分支持,使得自身权益得到最大程度的保障。本案中,由于原、被告双方未能举证证明因侵权所遭受的实际损失或者因侵权所获得利益,又未能提供许可使用费可供参考,所以法院院综合考虑涉案专利的类型、专利贡献度、被告侵权行为的性质、规模、后果、主观恶意等因素最终确定的赔偿数额是原告主张赔偿数额的四分之一。

另外,权利人要增强专利权保护意识,认真了解与专利权相关的法律知识,在自己的权利受到侵害时,及时运用法律手段维护自身合法权益。

三、商标权保护法定要点分析

1. 权利基础

我国商标法采用注册取得商标权体制,企业在生产经营活动中,对其商品或者服务需要取得商标专用权的,可以向国家知识产权局申请商标注册,商标注册之后即享有商标权,商标公告具有推定公知的效力,商标注册之后的使用冲突商标的行为构成商标侵权行为,不能产生合法的权利(权益)。① 商标权的权利基础主要是指注册商标。注册商标对应商标注册号,系国家知识产权局所授予的可以查询注册商标状态的特定序列号,通过商标注册号可以在国家知识产权局查询到有关商标在业务流程中的状态,即可以查询所保护的商标是否处于有效状态。我国《商标法》对无效以及被注销的商标不予保护。因此,商标是否有效是关系到权利人的合法权益能否得到保护的权利基础。

此外,若提起商标侵权诉讼的原告是被授权使用他人商标的被授权人,其还需要提供商业标识许可及维权授权协议,以此证明自己适格原告的身份。若授权协议是在中国境外所形成的证据,根据《最高人民法院关于民事诉讼证据的若干规定》第十六条第二款规定,中华人民共和国领域外形成的涉及身份关系的证据,应当经所在国公证机关证明并经中华人民共和国驻该国使领馆认证,或者履行中华人民共和国与该所在国订立的有关条约中规定的证明手续。

2. 侵权行为

商标侵权行为主要是指行为人所实施的侵犯他人注册商标专用权的行为。侵犯商标专用权的一般情形主要包括:(1)未经商标注册人的许可,在同一种商品上使用与其注册商标相同的商标的;(2)未经商标注册人的许可,在同一种商品上使用与其注册商标近似的商标,或者在类似商品上使用与其注册商标相同或者近似的商标,容易导致混淆的;(3)销售侵犯注册商标专用权的商品的;(4)伪造、擅自制造他人注册商标标识或者销售伪造、擅自制造的注册商标标识的;(5)未经商标注册人同意,更换其注册商标并将该更换商标的商品又投入市场的;(6)故意为侵犯他人商标专用权行为提供便利条件,帮助他人实施侵犯商标专用权行为的;(7)给他人的注册商标专用

---

① 王太平:《我国普通未注册商标与注册商标冲突之处理》,载《知识产权》2020年第6期。

权造成其他损害的。

判断行为人所实施的是否属于商标侵权行为,应当先分析被控侵权产品与涉案产品是否属于同一种商品或类似商品,若属于同一种商品或类似商品,则需要进一步分析被控侵权产品所使用的商标与涉案商标是否属于相同或近似商标。如果行为人是在相同或类似商品上使用了与涉案商标相同或近似的商标,则可以认定行为人所实施的系商标侵权行为;若被控侵权产品与涉案产品不属于同一种类商品或类似商品,则不能适用上述有关注册商标专用权保护的相关规定,此时考虑适用有关驰名商标保护的相关规定来认定行为人所实施的行为,进而实现对商标权的保护。承认使用驰名也可以取得商标权并非对注册取得制度的否定,而恰是对其有效补充。因为,注册取得与使用取得制度各有自己的优势,也都各有短板,充分借鉴二者各自的优点,才是我国注册取得制度走出困境的最佳路径选择,如此也才能收到"1+1>2"的效果。[①] 同时,可以通过公证的方式对行为人所实施侵权行为的证据予以固定,这不仅有利于缩短案件审理时间,更有利于保护权利人的合法权益。

3. 涉案产品知名度

虽然注册商标侵权不以产品知名度作为其法定构成要件,但产品知名度系法院认定涉案商标是否属于驰名商标的重要参考因素,对于规制行为人在不同种类商品上所实施的侵权行为,产品知名度具有重要意义。此外,产品知名度也可以作为认定行为人主观恶意及主张赔偿金的考量因素,若涉案产品系国内知名产品,行为人在明知该产品是知名产品的情况下,仍然实施侵权行为,足见其主观恶意显著;若权利人产品知名度高,则行为人实施的侵权行为会对其经济收益、社会评价及市场商誉造成严重影响。上海市浦东新区人民法院在其所作出的(2021)沪0115民初18683号判决书中就主张:"在确定被告损害赔偿金额时,应当根据案件具体情况,适当考量权利人知识产权对于商业价

[①] 黄汇:《中国商标注册取得权制度的体系化完善》,载《法律科学》2022年第1期。

值的贡献程度,合理确定知识产权的贡献度。确定贡献度时,应综合考虑涉案商标的价值,权利人商品与同类商品的市场价格、利润比较情况,商标在商品销售中的重要程度等因素。"

产品知名度主要包括公众对涉案产品的知晓程度、涉案产品商标持续使用时间、涉案产品所采取的宣传方式及宣传时间、宣传程度、宣传的资金投入和地域范围、涉案产品受保护的记录、涉案产品的市场份额、销售区域及利税事实。其中商标持续使用时间主要以商标档案的形式呈现,涉案产品受保护的记录以涉案产品向法院起诉侵权后法院所作的判决书形式呈现,而涉案产品的宣传活动以及其他用以证明产品知名度的事实尽量以更具权威性、法官更易采信的公证书形式呈现。

4. 侵权人的主观恶意

侵权人主观是否具有侵权的故意关系到其是否需要承担赔偿责任以及承担赔偿责任的大小。如果侵权人多次实施侵犯商标权的行为或侵权人的行为属于重复实施的侵权行为,则足见侵权人主观恶意明显,应当就自己的侵权行为承担相应的赔偿责任乃至适用惩罚性赔偿的规定。随着《民法典》正式施行,我国已成功实现知识产权惩罚性赔偿制度的体系化构建。尽管如此,从我国《商标法》2013 年引入该制度,迄今有效适用惩罚性赔偿的案例并不多见。惩罚性赔偿亦称惩戒性赔偿,是指在被告行为尤为恶劣的侵权案件中法院判决的超出原告实际损失的赔偿,用以惩罚被告、遏制类似行为的再次发生并对他人产生警示作用。[1] 在知识产权侵权的情形下,惩罚性赔偿的适用具有比其他领域更为充分的理由。第一,知识产权具有无形性,很难确定实际损害。[2] 第二,知识产权一旦遭受侵害,将难以恢复原状,有必要通过惩罚性赔偿救济受害人,并惩罚行为人。第三,惩罚性赔偿可以激励当事

---

[1] 李适时:《中华人民共和国民法总则释义》,法律出版社 2017 年版,第 559 页。
[2] [奥] 库齐奥:《侵权责任法的基本问题(第一卷):德语国家的视角》,朱岩译,北京大学出版社 2017 年版,第 51 页。

人通过许可使用的方式行使知识产权,鼓励创新。① 因此,在知识产权领域采纳惩罚性赔偿确实具有一定的合理性。与知识产权惩罚性赔偿立法快速发展形成鲜明对照的是,其司法适用进展缓慢。在审结的商标侵权案件中,采取惩罚性赔偿判赔的比例仅占 0.03%。② 也有数据显示:这一比例为 0.65%。③ 虽因统计标准有别而结果有异,但惩罚性赔偿适用比率低的事实却不言自明。

综上,主观恶意是赔偿责任承担的重要因素,以百威啤酒有限公司诉江西赣泉啤酒有限公司侵害商标权纠纷案(2018)沪 0115 民初 19779 号判决书为例。江西赣泉啤酒有限公司在受到市场监督管理局行政处罚后仍然继续实施商标侵权行为,足见其主观恶意明显,应当就自己的侵权行为承担较重的赔偿责任。

5. 侵权人实际获利

侵权人的实际获利系权利人主张赔偿金数额的重要考量因素。《商标法》第六十三条第一款规定:侵犯商标专用权的赔偿数额,按照权利人因被侵权所受到的实际损失确定;实际损失难以确定的,可以按照侵权人因侵权所获得的利益确定;权利人的损失或者侵权人获得的利益难以确定的,参照该商标许可使用费的倍数合理确定。但在实际审理过程中,限于权利人的举证能力及客观举证条件等原因,法院依据该条款实际进行审理的案件可谓是凤毛麟角,(2021)沪 0115 民初 18683 号案件(一审,二审尚未判决)中即依据《商标法》第六十三条第一款以及《最高人民法院关于知识产权民事诉讼证据的若干规定》第二十五条第一款的规定,以侵权人的实际获利来确定损害赔偿的金额,我负责代理了该案件。

---

① 胡海容、雷云:《知识产权侵权适用惩罚性赔偿的是与非——从法经济学角度解读》,《知识产权》2011 年第 2 期。
② 詹映:《我国知识产权侵权损害赔偿司法现状再调查与再思考——基于我国 11 984 件知识产权侵权司法判例的深度分析》,载《法律科学》2020 年第 1 期。
③ 广东省深圳市福田区人民法院课题组:《商标侵权惩罚性赔偿的制度构建》,载《知识产权》2020 年第 5 期。

6. 具体案件分析

中策橡胶集团股份有限公司诉被告山东元丰橡胶科技有限公司等侵害商标权纠纷一案

(2021)沪0115民初18683号案件

一、案情简介

原告中策橡胶集团股份有限公司(以下简称"中策公司")与被告山东元丰橡胶科技有限公司(以下简称"元丰公司")、潍坊振富工贸集团有限公司(以下简称"振富公司")、高密兴佳橡胶厂(以下简称"兴佳厂")、上海寻梦信息技术有限公司(以下简称"寻梦公司")侵害商标权纠纷一案。

原告中策公司向本院提出诉讼请求如下:1.判令被告元丰公司立即停止侵犯原告商标专用权的行为,即停止生产、销售涉案侵权产品,收回并销毁所有侵权产品;2.判令被告元丰公司、振富公司、兴佳厂连带赔偿原告经济损失500万元;3.判令被告元丰公司、振富公司、兴佳厂连带赔偿原告为制止侵权所支出的合理开支10万元;4.判令寻梦公司下架侵权产品、断开侵权产品链接。

被告元丰公司辩称:第一,"威狮力"标识不会使相关公众与原告的注册商标产生混淆误认,且元丰公司取得了"WISHLEE"商标的授权,不构成侵权。第二,原告在近三年并没有使用其主张的涉案商标,故元丰公司不应承担侵权赔偿责任。第三,原告实际使用的该商标主要使用在赛车领域,被告元丰公司的产品使用在重型卡车领域,两领域面向的是完全不同的消费群体,完全不会造成相关消费者混淆。

被告振富公司辩称:第一,其没有实施任何侵权行为,不应作为本案的被告。第二,振富公司不是涉案轮胎的制造者,不能以在涉案商品上有振富公司的商标就要求振富公司承担连带责任。第三,振富公司与元丰公司不存在人格混同,不应承担连带责任。

被告兴佳厂辩称:第一,原告主张其对该轮胎使用的"威狮力"商标侵权承担连带赔偿责任,没有事实和法律依据。第二,兴佳厂的第7160658号"WISHLEE"商标于2014年6月23日许可给元丰公司使用至今。原告在本案中并未主张该商标构成侵权,故兴佳厂不应承担责任。第三,兴佳厂与元丰公司不存在关联关系,不应承担连带责任。

被告寻梦公司辩称:第一,寻梦公司仅是交易平台提供方,并非本案适格被告;第二,寻梦公司主观上没有过错,客观上已经采取了必要措施,且侵权事实已不存在,寻梦公司已经尽到注意义务。

本案的争议焦点在于:一、被诉行为是否构成对原告涉案注册商标专用权的侵害;二、如构成商标侵权,各被告应当承担何种民事责任。

法院认为,被诉侵权商品与涉案注册商标核定使用商品属于相同商品。该标识与原告的商标相似,并与原告的商标读音接近,极易在轮胎文义及外观市场中造成混淆。汉字"威狮力"并非"WISHLEE"的唯一对应翻译,且即使是对英文商标的中文翻译,也应避免与在先商标近似而发生混淆,否则也构成商标侵权。虽然两种轮胎适用于不同的车型,但商品类别均为轮胎,且原告同时生产多种类轮胎,带有"威狮力"的轮胎在市场中销售,消费者可能会误认为"威狮力"轮胎来源于原告。

二、法条原理及分析

1.《中华人民共和国商标法》第四十八条:"本法所称商标的使用,是指将商标用于商品、商品包装或者容器以及商品交易文书上,或者将商标用于广告宣传、展览以及其他商业活动中,用于识别商品来源的行为。"

法条分析:本条是对商标使用的规定。按照本条的规定,所谓商标的使用,是指将商标用于商品、商品包装或者容器以及商品交易文书上,或者将商标用于广告宣传、展览以及其他商业活动中,用于识别商品来源的行为。原告提交的证据显示,原告在多种宣传及销售活动中,在轮胎类别下均使用了该商标,故对被告元丰公司的该抗辩意见本院不予采纳。被告元丰公司还辩称，"威狮力"系其对授权获得的"WISHLEE"商标的中文翻译，因而不侵权。对此本院认为，汉字"威狮力"并非"WISHLEE"的唯一对应翻译，且即使是对英文商标的中文翻译，也应避免与在先商标近似而发生混淆，否则也构成商标侵权，故对被告的该抗辩意见，本院不予采纳。

2.《中华人民共和国商标法》第五十七条第二项规定："未经商标注册人的许可，在同一种商品上使用与其注册商标近似的商标，容易导致混淆的，属侵犯注册商标专用权的行为。"

法条分析：商标近似，是指被控侵权的商标与原告的注册商标相比较，其文字的字形、读音、含义或者图形的构图及颜色，或者其各要素组合后的整体结构相似，或者其立体形状、颜色组合近似，易使相关公众对商品的来源产生误认或者认为其来源与原告注册商标的商品有特定的联系。在进行商标近似比对时，要以相关公众的一般注意力为标准，既要进行对商标的整体比对，又要进行商标主要部分的比对。同时，判断商标是否近似，应当考虑请求保护注册商标的显著性和知名度。本案中，被诉侵权商品与涉案注册商标核定使用商品属于相同商品。"威狮力"虽然也为注册商标，但其注册的商品类别为手推车、空中运载工具，在轮胎类别下并未注册。原告主张涉案侵权商品的侧面印有"威狮力"、其轮胎标贴上印有"威狮力轮胎"字样，该标识与原告的商标相似，并与原告的商标读音接近，极易在轮胎文义及外观市场中造成混淆。

3.《中华人民共和国商标法》第六十三条规定："侵犯商标专用权的赔偿数额，按照权利人因被侵权所受到的实际损失确定；实际损失难以确定的，可以按照侵权人因侵权所获得的利益确定；权利人的损失或者侵权人获得的利益难以确定的，参照该商标许可使用费的倍数合理确定。

人民法院为确定赔偿数额，在权利人已经尽力举证，而与侵权行为相关的账簿、资料主要由侵权人掌握的情况下，可以责令侵权人提供与侵权行为相关的账簿、资料；侵权人不提供或者提供虚假的账簿、资料的,人民法院可以参考权利人的主张和提供的证据,合理确定赔偿数额。"

法条分析:按照侵权获利方法确定损害赔偿金额时,应根据案件具体情况,适当考量权利人知识产权对于商业价值的贡献程度或者比例,合理确定知识产权的贡献度。确定贡献度时,应综合考虑涉案商标的价值,权利人商品与同类商品的市场价格、利润比较情况,商标在商品销售中的重要程度等因素。结合本案,从在案证据来看,原告提供的"威狮"品牌知名度证据主要集中在国外,并未提交证据证明商标在国内具有较高的品牌价值。且原告并未提交"威狮"在同类商品中的利润或销售情况。本案商品为轮胎,轮胎本身具有较高的实用性,除商标的因素外,消费者在选择时也会考虑轮胎本身的使用效果等因素。结合以上情况,本院酌定涉案标识在被告侵权获利中的贡献度为30%。

4.《最高人民法院关于审理商标民事纠纷案件适用法律若干问题的解释》第十三条规定:"人民法院依据商标法第六十三条第一款规定确定侵权人的赔偿责任时,可以根据权利人选择的计算方法计算赔偿数额。"

第十四条规定:"商标法第六十三条第一款规定的侵权所获得的利益,可以根据侵权商品销售量与该商品单位利润乘积计算;该商品单位利润无法查明的,按照注册商标商品的单位利润乘积计算。"

法条分析:在本案中,原告主张按照被告的侵权获利计算赔偿数额,计算公式为侵权获利=侵权商品销售量×该商品单位利润。

三、相关法律文书

上海市浦东新区人民法院
民事判决书

(2021)沪0115民初18683号

原告:中策橡胶集团股份有限公司,住所地:浙江省杭州市钱塘区1号大街1号。

被告：山东元丰橡胶科技有限公司，住所地：山东省潍坊市高密市醴泉街道醴泉工业园西环城路以西潍胶路以南。

被告：潍坊振富工贸集团有限公司，住所地：山东省潍坊市高密市密水街道平安大道288号。

被告：高密兴佳橡胶厂，经营场所：山东省潍坊市高密市密水街道拒城河社区周阳村。

被告：上海寻梦信息技术有限公司，住所地：上海市长宁区娄山关路533号2902—2913室。

原告中策橡胶集团股份有限公司（以下至判决主文前简称中策公司）与被告山东元丰橡胶科技有限公司（以下至判决主文前简称元丰公司）、潍坊振富工贸集团有限公司（以下至判决主文前简称振富公司）、高密兴佳橡胶厂（以下至判决主文前简称兴佳厂）、上海寻梦信息技术有限公司（以下简称寻梦公司）侵害商标权纠纷一案，本院立案受理后，依法适用普通程序公开开庭进行了审理。本案现已审理终结。

原告中策公司向本院提出诉讼请求如下：1.判令被告元丰公司立即停止侵犯原告第1519578号、11464581号、765885号商标专用权的行为，即停止生产、销售涉案侵权产品，收回并销毁所有侵权产品；2.判令被告元丰公司、振富公司、兴佳厂连带赔偿原告经济损失500万元；3.判令被告元丰公司、振富公司、兴佳厂连带赔偿原告为制止侵权所支出的合理开支10万元（包括公证费及购买侵权商品费用21 203.50元、律师费78 796.50元）；4.判令元丰公司、振富公司、兴佳厂就涉案侵权行为在《中国消费者报》上刊登声明，消除影响；5.判令寻梦公司下架侵权产品、断开侵权产品链接。

原告据以提起本案诉讼的事实和理由：原告系第1519578、11464581、765885号注册商标（以下简称涉案商标）的商标权人，有权对侵犯涉案商标专用权的行为提起诉讼。原告的前身最早可追溯至1958年杭州海潮橡胶厂，于1990年进入中国企业500强名单。威狮轮胎品牌是原告于1995年创立的轮胎品牌，目前已经覆盖了乘用轿车胎、全钢系列轮胎、斜交系列轮胎等领域,在全国拥有数千家直属品牌服务门店,在全球拥有数万个销售网点。在国内具备知名度的同时,威狮轮胎于2007年被世界漂移系列赛的组委会指定为比赛用胎,将影响力扩张至世界舞台。2020年6月19日,原告的委托代理人在被告寻梦公司运营的"拼多多"购物平台上的"厦门创收卡客商贸有限公司"网店中发现该网店售卖W308及W336型号的"威狮力"轮胎。原告购买了一条型号为"W336"的威狮力轮胎,并对销售页面、购买过程和购买的涉案侵权产品进行了公证取证。原告还在山东、河南、江苏购买到了威狮力轮胎并进行了公证取证。侵权产品的侧面印有"威狮力"文字商标,其轮胎标贴上印有"WISHLEE"和"威狮力轮胎"字样商标,并注明制造商为元丰公司。被诉侵权产品上的标识与原告的知名商标"威狮""威狮轮胎"文义及外观相似,并与原告的"WestLake"商标读音接近,极易在轮胎市场中造成混淆,侵犯了原告的注册商标专用权。"威狮力"商标的持有者为被告振富公司,"WISHLEE"商标的持有者为被告兴佳厂。上述三被告作为被诉侵权产品的共同生产者及销售者应承担连带责任。且振富公司是元丰公司的控股法人股东,元丰公司和振富公司的法定代表人皆为一人,兴佳厂的经营者是振富公司的董事,三被告之间在从事侵犯原告商标权的行为上具有共同故意,应承担连带责任。被告寻梦公司作为被诉侵权产品销售平台的运营商,也应承担责任。另外,"WISHLEE"商标也侵害了原告的注册商标专用权,"WISHLEE"没有特殊英文含义,纯粹为侵权商标"威狮力"的英文音译,亦与"WestLake"读音相似,容易将两商标混淆,且销售者亦会因"WISHLEE"直接指向其中文商标"威狮力"而与原告的"威狮"商标产生混淆。审理中,原告申请撤回对"WISHLEE"商标侵害原告注册商标专用权的主张。

被告元丰公司辩称:第一,"威狮力"标识不会使相关公众与原告的765885号注册商标产生混淆误认,且元丰公司取得了"WISHLEE"商标的授权,对"威狮力"的使用仅仅是对英文

"WISHLEE"的翻译,故不构成侵权。第二,原告在轮胎产品上重点使用的商标为"朝阳"相关标识,并未使用"威狮"。原告在近三年并没有使用其主张的涉案商标,故元丰公司不应承担侵权赔偿责任。第三,原告实际使用的是"WESTLAKE 威狮轮胎",该商标主要使用在赛车领域,被告元丰公司的产品使用在重型卡车领域,两领域面向的是完全不同的消费群体,完全不会造成相关消费者混淆。

被告振富公司辩称:第一,其没有实施任何侵权行为,不应作为本案的被告。振富公司注册第 18119571 号"威狮力"文字商标,核准使用的商品为手推车、空中运载工具,振富公司没有在轮胎等类似商品上使用该商标字样,也没有授权任何第三方在轮胎等类似商品上使用该商标。第二,振富公司不是涉案轮胎的制造者,不能以在涉案商品上有振富公司的商标就要求振富公司承担连带责任。第三,振富公司与元丰公司不存在人格混同,不应承担连带责任。

被告兴佳厂辩称:第一,原告以"WISHLEE"商标出现在涉案轮胎上为由,主张其对该轮胎使用的"威狮力"商标侵权承担连带赔偿责任,没有事实和法律依据。第二,兴佳厂的第 7160658 号"WISHLEE"商标于 2014 年 6 月 23 日许可给元丰公司使用至今。原告在本案中并未主张该商标构成侵权,故兴佳厂不应承担责任。第三,兴佳厂与元丰公司不存在关联关系,不应承担连带责任。

被告寻梦公司辩称:第一,寻梦公司仅是交易平台提供方,并非本案适格被告;第二,寻梦公司主观上没有过错,客观上已经采取了必要措施,且侵权事实已不存在,寻梦公司已经尽到注意义务。

当事人围绕诉讼请求依法提交了证据,本院组织当事人进行了证据交换和质证。根据经本院审查确认的证据及当事人陈述,本院认定事实如下:

一、关于中策公司主张权利依据的事实

原告中策公司原名为杭州中策橡胶(股份)有限公司,成立于

1992年6月12日,注册资本为787 037 038元,经营范围为生产销售轮胎、车胎及橡胶制品;汽车零配件、汽车附属用油、汽车装饰用品的批发、零售;货物及技术进出口。2013年8月19日变更企业名称为中策橡胶集团有限公司,后又变更为现名。

第765885号商标,申请注册人为原告中策公司,申请日期为1993年10月25日,指定商品项目为第12类各种车辆内外胎、自行车内外胎等,专用权期限自2015年9月14日至2025年9月13日。第1519578号商标,申请注册人为原告中策公司,申请日期为1999年9月6日,指定商品项目为第12类车辆轮胎、汽车内胎、汽车轮胎等。专用权期限自2011年2月7日至2021年2月6日。第11464581号商标,申请注册人为原告中策公司,申请日期为2012年9月7日,指定商品项目为第12类翻新轮胎用胎面、补内胎用全套工具、轮胎(运输工具用)等,专用权期限自2014年7月14日至2024年7月13日。

以上事实,有原告工商登记信息,第765885号、第1519578号、第11464581号商标注册信息予以佐证。

二、关于中策公司主张涉案商标使用及知名度的相关事实

中策公司在其官方网站介绍称,其前身为1958年的杭州海潮橡胶厂,1966年朝阳轮胎品牌诞生,1989年子午一厂的产能为30万条,1990年进入中国企业500强名单,1992年更名为杭州中策橡胶有限公司。1998年,浙江省人民政府为杭州橡胶厂(杭州中策橡胶有限公司)颁发了证书,认定其生产的朝阳牌轮胎为浙江名牌产品。2009年《每日商报》《都市快报》等媒体登载了原告的广告在央视中标的新闻报道,其中称其主要宣传的品牌为"朝阳"轮胎。2011年荣列世界轮胎行业10强。

2013年6月9日,中国对外经济贸易统计学会颁发的2013年中国对外贸易500强企业荣誉证书中载明中策公司在2013年中国对外贸易500强企业中名列189位。

2015—2019年"轮胎商业网""轮胎世界网"上均刊登过有关原告中策公司的报道,其中2018年7月16日刊登的文章《60年

前小厂如何变身轮胎巨头》中称"1993年,下沙经济开发区占地423亩的轮胎基地举行开工典礼,并在两年后正式投产。在这段时期内,威狮品牌、好运品牌相继诞生……"2016年8月,中国橡胶工业协会为原告中策公司颁发证书,证明其在2016年度"中国轮胎企业排名"活动中,位列2016年度中国轮胎企业排行榜第一名、2016年度中国境内轮胎企业排行榜第一名。杨宏辉在《中国橡胶》杂志中发表文章称2017、2018年中策公司在中国轮胎企业排行榜中位列第一。

威狮品牌诞生于1995年,2007年威狮轮胎被世界漂移系列赛组委会认定为比赛用胎,开创了在世界大赛中使用"中国制造"的先河。2008年相继在海外设立海潮贸易,美国、巴西、德国贸易公司,威狮轮胎品牌走向世界。

2013年赞助King of Europe等欧洲漂移赛,将威狮品牌更深入推向欧洲市场。2013年中策橡胶威狮轮胎漂移车队称霸D1大奖赛泰国站,同年获得D1 GP中国杯上海站冠军,参赛车身上及宣传牌上多处使用"WESTLAKE"标识。2014年中策公司已在美国、墨西哥、巴西等地陆续开设轮胎终端店。

2016年3月,威狮轮胎漂移车队参加了泛珠三角超级赛车节的红牛漂移大赛;11月威狮轮胎漂移车队参加了D1漂移赛东莞站比赛。2016年5月19日,新闻报道了中策公司携手威狮总代理ZENISES参加了英国伯明翰商用车展。11月,中策公司和欧洲最大运输公司之一DSV达成战略合作协议,DSV公司2017年新采购的4 000辆拖车全部制定配置威狮全钢轮胎。2016年3月,中策橡胶轿车品牌朝阳、好运、威狮、全诺国内半钢替换市场销量达115万条,创单月最高纪录。4月6日,中策橡胶在重庆召开了"威狮""好运"品牌重庆地区零售商大会,此次会议获得订单15 000条。中策公司在文莱开设了东南亚的第一家威狮轮胎形象店。

2017年,在德国埃森国际改装车展启动仪式上,中策橡胶威狮轮胎漂移车队作为受邀嘉宾,现场展示了威狮轮胎的性能,车身上使用了"WESTLAKE""威狮轮胎"标识。威狮轮胎在全球知名的汽车节目《The Grand Tour（伟大的旅程）》中助力13岁爱尔兰少年高分完成漂移比赛。

2018年7月，中策橡胶旗下朝阳、好运、威狮、全诺、雅度五大轮胎品牌齐登时代广场，向世界展示了中国品牌的魅力。2018年，中策公司携旗下WESTLAKE威狮轮胎参加德国汉诺威国际商用车及零部件展，展会上使用了"WESTLAKE"标识。2018年，中策公司携旗下ARISUN轮胎、WESTLAKE威狮轮胎、GOODRIDE好运轮胎参加美国拉斯维加斯SEMA展，展会上使用了"WESTLAKE"标识。2018年威狮轮胎参加了SEMAShow拉斯维加斯改装车零配件展览会。威狮轮胎通过其在欧洲的经销商DSV Road NV公司，将业务拓展至丹麦、芬兰、挪威、瑞典等地。2018年，中策公司携威狮与朝阳轮胎参加中国国际轮胎与后市场展览会，展会上使用了"WESTLAKE""威狮轮胎"标识。2018年，以威狮轮胎为代表的中国车手和各国漂移高手在D1 GP北京站的比赛。2018年，威狮轮胎与中策旗下几款轮胎一起登陆央视二套《消费主张》栏目。2018年中策公司携威狮等品牌参加了上海宝马工程机械展。

2019年，威狮轮胎参加了宁波骏泰吉利缤瑞节油老司机活动，活动中使用了"WESTLAKE""威狮轮胎"标识。2019年，在丝绸之路拉力赛中，威狮赞助的Westlake & Henrard Racing越野车队和朝阳轮胎江西五十铃车队分别斩获T1.4冠军和T2.2厂商队杯冠军。9月，WBC世界拳王争霸赛中，尼加拉瓜拳王罗曼-刚萨雷斯身着中策橡胶威狮腰带。美国2019年第一季度卡客车轮胎品牌市场份额排行中，威狮排名第17，占2%的市场份额。

审理过程中，登录原告在淘宝平台的"中策橡胶旗舰店"，其中的"宝贝分类"栏目下没有威狮轮胎的分类，在店铺的搜索栏中搜索"威狮"，显示的结果均为"西湖轮胎"。原告陈述，威狮系列轮胎没有官方线上销售渠道，官方渠道只进行线下销售。并提交了三张威狮轮胎的销售发票供法庭参考，包括：2019年2月1日与案外人连云港市裕泰轮胎有限公司进行交易的发票一张，所附销售单上显示共销售威狮轮胎90条,销售金额共计244 216元; 2020年5月31日与案外人南宁市中通轮胎有限公司进行交易的发票,上面显示共销售威狮轮胎31条,销售金额共计18 923.85元;2022年5月31日与案外人乌鲁木齐华新荣祥商贸有限公司进行交易的发票,其中销售单上显示共销售威狮轮胎共156条,销售金额共计244 205元。

以上事实,有原告企业及产品的宣传报道、浙江名牌证书,网络宣传文章、销售发票等证据予以佐证。

三、与三被告主体及商标申请相关的事实

被告元丰公司成立于2014年6月23日,注册资本为25 000万元,经营范围包括生产销售子午线轮胎;加工销售机动车配件、五金制品、模具(不含铸造、电镀及酸洗等工艺);销售棉纱、塑料颗粒、木浆、复合胶、橡胶原材料及化工产品(不含危险化学品、易制毒化学品及易燃易爆物品)、轮胎、家具、劳保用品、机械设备;经营国家允许范围内的货物进出口业务。法定代表人为李岩,被告振富公司为其股东之一。元丰公司在商标核定使用类别的第12类上拥有第7830151号"美特异"、第24958473号"伊路畅途"、第24971846号"海普路德"、第26471238号"乐喜路"、第27155885号"海普陆"商标。

被告振富公司成立于2010年3月11日,法定代表人为李岩,注册资本为20 000万元,经营范围为生产销售工程轮胎、汽车轮胎、农用车轮胎、机动车配件、五金制品、模具;销售棉纱、塑料颗粒、木浆、天然胶、复合胶、橡胶原材料、化工产品(不含危险化学品、易制毒化学品及易燃易爆物品)、轮胎、家具、劳保用品、机械设备;经营国家允许范围内的货物进出口业务。振富公司于2015年10月21日申请注册第18119571号"威狮力"商标,核定使用的商品类别为第12类手推车、空中运载工具。商标专用权期限自2017年2月14日至2027年2月13日。2021年3月27日,振富公司将该商标转让给被告兴佳厂。庭审中,振富公司称该商标从取得商标专用权以来并未许可给其他第三方使用过,振富公司自己也没有将商标使用在其注册的商品类别上。

被告兴佳厂成立于2008年3月29日,为个体工商户,经营范围包括轮胎销售;汽车零配件销售;建筑物清洁服务;装卸搬运;专用设备修理;运输货物打包服务;非居住房地产租赁。经营者为李振富,同时为被告振富公司的董事。兴佳厂为第7160658号"WISHLEE"注册商标的所有人,核定使用商品类别为第12类车辆用轮胎;充气外胎(轮胎);气胎(轮胎);车辆实心轮胎;车轮胎;汽车轮胎;汽车内胎;轮胎毛刺;自行车、三轮车内胎;自行车、三轮车内胎;自行车、三轮车车胎。注册有效期自2010年7月21日至2020年7月20日,后续展至2030年7月20日。2014年6月23日,兴佳厂将该商标以一般许可的方式许可给元丰公司使用在该商标核定使用的商品项目上。许可期限至2020年7月20日。之后又将许可期限延长至2030年7月20日。兴佳厂现为第18119571号"威狮力"商标的所有人。

2015年10月21日,被告振富公司申请注册第1819623号及第18119516号商标,申请的商品类别均为第12类,该两项商标注册申请均在2016年被国家知识产权局商标局驳回。原告认为振富公司申请的以上两商标与原告名下的如下商标构成近似:第6119667号商标,该商标申请日期为2007年6月20日,核准使用的商品类别为第12类汽车内胎、气胎(轮胎)等,目前该商标在有效期内;第7558845号商标,该商标申请日期为2009年7月2日,核准使用的商品类别为第16类包装用纸或塑料袋(信封、小袋)、海报、书写工具等,目前该商标在有效期内;第12887525号商标,该商标申请日期为2013年7月9日,核准使用的商品类别为第12类轮胎(运载工具用)等,目前该商标在有效期内。

以上事实,有三被告的营业执照、第7160658号"WISHLEE"商标注册证、商标许可使用授权书、商标查询记录等证据予以佐证。

四、与被诉侵权行为相关的事实

2020年5月21日,山东东城律师事务所的委托代理人张则景在公证员的陪同下,来到位于山东省济宁市汶上县"苑庄镇中学"西侧、道路"G342"路南、一处门上悬挂"欣盛轮胎修补中心"字样标牌的店铺,购买了轮胎一条,支付 1 050 元,取得收据一张。所购轮胎上贴有商品标贴,标贴上及轮胎上均印有"WISHLEE""威狮力轮胎"标识,写明制造商为被告元丰公司,型号为 W316 12R22.5 152/149M 18PR"国道、高速耐久专用"。山东省济南市高新公证处对此出具(2020)鲁济南高新证经字第 515 号公证书。

2020 年 6 月 11 日,山东东城律师事务所的委托代理人张则景在公证员的陪同下,来到位于河南省安阳市张衡西路北侧一处标有"高新城管"字样的建筑物旁边的路口处,北行至一处外部墙体上部为蓝色、其内放置大量轮胎的建筑场所处。在该处购买了轮胎四条,分别为标有"WISHLEE 威狮力轮胎 W308 12.00R20－20PR"字样的轮胎一条、标有"WISHLEE 威狮力轮胎 W206 12R22.5－18PR"字样的轮胎一条、标有"WISHLEE 威狮力轮胎 W726 12R22.5－18PR"字样的轮胎一条、标有"WISHLEE 威狮力轮胎 W328 12.00R20－20PR"字样的轮胎一条,共支付 4 520 元,取得标有"南阳市卧龙区中元轮胎销售部出库单销售部 200600453"字样的单据。所购得的四个轮胎上均贴有商品标签,标签上均印有"WISHLEE""威狮力轮胎"标识,轮胎上均标明制造商为被告元丰公司。花纹型号为 W726 的轮胎上标明"良好路面、高速路面中长途载重型卡车驱动轮位";花纹型号为 W308、W206、W328 的轮胎上标明"全钢子午线轮胎",产品性能中称"适用于中短途载重型卡车行驶在混合路面的驱动轮位轮胎"。山东省济南市高新公证处对此出具(2020)鲁济南高新证经字第 645 号公证书。

2020 年 6 月 18 日,山东东城律师事务所的委托代理人张则景指定的工作人员张新潮在公证员的陪同下,来到江苏省徐州市沛县标有"江苏省沛北经济开发区"字样的建筑物附近、道路"S253"旁、一处标有"威狮力轮胎元丰橡胶科技有限公司——代理直营店"字样的店铺,购买了两条轮胎,一条标有"WISHLEE 威狮力轮胎 W206 12R22.5－18PR"字样,一条标有"WISHLEE 威狮力轮胎 W308"字样,共支付 2 150 元,取得收据一张。商品标签和轮胎上均有"WISHLEE""威狮力轮胎"标识,均写明制造商为被告元丰公司。花纹型号为 W206 的轮胎上写明产品适用于标载、良好路面卡货车导向轮、拖车轮,花纹型号为 W308 的轮胎上写明产品适用于混合路面、中短途载重车辆驱动轮位。山东省济南市高新公证处对此出具(2020)鲁济南高新证经字第 693 号公证书。

2020 年 6 月 19 日,山东东城律师事务所的委托代理人张则景申请证据保全公证,公证员登陆"拼多多"购物平台,在"厦门创收卡客商贸有限公司"的店铺中浏览了商品名称为"高品质耐磨耐载威狮力轮胎!1000R20"并支付 1 083.50 元进行了购买。2020 年 6 月 23 日在公证处签收了该订单下单号为"523105456"的快递包裹。所购得的轮胎上贴有商品标签,标签上印有"WISHLEE""威狮力轮胎"标识,花纹型号为 W336。写明制造商为被告元丰公司,产品适用于铺装路面、中长途载重车辆全轮位使用。山东省济南市高新公证处对此出具(2020)鲁济南高新证经字第 697 号公证书。

2020 年 6 月 19 日,公证员进入被告元丰公司的微信公众号"山东元丰橡胶科技有限公司",该公众号于 2019 年 3 月 22 日发表过文章《元丰大家庭之"威狮力"品牌》,该文章中使用了"WISHLEE""威狮力轮胎"标识,并介绍称"威狮力,元丰的主打品牌之一,历经风雨,磨炼出她金子般的品质,在消费者中享有很高的口碑"。该文章还对此品牌下轮胎型号及性能进行了介绍。山东省济南市高新公证处对此出具(2020)鲁济南高新证经字第 698 号公证书。

2020 年 6 月 19 日,公证员登录被告元丰公司的网站 www.yuanfenggroup.com,对该网站上的内容进行了浏览,首页介绍中称"山东元丰橡胶科技有限公司是一家专业的轮胎制造、销售公司。公司占地面积为 1 000 余亩,年生产能力为 200 万套/年全钢载重子午线轮胎与 1 200 万套/年高性能轿车轮胎,具备年销售收入达到 50 亿元人民币的综合能力。"点击"公司简介",其对公司的介绍中称"公司项目建设规划分为两期,一期为 200 万套全钢载重子午线轮胎,二期为 1 200 万套高性能半钢轿车轮胎。两期项目达产后,年产值将超过 70 亿元人民币。"点击"旗下公司"栏目,显示被告振富公司为其旗下公司之一。山东省济南市高新公证处对此出具(2020)鲁济南高新证经字第 699 号公证书。

以上事实,有(2020)鲁济南高新证经字第 515、645、693、697、698、699 号公证书予以佐证。

五、关于原告主张被告的侵权行为造成混淆的事实

2021 年 7 月 13 日,原告浏览拼多多平台上"神韵电器"店铺,该店铺有销售商品名称为"朝阳威狮力 6.00/600－131415 货车轻卡矿山专用轮胎限时送内胎",配图上显示"杭州威狮力"字样,单独购买价格为 298 元。商品详情轮胎的照片上有"WISHLEE""杭州"字样。关于公司介绍的图片上另有"金诚轮胎"的水印。该店铺还有一款名称为"全新朝阳威狮力 17.5/20.5/23.5－2 轮胎 304050 铲车装载机轮胎",配图上显示"杭州威狮力"字样,单独购买价格为 1 871 元。商品详情轮胎的照片上有"WISHLEE""杭州威狮力橡胶有限公司",关于公司介绍的图片上另有"金诚轮胎"的水印。

2019 年 5 月 14 日,百度网友 fef 0349 在百度知道"朝阳轮胎威狮力"下回答:"朝阳,好运,威狮,雅度属于中策四大主流品牌,朝阳,好运品牌知名度相对于威狮、雅度要高,其朝阳、好运在价格上相对也高些,其四个品牌质量、性能、花纹都一样……"

2021 年 7 月 13 日,原告浏览"汽车维修技术网"上的页面,在"威狮力轮胎是哪个厂家"的问题下面写到"这个是属于杭州威狮力橡胶科技有限公司隶属潍坊振富工贸集团有限公司子公司,主要生产销售工程机械轮胎、矿山轮胎和载重汽车轮胎。威狮轮胎是杭州中策旗下的轮胎品牌,是中国最大的轮胎制造企业……"

以上事实,有原告提交的拼多多平台、百度知道、"汽车维修技术网"上有关内容的时间戳取证予以佐证。

六、与损害赔偿金额和合理费用支出有关的事实

原告提交了 2021 年 9 月 30 日杨宏辉在中国橡胶网上发表的

文章《2021年度中国轮胎企业产能产量数据析评》,其中记载了2018年轮胎企业中国工厂总销售收入为2 122.29亿元,2019年轮胎企业中国工厂总销售收入为2 110.20亿元,2020年轮胎企业中国工厂总销售收入为2 150.76亿元;2018年轮胎企业中国工厂的利税(利润和税收的合称)总额为124.56亿元,2019年轮胎企业中国工厂的利税总额为117.80亿元,2020年轮胎企业中国工厂的利税总额为160.86亿元。

原告提交了国家统计局网站上发布的两篇文章,一篇名为《2019年全国规模以上工业企业利润下降3.3%》,记载了橡胶和塑料制品业年主营业务收入为2 000万元及以上的工业法人单位,在2019年的营业收入为25 426.10亿元、营业成本为21 626.30亿元、利润总额为1 374.80亿元。另一篇名为《2020年全国规模以上工业企业利润增长4.1%》,记载了橡胶和塑料制品业年主营业务收入为2 000万元及以上的工业法人单位,在2020年的营业收入为24 763.30亿元、营业成本为20 542.90亿元、利润总额为1 681.60亿元。

2021年12月21日,原告登录1688.com,该网站上"温岭市泽国浪马轮胎销售部"中威狮1200R20-18E2350的售价为1 480—1 875元;在"天津勿林轮胎车辆厂"店铺中,威狮轮胎1000R20的售价为1 390元。审理中,原告确认该两个店铺并非授权经销商。

为本案取证,原告总共支出公证费12 400元,购买侵权产品费用8 803.5元。

被告元丰公司提交了《2019年的利润表》,显示本年累计金额为364 912 834.87元,营业利润为3 391 252.18元,利润总额为3 294 477.85元,净利润为3 299 535.90元;《2020年的利润表》,显示营业收入为192 020 828.58元,营业利润为-11 205 797.68元,利润总额为-11 102 819.64元,净利润为-11 102 819.64元。

被告元丰公司提交了《产品成本构成及利润计算表》,上面记载2019年销售价格为810元/条,材料成本为609.92元/条(2019年产量410 460条,原料总成本250 348 140元),加工费用为

170.29元、其他费用69.24元（包括管理费用、销售费用、财务费用及税金共计28 419 438元），利润为-39.44元；2020年销售价格为730元/条，材料成本为512.98元/条（2020年产量381 370条，原料总成本195 635 730元），加工费用为186.36元，其他费用50.85元，利润为-20.19元。庭审中，被告元丰公司称无法提供与涉案"威狮力"轮胎相关的销售量、利润率等数据。第一次庭前会议中，被告元丰公司称带有商标"威狮力"的轮胎售价为900元左右。

被告元丰公司还提交了《山东元丰橡胶科技有限公司轮胎生产情况的说明》，称元丰公司2020年度生产各品牌轮胎的总产量为373 981条，其中，商标为"威狮力"的轮胎为955条。庭审中，被告称仅生产过这些数量的"威狮力"轮胎。

以上事实，有原告提交的中国橡胶网、国家统计局网站上的文章、公证费发票；元丰公司提交的关于被诉侵权产品销量的情况说明、数据表格等证据予以佐证。

七、与寻梦公司有关的事实

寻梦公司系"拼多多"网站、"拼多多"手机程序和"拼多多"微信商城（以上统称"拼多多"平台）的运营方。案外人厦门创收卡客商贸有限公司作为第三方经营者在"拼多多"平台开设名为"厦门创收卡客商贸有限公司"的店铺。该店铺销售了一条商品名称为"高品质耐磨耐载威狮力轮胎！1000R20"的轮胎，为原告取证购买。根据《拼多多平台合作协议V4.0》之约定，寻梦公司负责"拼多多"平台的日常维护和技术支持，保证平台的正常运作，为入驻平台的经营者与消费者达成交易提供网页空间、虚拟经营场所和交易规则等服务。在"拼多多"网站（首页网址www.pinduoduo.com）上，寻梦公司设置了"维权投诉指引"栏目，就知识产权投诉受理情形和通知程序进行公示。

以上事实，有涉案店铺基本信息、拼多多平台合作协议、涉案店铺协议签署记录予以佐证。

庭审中，被告元丰公司称生产过仅带有"WISHLEE"商标的轮胎,本院责令其提交证据,元丰公司没有提交。

本院认为,原告主张元丰公司的生产销售行为始于2013年,但根据本案在案证据,侵权公证书记载的取证时间为2020年,根据元丰公司在微信公众号上于2019年3月发表的文章《元丰大家庭之"威狮力"品牌》中称,"威狮力,元丰的主打品牌之一,历经风雨,磨炼出她金子般的品质,在消费者中享有很高的口碑"。该文章还对此品牌下轮胎型号及性能进行了介绍。据此,本院认定在2019年元丰公司即已经开始生产销售涉案轮胎,且并无证据表明销售涉案侵权轮胎的行为目前已经停止,根据《最高人民法院关于适用〈中华人民共和国民法典〉时间效力的若干规定》第一条第三款的规定,民法典施行前的法律事实持续至民法典施行后,该法律事实引起的民事纠纷案件,适用民法典的规定。故本案适用《中华人民共和国民法典》的相关规定。本案的争议焦点在于:一、被诉行为是否构成对原告涉案注册商标专用权的侵害;二、如构成商标侵权,各被告应当承担何种民事责任。对此,本院详述如下:

一、被诉行为是否构成对原告涉案商标专用权的侵害

《中华人民共和国商标法》(以下简称《商标法》)第五十七条第二项规定,未经商标注册人的许可,在同一种商品上使用与其注册商标近似的商标,容易导致混淆的,属侵犯注册商标专用权的行为。根据《最高人民法院关于审理商标民事纠纷案件适用法律若干问题的解释》(以下简称《商标法司法解释》)第九条、第十条之规定,商标近似,是指被控侵权的商标与原告的注册商标相比较,其文字的字形、读音、含义或者图形的构图及颜色,或者其各要素组合后的整体结构相似,或者其立体形状、颜色组合近似,易使相关公众对商品的来源产生误认或者认为其来源与原告注册商标的商品有特定的联系。在进行商标近似比对时,要以相关公众的一般注意力为标准,既要进行对商标的整体比对,又要进行商标主要部分的比对。同时,判断商标是否近似,应当考虑请求保护注册商标的显著性和知名度。

本案中,被诉侵权商品与涉案注册商标核定使用商品属于相同商品。"威狮力"虽然也为注册商标,但其注册的商品类别为手推车、空中运载工具,在轮胎类别下并未注册。原告主张涉案侵权商品的侧面印有"威狮力"、其轮胎标贴上印有"威狮力轮胎"字样,该两标识与原告的商标"威狮""威狮轮胎"文义及外观相似,并与原告的"WESTLAKE"商标读音接近,极易在轮胎市场中造成混淆。对此本院认为,"威狮力"与"威狮""威狮轮胎"中起主要识别作用的"威狮"两字相比仅多了一个"力"字,两者构成近似,足以造成消费者混淆,故本院认为被诉侵权商品上的"威狮力""威狮力轮胎"标识侵害了原告对第1519578号"威狮"第11464581号"威狮轮胎"商标享有的注册商标专用权。汉字"威狮力"与英文"WestLake"在读音上虽有些许接近,但中文商标与英文商标在视觉上具有较大差异,对国内一般消费者来说,并不会仅因为中文与英文读音上的些许接近而对"威狮力"与"WESTLAKE"产生混淆。故对原告关于被诉侵权商品上的"威狮力"标识侵害了其第765885号"WESTLAKE"商标专用权的主张,本院不予支持。

被告元丰公司辩称,原告在轮胎产品上重点使用的商标为"朝阳"相关标识,并未使用"威狮"。原告在近三年并没有使用其主张的涉案商标,故元丰公司不应承担侵权赔偿责任。对此,本院认为,根据《商标法》第四十八条规定,本法所称商标的使用,是指将商标用于商品、商品包装或者容器以及商品交易文书上,或者将商标用于广告宣传、展览以及其他商业活动中,用于识别商品来源的行为。原告提交的证据显示,原告在多种宣传及销售活动中,在轮胎类别下均使用了"威狮""威狮轮胎""WESTLAKE"故对被告元丰公司的该抗辩意见本院不予采纳。被告元丰公司还辩称,"威狮力"系其对授权获得的"WISHLEE"商标的中文翻译,因而不侵权。对此本院认为,汉字"威狮力"并非"WISHLEE"的唯一对应翻译,且即使是对英文商标的中文翻译,也应避免与在先商标近似而发生混淆,否则也构成商标侵权,故对被告的该抗辩意见,本院不予采纳。

被告元丰公司还辩称,原告对涉案商标的使用主要是在赛车领域,被告元丰公司的产品使用在重型卡车领域,两领域面向的是完全不同的消费群体,完全不会造成相关消费者混淆。对此本院认为,原告在其网站"品牌介绍"中称,威狮品牌诞生于1995年,2007年威狮轮胎被世界漂移系列赛组委会认定为比赛用胎。并根据其参加的赛事及商业活动,根据本案证据显示该商标主要使用在赛车领域。被告元丰公司生产的涉案商品的型号中标明为卡货车轮胎。虽然两种轮胎适用于不同的车型,但商品类别均为轮胎,且原告同时生产多种类轮胎,带有"威狮力"的轮胎在市场中销售,消费者可能会误认为"威狮力"轮胎来源于原告,故对被告元丰公司的该项抗辩意见本院不予采纳。

二、各被告应承担的民事责任

(一)元丰公司应承担的民事责任

根据查明的事实,被告元丰公司生产、销售了涉案轮胎,侵害了原告对涉案商标享有的专用权,根据《中华人民共和国民法典》第一百七十九条的规定,应承担停止侵害、消除影响、赔偿损失的民事责任。因被告元丰公司陈述其已经于2020年停止了生产涉案轮胎,且原告并没有证据证明被告元丰公司之后还生产了涉案轮胎,故本院认为涉案生产轮胎的行为已经停止,但被告元丰公司陈述还有一些库存,故被告元丰公司应立即停止销售带有"威狮力"标识的轮胎。原告还要求元丰公司收回并销毁所有侵权商品,对此本院认为,《商标法》第六十三条第四项规定,人民法院审理商标纠纷案件,应权利人请求,对属于假冒注册商标的商品,除特殊情况外,责令销毁。但本案并非假冒注册商标的情形,原告的该项诉请缺乏法律依据,本院不予支持。

涉案商标侵权行为容易使相关公众对商品的来源产生混淆,为消除相关公众因此而可能产生的误认,原告应刊登声明以消除影响。根据原告的取证,被诉侵权商品的销售范围包括线上和线下,线下销售范围涉及山东、河南、江苏等地。故对原告要求元丰公司在全国范围内发行的《中国消费者报》上刊登声明以消除影响的诉讼请求,本院予以准许。

关于赔偿损失,根据《商标法》第六十三条第一款的规定,侵犯商标专用权的赔偿数额,按照权利人因被侵权所受到的实际损失确定;实际损失难以确定的,可以按照侵权人因侵权所获得的利益确定;权利人的损失或者侵权人获得的利益难以确定的,参照该商标许可使用费的倍数合理确定。《商标法司法解释》第十三条规定,人民法院依据商标法第六十三条第一款规定确定侵权人的赔偿责任时,可以根据权利人选择的计算方法计算赔偿数额。第十四条规定,商标法第六十三条第一款规定的侵权所获得的利益,可以根据侵权商品销售量与该商品单位利润乘积计算;该商品单位利润无法查明的,按照注册商标商品的单位利润乘积计算。在本案中,原告主张按照被告的侵权获利计算赔偿数额,计算公式为侵权获利=侵权商品销售量×该商品单位利润。

有关被控侵权商品的生产销售数量,原告认可被告元丰公司提交的数据,即2019年和2020年元丰公司总共生产销售的轮胎数量分别为410 460条、381 370条。本院责令被告元丰公司提交证据证明涉案被控侵权商品的生产销售数量,被告元丰公司没有提交符合要求的财务账簿及销售单据,仅提交一份说明称带有汉字"威狮力"的轮胎在2020年的销售数量为955条,该数据与被告元丰公司提交的轮胎总销量及在网站上宣传"威狮力"是其主打品牌不相符,故本院认为该数据并不能反映被控侵权商品的真实生产销售数量。根据《最高人民法院关于知识产权民事诉讼证据的若干规定》第二十五条第一款的规定,人民法院依法要求当事人提交有关证据,其无正当理由拒不提交、提交虚假证据、毁灭证据或者实施其他致使证据不能使用行为的,人民法院可以推定对方当事人就该证据所涉证明事项主张成立。原告主张根据被告元丰公司在微信公众号上的宣传,"威狮力"为其主打品牌,故被控侵权商品的销量应至少按照全部轮胎销量的20%计算。本院推定原告的该主张成立,被控侵权商品的生产销售数量:2019年为410 460×20%=82 092条、2020年为381 370×20%=76 274条。

有关被控侵权商品的销售单价和利润率。本院责令被告元丰公司提交证据证明涉案被控侵权商品的销售价格、成本和利润率,被告元丰公司没有提交能够相互印证的财务账簿及销售单据,仅提供表格说明其2019年及2020年轮胎单价、轮胎总销量及总成本等数据。因被告元丰公司销售的轮胎有多种品牌和规格,销售单价并不统一,结合被告元丰公司提交的与案外人的销售发货单,本院认为被告提交表格中的数据不能说明被控侵权商品的售价。根据前述《最高人民法院关于知识产权民事诉讼证据的若干规定》第二十五条第一款的规定,本院推定原告的主张成立,以被告在庭审中自认的900元/条作为被控侵权商品的销售单价。

根据国家统计局网站上公布的《2019年全国规模以上工业企业利润下降3.3%》的文章,橡胶和塑料制品业年主营业务收入为2 000万元及以上的工业法人单位,在2019年的营业收入为25 426.10亿元、营业成本为21 626.30亿元、利润总额为1 374.80亿元,则可计算出2019年橡胶和塑料制品业规模以上的工业法人单位的营业收入利润率为1 374.80/25 426.10=5.41%。《2020年全国规模以上工业企业利润增长4.1%》的文章显示,橡胶和塑料制品业年主营业务收入为2 000万元及以上的工业法人单位,在2020年的营业收入为24 763.30亿元、营业成本为20 542.90亿元、利润总额为1 681.60亿元。则可计算出2020年橡胶和塑料制品业规模以上的工业法人单位的营业收入利润率为1 681.60/24 763.30=6.79%。原告提供上述数据供本院在确定被告利润率时进行参考。本院责令被告提供被控侵权商品的利润率,元丰公司提交了《2019年利润表》《2020年利润表》《产品成本构成及利润计算表》,但没有提交能够相互印证的财务账簿及销售单据予以佐证,原告对此亦不予认可,在此情况下,本院适用举证妨碍规则,参考原告提供的行业利润率。元丰公司在网站介绍中称,其"具备年销售收入达50亿元人民币的综合能力",原告提供参考的行业利润率针对的是年主营业务收入为2 000万元及以上的工业法人单位,元丰公司属于这类范围,故该行业利润率在本案中具有参考价值,本院据此推定2019年被控侵权商品的利润率为5.41%、2020年被控侵权商品的利润率为6.79%。

另外,按照侵权获利方法确定损害赔偿金额时,应根据案件具体情况,适当考量权利人知识产权对于商业价值的贡献程度或者比例,合理确定知识产权的贡献度。确定贡献度时,应综合考虑涉案商标的价值,权利人商品与同类商品的市场价格、利润比较情况,商标在商品销售中的重要程度等因素。结合本案,从在案证据来看,原告提供的"威狮"品牌知名度证据主要集中在国外,并未提交证据证明商标在国内具有较高的品牌价值。且原告并未提交"威狮"在同类商品中的利润或销售情况。本案商品为轮胎,轮胎本身具有较高的实用性,除商标的因素外,消费者在选择时也会考虑轮胎本身的使用效果等因素。结合以上情况,本院酌定涉案标识在被告侵权获利中的贡献度为30%。

综上,可以计算出被告的侵权获利=侵权商品的销售量×侵权商品单价×侵权商品的利润率×商标贡献度=(82 092×900×5.41%+76 274×900×6.79%)×30%=2 597 449元。

关于原告在本案中主张的合理费用,公证费及购买侵权商品的费用均有发票及公证书予以佐证,本院予以全额支持。关于原告主张的律师费和差旅费,原告没有提供相关票据,本院根据案件的复杂程度、律师的工作量及相关收费标准等因素酌情支持。

(二)关于振富公司、兴佳厂是否应承担的民事责任

原告主张振富公司应与元丰公司承担连带责任,原因有二,一是振富公司是元丰公司的股东,二是振富公司是商标"威狮力"的所有人。振富公司辩称,其并没有实际生产涉案轮胎,故不应承担连带责任。原告主张兴佳厂应就本案侵权行为承担连带责任,理由是:第一,涉案侵权商品上有兴佳厂的商标"WHISHLEE";第二,兴佳厂的经营者李振富是振富公司的董事,三被告之间在从事侵犯原告商标权的行为上具有共同故意,应承担连带责任。

对此本院认为,通常情况下,如果被诉侵权商品已经标注了诸如生产企业名称、商标等能够据以确定制造者身份的信息,则在无

相反证据的情形下,可以认定该对外标注信息的企业即为商标法所界定的被诉侵权商品的制造者。但如果该标注的信息与在案其他证据相矛盾,并不足以认定制造者身份,且被诉侵权人提供了反驳证据的,则应当依个案查明的事实进行认定。本案中,元丰公司是被控侵权商品标注的生产商,振富公司是被控侵权行为发生时"威狮力"商标的所有人,两公司的经营范围均包括生产销售轮胎,且没有其他证据能否定振富公司的制造者身份。同时,被告元丰公司与被告振富公司的法定代表人均为李岩,李岩在两公司均担任执行董事兼总经理职务,根据被告元丰公司与振富公司在本案中的陈述,李岩根据公司法的相关规定在两公司正常履职,振富公司又为元丰公司的股东,综上,本院认定振富公司与元丰公司共同生产制造了被控侵权商品。根据《中华人民共和国民法典》第一千一百六十八条的规定,二人以上共同实施侵权行为,造成他人损害的,应当承担连带责任。振富公司应与元丰公司承担连带责任。兴佳厂为商标"WISHLEE"的所有人,虽然被控侵权商品上也有"WISHLEE"标识,但兴佳厂提供证据证明其将该商标许可给元丰公司使用在核准注册的商品类别上,元丰公司亦对此予以认可,故本案中证据表明的兴佳厂的行为仅为商标许可使用行为,并非被控侵权商品的生产销售行为,且"WISHLEE"商标目前为合法有效的商标,故对原告要求兴佳厂承担连带责任的诉请本院不予支持。

(三)寻梦公司应承担的民事责任

原告主张寻梦公司下架所有涉案商品并删除相关链接,经当庭确认,涉案商品和链接均已经删除,故原告的主张已经得到了满足,本院对原告的该诉讼请求不再支持。

综上,为依法制止商标侵权行为,保护注册商标专用权人的合法权利,维护市场主体平等、公平的市场竞争秩序,促进社会主义市场经济的健康发展,依照《最高人民法院关于适用〈中华人民共和国民法典〉时间效力的若干规定》第一条第三款,《中华人民共和国民法典》第一百二十三条第一款、第二款第三项,第一百七十九条第一款第一项、第八项、第十项、第三款,第一千一百六十八条,《中华人民共和国商标法》第四十八条,第五十七条第二项、第三项,第六十三条第一款、第二款,《最高人民法院关于审理商标民事纠纷案件适用法律若干问题的解释》第九条第二款,第十条,第十三条,第十四条,《最高人民法院关于知识产权民事诉讼证据的若干规定》第二十五条第一款之规定,判决如下:

一、被告山东元丰橡胶科技有限公司于本判决生效之日起立即停止侵害原告中策橡胶集团股份有限公司对第1519578号"威狮"、第11464581号"威狮轮胎"商标享有的注册商标专用权;

二、被告山东元丰橡胶科技有限公司、被告潍坊振富工贸集团有限公司于本判决生效之日起十日内共同赔偿原告中策橡胶集团股份有限公司经济损失2 597 449元及合理费用50 000元,合计2 647 449元;

三、被告山东元丰橡胶科技有限公司、被告潍坊振富工贸集团有限公司于本判决生效之日起十五日内共同在《中国消费者报》上刊登声明,消除影响(声明的内容须经本院审核);

四、驳回原告中策橡胶集团股份有限公司的其余诉讼请求。

如果未按本判决指定的期间履行给付金钱义务,应当依照《中华人民共和国民事诉讼法》第二百六十条的规定,加倍支付迟延履行期间的债务利息。

案件受理费47 500元,由原告中策橡胶集团股份有限公司负担11 421元,由被告山东元丰橡胶科技有限公司、潍坊振富工贸集团有限公司共同负担36 079元。

如不服本判决,可在判决书送达之日起十五日内,向本院递交上诉状,并按对方当事人或者代表人的人数提出副本,上诉于上海知识产权法院。

四、案件相关问题及解析

1. 被诉行为是否构成对原告涉案注册商标专用权的侵害

原告认为被诉侵权产品上的标识与原告的知名商标"威狮""威狮轮胎"文义及外观相似,并与原告的"WESTLAKE"商标读音接近，极易在轮胎市场中造成混淆，侵犯了原告的注册商标专用权。被告认为原告在轮胎产品上重点使用的是"朝阳"相关商标标识，近三年未使用其主张的涉案商标，故不应承担侵权责任，且原告对涉案商标的使用领域完全不同，不会造成相关消费者混淆。

法院在综合考虑原、被告提交的证据后，对被告的抗辩不予采纳。法院认为，"威狮力"与"威狮""威狮轮胎"中起主要识别作用的"威狮"两字相比仅多了一个"力"字，两者构成近似，足以造成消费者混淆，被诉侵权商品上的"威狮力""威狮力轮胎"标识侵害了原告对第1519578号"威狮"第11464581号"威狮轮胎"商标享有的注册商标专用权。但汉字"威狮力"与英文"WESTLAKE"在视觉上具有较大差异，对国内一般消费者来说，并不容易产生混淆。故不予支持原告关于"威狮力"标识侵害了其第765885号"WESTLAKE"商标专用权的主张。

2. 各被告应当承担何种民事责任

被诉侵权产品侵犯了原告的注册商标专用权，因此原告主张被诉侵权产品的制造商元丰公司停止侵权行为，并与"威狮力"商标的持有者振富公司和"WISHLEE"商标的持有者兴佳厂三被告作为被诉侵权产品的共同生产者及销售者应承担连带赔偿责任及就涉案侵权行为在《中国消费者报》上刊登声明，消除影响。另外，被告寻梦公司作为被诉侵权产品销售平台的运营商，应下架侵权产品、断开侵权产品链接。

被告元丰公司认为其取得了"WISHLEE"商标的授权，对"威狮力"的使用仅仅是对英文"WISHLEE"的翻译，不应当承担侵权责任。且原告近三年未使用其主张的涉案商标，被告元丰公司不应承担赔偿责任。被告振富公司认为其不是涉案轮胎的制造者，不能以涉案商品上有振富公司的商标就要求振富公司承担连带责任。且，振富公司与元丰公司不存在人格混同，不应承担连带责任。被告兴佳厂认为，第7160658号"WISHLEE"商标于2014年6月23日许可给元丰公司使用至今。原告在本案中并未主张该商标构成侵权,故兴佳厂不应承担责任。且兴佳厂与元丰公司不存在关联关系,不应承担连带责任。

被告寻梦公司认为其主观上无过错,客观上已经采取了必要措施,且侵权事实已不存在,寻梦公司已经尽到注意义务。

法院认为,被告元丰公司生产、销售了涉案轮胎,侵害了原告对涉案商标享有的专用权,因被告元丰公司陈述其已经于2020年停止了生产涉案轮胎,且原告并没有证据证明元丰公司之后还生产了涉案轮胎,故本院认为涉案生产轮胎的行为已经停止,但被告元丰公司陈述还有一些库存,故被告元丰公司应立即停止销售带有"威狮力"标识的轮胎并在全国范围内发行的《中国消费者报》上刊登声明以消除影响。另外,法院根据案件的具体情况,以及原、被告提供的相关证据和数据,元丰公司应赔偿原告经济损失2 597 449元及合理费用50 000元。振富公司是被控侵权行为发生时"威狮力"商标的所有人和元丰公司的股东,且元丰公司与振富公司的法定代表人相同,两公司的经营范围均包括生产销售轮胎,且没有其他证据能否定振富公司的制造者身份。因此,法院认定振富公司与元丰公司共同生产制造了被控侵权商品,应当承担连带责任。兴佳厂提供证据表明其行为仅为商标许可使用行为,对原告要求兴佳厂承担连带责任的诉请法院不予支持。寻梦公司已经下架所有涉案商品并删除相关链接,法院对原告的该诉讼请求不再支持。

四、不正当竞争法定要点分析

1. 权利基础

不正当竞争行为的权利基础主要是指有一定影响的商品名称、包装、装潢等标识受到了非权利人的使用。《反不正当竞争法》第六条规定了属于不正当竞争行为的情形。根据该条规定可知,如果行为人擅自使用了与他人有一定影响的商品名称、包装、装潢等相同或近似的标识,引人误认为是他人商品或者与他人存在特定联系的,行为人可以被认定为构成不正当竞争。可见,权利人所拥有的一定影响的商品名称、包装、装潢等标识是权利人对行为人提起不正当竞争的权利基础。

另外,《最高人民法院关于适用〈中华人民共和国反不正当竞争法〉若干问题的解释》第四条规定:具有一定的市场知名度并具有区别商品来源的显著特征的标识,人民法院可以认定为《反不正当竞争法》第六条规定的"有一定影响的"标识。人民法院认定《反不正当竞争法》第六条规定的标识是否具有一定的市场知名度,应当综合考虑中国境内相关公众的知悉程度,商品销售的时间、区域、数额和对象,宣传的持续时间、程度和地域范围,标识受保护的情况等因素。根据该条规定可知,作为规制不正当竞争行为权利基础的有一定影响的商品名称、包装、装潢等标识应当具有一定市场知名度并且具有特有性。

2. 侵权行为

不正当竞争侵权行为是指侵权人在生产经营活动中所实施的违反《反不正当竞争法》相关规定,实施的扰乱市场竞争秩序,损害其他经营者的行为。判断行为人所实施的是否属于不正当竞争行为,应当先分析涉案权利产品所使用的商品特有名称、包装、装潢是否属于有一定影响,如果涉案产品所使用的商品名称、包装、装潢属于有一定影响的商品名称、包装、装潢,则需要进一步判断被控侵权产品所使用的商品名称、包装、装潢是否特有,通常情况下,应当保持不变或主要设计元素不变,再后判断标识与涉案侵权产品所使用的商品名称、包装、装潢等标识是否构成相同或近似,最后判断足以引人误认为是他人商品或者与他人存在特定联系。如果上述条件均满足,则可以认定行为人的行为属于不正当竞争行为。

3. 涉案产品知名度

在司法实践中,我国法院除论述"诚实信用""傍名牌""搭便车"等道德色彩或搭便车因素之外,通常还考虑:注册商标的核准注册时间和市场知名度、被控侵权方的主观恶意程度、是否足以产生市场混淆。① 产品具有一定的市场知名度是认定有一定影响力标识的法定要件。

根据《最高人民法院关于适用〈中华人民共和国反不正当竞争法〉若干问题的解释》第四条规定可知,涉案产品的知名度是关系到不正当竞争行为是否成立的重要因素。而产品知名度主要包括公众对涉案产品的知晓程度、涉案产品商标持续使用时间、涉案产品所采取的宣传方式及宣传时间、宣传程度、宣传的资金投入和地域范围、涉案产品受保护的记录、涉案产品的市场份额、销售区域及纳税情况等。其中商标持续使用时间主要以商标档案的形式呈现,涉案产品受保护的记录以涉案产品向法院起诉侵权后法院所作的判决书形式呈现,而涉案产品的宣传活动以及其他用以证明产品知名度的事实尽量以更具权威性、法官更易采信的公证书形式呈现,通过上述方式提供的证明产品知名度的证据更具有权威性,更容易被法庭采纳。

4. 侵权人的主观恶意

行为人的主观恶意是认定其是否承担赔偿责任以及承担赔偿责任数额的重要考量因素。如果行为人系多次实施侵犯不正当竞争行为或属于重复实施的不正当竞争行为,则足见侵权人主观恶意明显,其应当就自己的侵权行为承担相应的赔偿责任乃至适用惩罚性赔偿的规定。如果行为人不属于多次侵权或重复侵权的情况,则需要综合考虑行为人的侵权行为以及其他因素后,再对其是否具有主观恶意进行认定。

---

① 参见天津市高级人民法院(2015)津高民三终字第0005号民事判决书,江西省高级人民法院(2014)赣民三终字第17号民事判决书,河北省高级人民法院(2017)冀民终341号民事判决书。

第四章 知識產權一體化保護之程序法定要點分析

第四章
知识产权一体化保护之程序法定要点分析

一、知识产权一体化保护的管辖问题

1. 著作权侵权的管辖法院

著作权民事纠纷案件,一般由中级以上人民法院管辖。各高级人民法院根据本辖区的实际情况,可以确定若干基层人民法院管辖第一审著作权民事纠纷案件。具体言之,涉及文字作品、美术作品、影视作品等的著作权民事纠纷案件可以由各地高院指定的基层法院管辖。但与技术有关的软件著作权侵权案件,一审仍由中级人民法院管辖。

2. 商标权侵权及不正当竞争行为诉讼的管辖法院

商标民事纠纷与反不正当竞争纠纷第一审案件,一般由中级人民法院或者基层法院审理,基层法院审理商标民事纠纷与反不正当竞争纠纷的趋势更加明显。即各高级人民法院根据本辖区的实际情况,经最高人民法院批准,可以在较大城市确定基层人民法院受理第一审商标民事纠纷案件。

因侵犯注册商标专用权行为提起的民事诉讼,由侵权行为的实施地、侵权商品的储藏地或者查封扣押地、被告住所地人民法院管辖。

3. 专利权侵权诉讼的管辖法院

专利纠纷案件通常由知识产权法院、最高人民法院确定的中级人民法院管辖,特殊情况由最高人民法院确定。最高人民法院民事审判三庭负责审理知识产权案件;专利纠纷第一审案件,由各省、自治区、直辖市人民政府所在地的中级人民法院和最高人民法院指定的中级人民法院管辖。目前,除各省、自治区、直辖市人民政府所在地的中级人民法院可以审理专利纠纷一审案件外,最高人民法院已指定大连、青岛、温州、佛山、烟台、潍坊、苏州、宁波、景德镇、葫芦岛、泉州、镇江、金华等数十多个中级人民法院可以审理专利纠纷一审案件。

最高人民法院根据实际情况,可以指定基层人民法院管辖第一审专利纠纷案件。目前,最高人民法院已指定浙江省义乌市人民法院、北京市海淀区人民法院、江苏省南通市通州区人民法院、苏州市昆山市人民法院、苏州市虎丘区人民法院、苏州工业园区人民法院等基层法院审理实用新型与外观设计专利纠纷一审案件。

《民事诉讼法》第二十一条规定,对公民提起的民事诉讼,由被告住所地人民法院管辖;被告住所地与经常居住地不一致的,由经常居住地人民法院管辖。对法人或者其他组织提起的民事诉讼,由被告住所地人民法院管辖。同一诉讼的几个被告住所地、经常居住地在两个以上人民法院辖区的,各该人民法院都有管辖权。专利权纠纷案件,审理法院级别一般较高,专利权侵权诉讼依被告住所地确定管辖法院,被告住所地的人民法院具有专利案件管辖权的,由被告住所地的人民法院管辖,可以是基层法院,也可以是中级人民法院。《民事诉讼法》第二十八条,因侵权行为提起的诉讼,由侵权行为地或者被告住所地人民法院管辖。《最高法院关于民事诉讼法的解释》第二十四条,《民事诉讼法》第二十八条规定的侵权行为地,包括侵权行为实施地、侵权结果发生地。专利权侵权诉讼依侵权行为地确定管辖法院,侵权行为地包括侵权行为的实施地,也包括侵权结果的发生地。

在维护知识产权的过程中,应当根据最有利于保护权利人的合法权益的原则来确定管辖法院。各地各级法院尚未做到司法统一,法官自由裁量权的行使使得各个法院判决赔偿尺度不同。为了更好地保护权利人的合法权益,应当在起诉前认真研究各个法院不同类型的知识产权纠纷的判决,选择判赔额度高的法院进行起诉。另外,各地各级法院的效率不同且知识产权的保护期限是有限的,应当选择更高效的法院管辖。

二、知识产权一体化保护审理阶段问题

1. 知识产权案件一审要点

(1) 财产保全

在知识产权案件中,为了防止侵权人转移、处分财产,从而导致将来的判决难以执行,权利人可以根据具体情况在诉讼前或诉讼中向法院申请财产保全,通常需要提供担保,由法院作出裁定,对被控侵权人的财产采取查封、扣押、冻结等保全措施。

权利人在诉讼中申请保全的情形为可能因被控侵权人的行为或其他原因使判决难以执行或者造成权利人其他损害。财产保全在知识产权诉讼中,采用的比例也比较高,根据《民事诉讼法》第一〇三条第一款规定,人民法院对于可能因当事人一方的行为或者其他原因,使判决难以执行或者造成当事人其他损害的案件,根据对方当事人的申请,可以裁定对其财产进行保全、责令其作出一定行为或者禁止其作出一定行为;当事人没有提出申请的,人民法院在必要时也可以裁定采取保全措施。但实践中,法院很少主动裁定采取保全措施。在诉讼中申请保全财产,人民法院应当根据案件的具体情况,决定权利人是否应当提供担保以及担保的数额。

权利人在诉讼前申请保全的情形为不立即采取保全措施将会使权利人合法权益受到难以弥补的损害。被控侵权人转移财产的可能性往往较大,根据《民事诉讼法》第一〇四条第一款规定,利害关系人因情况紧急,不立即申请保全将会使其合法权益受到难以弥补的损害的,可以在提起诉讼的同时向被保全财产所在地、被申请人住所地或者对案件有管辖权的人民法院申请采取保全措施。申请诉前财产保全的,权利人应当提供相当于请求保全数额的担保。

总而言之,财产保全制度对于维护权利人的权益有着重要作用。但是在实践中,也存在由于权利人申请错误,法院错误地查封了被控侵权人相应的财产,从而导致被控侵权人财产受到损失的情况,特别是被

查封标的物具有保存期限,根据《民事诉讼法》第一〇八条规定,申请有错误的,申请人应当赔偿被申请人因保全所遭受的损失。因此,权利人在申请财产保全前,一定要审慎进行考虑,避免错误查封侵权人财产,这一点对知识产权的保护也是非常重要的。

(2) 证据的收集与提交

关于证据的收集,知识产权的权利人可以通过公证的方式进行。根据《最高人民法院关于民事诉讼证据的若干规定》的第十条规定可知,对于已为有效公证文书所证明的事实,通常当事人无须举证证明。又根据《最高人民法院关于知识产权民事诉讼证据的若干规定》第七条规定,权利人为发现或者证明知识产权侵权行为,自行或者委托他人以普通购买者的名义向被诉侵权人购买侵权物品所取得的实物、票据等可以作为起诉被诉侵权人侵权的证据。因此,权利人可以将向被诉侵权人购买侵权物品所取得的实物、票据等行为过程进行公证,以此来保全证据,作为被控侵权人实施了侵权行为的证据。

另外,时间戳也日益成为知识产权权利人收集证据的重要方式。"中国裁判文书网的数据表明,时间戳认证在知识产权纠纷中的应用呈爆炸式增长,从 2015 年的 61 件增加到 2019 年的 6 863 件。特别是最高人民法院出台《关于互联网法院审理案件若干问题的规定关于互联网法院审理案件若干问题的规定》的 2018 年,时间戳认证同比增长 209.20%,2019 年再上台阶,同比增长 146.07%。"[①] 根据《民事诉讼法》第六十六条规定,电子数据是证据的类型之一。又结合《最高人民法院关于民事诉讼证据的若干规定》的第十五条可知,当事人以电子数据作为证据的,应当提供原件。根据《中华人民共和国电子签名法》第五条规定,符合下列条件的数据电文,视为满足法律、法规规定的原件形式要求:能够有效地表现所载内容并可供随时调取查用;能够可靠地保证自最终形成时起,内容保持完整、未被更改。但是,在数据电文上增加背书以及数据交换、储存和显示过程中发生的形式变化不影响

---

① 娄必县:《知识产权诉讼中时间戳认证的检讨与规范——基于全国高级人民法院 749 份裁判文书的分析》,载《知识产权》2020 年第 8 期。

数据电文的完整性。因此,通过时间戳的方式,权利人可以有效的固定与侵权行为相关的电子数据的证据,并且操作比较简单,取证方便,维权合理成本低,登录联合信任知识产权保护平台选择需要固定的电子数据申请时间戳,在申请成功后权利人即可以取得可信时间戳认证证书,以此作为维护自身知识产权的相关证据。

另外,在一审中,对于权利人而言,需要充分进行举证,否则应当承担举证责任。特别是在诉讼中,对于权利人无法收集到的证据,要申请法院进行调取。根据《民事诉讼法》第六十七条相关规定,当事人对自己提出的主张,有责任提供证据。当事人及其诉讼代理人因客观原因不能自行收集的证据,或者人民法院认为审理案件需要的证据,人民法院应当调查收集。根据《最高人民法院关于适用〈中华人民共和国民事诉讼法〉的解释》相关规定,当事人及其诉讼代理人因客观原因不能自行收集的证据包括:(一)证据由国家有关部门保存,当事人及其诉讼代理人无权查阅调取的;(二)涉及国家秘密、商业秘密或者个人隐私的;(三)当事人及其诉讼代理人因客观原因不能自行收集的其他证据。权利人也可以申请法院,责令对方提供,对方不提供的需要承担举证责任。因此,在因客观原因不能自行收集的证据的情况下,权利人及其诉讼代理人可以在举证期限届满前书面申请人民法院调查收集。

在证据提交方面,权利人及其诉讼代理人应该尽量提交全面的证据,尽量按照法院规定的举证期限收集证据,如果权利人难以在举证期限内提供证据的,需要及时向法院书面申请延期举证,遵守诉讼程序规则。根据《民事诉讼法》第六十八条相关规定,当事人对自己提出的主张应当及时提供证据。人民法院根据当事人的主张和案件审理情况,确定当事人应当提供的证据及其期限。实践中,尽量按时提交证据,避免诉讼延迟,如果当事人在该期限内提供证据确有困难的,可以向人民法院申请延长期限,人民法院根据当事人的申请适当延长。

2. 知识产权案件二审要点

一审权利人如果对一审的审理结果不满意,要在法律规定时间内及时提出上诉请求,查找新的证据,并在指定的期限内交纳上诉费用。

根据《民事诉讼法》第一七一条规定,当事人不服地方人民法院第一审判决的,有权在判决书送达之日起十五日内向上一级人民法院提起上诉。当事人不服地方人民法院第一审裁定的,有权在裁定书送达之日起十日内向上一级人民法院提起上诉。根据《最高人民法院关于适用〈中华人民共和国民事诉讼法〉的解释》第三一八条相关规定,未在法定上诉期间内递交上诉状的,视为未提起上诉。虽递交上诉状,但未在指定的期限内交纳上诉费的,按自动撤回上诉处理。缴费也是最重要的诉讼程序。

如果权利人存在一审中遗漏的重要证据没有提交,需要说明理由并在法官认可理解的基础上及时补充。根据《民事诉讼法》第六十八条相关规定,当事人逾期提供证据的,人民法院应当责令其说明理由;拒不说明理由或者理由不成立的,人民法院根据不同情形可以不予采纳该证据,或者采纳该证据但予以训诫、罚款。

3. 知识产权案件再审要点

首先,对于知识产权人而言,如果对已经发生法律效力的判决、裁定不满意,认为与相同或相似案件在定性与判赔额差距很大,可以向人民法院申请再审。根据《民事诉讼法》第二〇七条规定可知,经当事人的申请,人民法院应当再审的情形包括:有新的证据,足以推翻原判决、裁定的;原判决、裁定认定的基本事实缺乏证据证明的;原判决、裁定认定事实的主要证据是伪造的;原判决、裁定认定事实的主要证据未经质证的;对审理案件需要的主要证据,当事人因客观原因不能自行收集,书面申请人民法院调查收集,人民法院未调查收集的;原判决、裁定适用法律确有错误的;审判组织的组成不合法或者依法应当回避的审判人员没有回避的;无诉讼行为能力人未经法定代理人代为诉讼或者应当参加诉讼的当事人,因不能归责于本人或者其诉讼代理人的事由,未参加诉讼的;违反法律规定,剥夺当事人辩论权利的;未经传票传唤,缺席判决的;原判决、裁定遗漏或者超出诉讼请求的;据以作出原判决、裁定的法律文书被撤销或者变更的;审判人员审理该案件时有贪污受贿,徇私舞弊,枉法裁判行为的。虽然在实践中,再审案件改判的概率并不大,但是再审的权利仍然是一项重要的权利。

其次,权利人申请再审,需要在一定期限内提出。根据《民事诉讼法》第二一二条规定可知,当事人申请再审,应当在判决、裁定发生法律效力后6个月内提出,具体特殊规定,包括属于有新的证据,足以推翻原判决、裁定的;原判决、裁定认定事实的主要证据是伪造的;据以作出原判决、裁定的法律文书被撤销或者变更的;审判人员审理该案件时有贪污受贿,徇私舞弊,枉法裁判行为的四种情形的,权利人可以自知道或者应当知道之日起6个月内提出。

三、知识产权民事诉讼与行政争议解决的交叉问题

1. 专利权方面

我国现行法规范为知识产权专门制定了一套另一方面表现出国家对于发明创造作出技术贡献程序二元并存的特殊保护机制,即行政管理程序保护与司法审判程序保护并举,具体表现为无效行政确认、行政裁决、行政调解、行政诉讼、民事诉讼和刑事诉讼等一系列复合性救济程序。行政救济程序是知识产权纠纷救济程序的一大特色,该程序并不排除后续司法救济程序的启动,且在政策导向上强调知识产权司法保护的主导作用。[1]

由于法院不对专利的有效性予以审查,所以在专利侵权诉讼中,被控侵权人对专利权的有效性提起专利无效程序的情形时有发生。专利无效程序作为一种行政程序,在专利侵权民事诉讼过程中被提出,会产生民事诉讼与行政争议解决的交叉问题。通常情况下,在专利侵权民事诉讼中,如果被控侵权人对发明专利提起专利无效,法院一般不会中止审理发明专利侵权民事诉讼;相反,如果被控侵权人对实用新型和外观设计专利提起专利无效程序,法院通常会中止对实用新型和外观设

---

[1] 参见中共中央办公厅、国务院办公厅印发的《关于加强知识产权审判领域改革创新若干问题的意见》《关于强化知识产权保护的意见》。

计专利侵权的民事诉讼程序。此时,就会存在降低审判效率,造成程序延迟的现象。为了消除此类现象,国家知识产权局复审无效部与广州知识产权法院于2021年积极探索了联合审理的新模式,采用无效宣告请求远程审理和侵权诉讼现场审理相联合的方式,使行政确权与司法程序进一步衔接,以提高案件审理效率。但有观点认为,这一模式仅适用于专利有效性纠纷简单且双方均对国家知识产权局所作出的决定无异议的情况,适用范围狭窄,可以适当引入司法确权的模式来克服国内所采用的行政确权模式所导致的诉讼低效。[1]

我认为,可以通过判断发明专利、实用新型和外观设计的现有技术或现有设计的存在时间与专利权存在时间的先后来避开专利审查的行政程序。如果现有设计或现有技术比专利权的取得时间更早,则可以利用现有技术或设计的存在时间对抗被控侵权人的抗辩,以此避免因为行政程序的冗长对审判效率的影响。

同时,为了提高审判效率,《中华人民共和国专利法》第四十五条规定:自国务院专利行政部门公告授予专利权之日起,任何单位或者个人认为该专利权的授予不符合本法有关规定的,可以请求国务院专利行政部门宣告该专利权无效。这种关于专利有效性审查的程序,既在一定程度上保障了专利的民主价值,又在一定程度上确保被授权的发明创造是有价值的。[2] 因此,为了避免浪费不必要的时间,权利人在提起专利侵权民事诉讼之前,可以先对专利的有效性进行充分评估,委托专门的专利评价机构或国家知识产权局复审和无效审理部出具相关的专利评价报告,以此证明专利的有效性,减少审理程序的拖延,提高审判效率。

2. 商标权方面

在商标权方面,我国知识产权领域奉行民事侵权程序与无效宣告程序二元分立体制,即商标有效性由商标评审机构裁决,商标侵权案件

---

[1] 李雨峰:《专利确权的属性重释与模式选择》,载《中外法学》2022年第3期。
[2] 李雨峰:《专利确权的属性重释与模式选择》,载《中外法学》2022年第3期。

由法院审理判决。① 可见,在商标权领域也存在行政管理程序保护与司法审判程序保护并举的"双轨制"保护模式。在商标侵权诉讼案件中,一旦被控侵权人提出了关于注册商标权利有效性的异议请求,启动了商标无效宣告程序,则法官面临两个选择:一是裁定中止民事方面的诉讼程序,待商标有效性经行政程序认定后,再恢复有关民事诉讼程序的审理。这种情况下,如果当事人想拖延诉讼时间,则在程序上先向行政主管部门提出有关商标无效的异议申请,如果未获支持,可当事人就行政机关作出的该决定提出行政诉讼,行政诉讼可以经过一审、二审程序,而相关民事诉讼则需要等待经过二级行政诉讼的结果后再恢复民事诉讼程序,大大降低了诉讼效率;第二种选择是不中止民事诉讼案件的审理,直接推定商标有效作为民事案件审理的前提。此时,如果推定有效的商标日后被商标评审机构宣告无效,那么法院以该涉案商标有效为前提所做出的判决就会面临相应的风险。由此可见,对于部分知识产权民事诉讼,因为二元程序的存在,会导致非常严重的程序延迟现象。②

针对这类的问题,有观点认为,商标民事侵权案件法官可以考虑将案件合并审理,在侵权诉讼中直接认定商标有效性,一次性化解纠纷解决商标行政裁决领域民行二元程序交织问题。同时该观点也指出,对注册商标有效性的认定仅具有个案效力。③ 我认为,权利人可以尝试通过《反不正当竞争法》来保护自身合法权益,通过判断商品整体的包装、装潢的使用时间的先后来解决此类问题。如果权利人的商品的包装、装潢使用在先,并且该包装、装潢中含有特定被侵权的注册商标,则权利人可以利用商品包装、装潢使用在先的权利去对抗被控侵权人的注册商标侵权。例如,在百威公司诉河南新华雪啤酒有限公司等侵害商标权及擅自使用与他人有一定影响的商品包装近似的标识纠纷一案(2021)苏 02 民初 660 号就可以佐证这一观点。在本案中,被告主张原

---

① 苗奕凡:《注册商标无效宣告案件救济模式之完善》,载《行政与法》2022 年第 6 期。
② 刘华俊:《知识产权诉讼制度研究》,法律出版社 2012 年版,第 88 页。
③ 苗奕凡:《注册商标无效宣告案件救济模式之完善》,载《行政与法》2022 年第 6 期。

告百威公司的涉案商标标识已经涵盖了包装潢的主要部分,可以通过商标权实现维护目的,百威公司关于不正当竞争方面的主张不应得到支持。然而法院认为,原告百威公司主张的其有一定影响力的商品包装是由文字、色彩、图案所构成的整体,部分涉案商标图案仅是其中一部分,两者之间并非是重合关系,百威公司主张的涉案包装在反不正当竞争法框架下所形成的相关权益独立于涉案商标权,百威公司在主张商标侵权的同时,有权主张被诉侵权商品构成不正当竞争。可见,侵害在先存在的有一定影响的商品的包装、装潢,并且该包装、装潢中含有特定的注册商标的情况下,权利人也可以寻求《反不正当竞争法》的保护。

  特别注意的是,在民事诉讼程序与行政程序存在交叉的情况下,当事人在对专利、商标等知识产权提起行政无效时,要尽可能全面地搜集相关权利无效的证据,争取一次行政无效程序就能实现对专利权、商标权的无效宣告,避免重复提起行政无效程序,浪费司法资源。此外,为了加快审理程序,国家知识产权局公布了《专利优先审查管理办法》。《专利优先审查管理办法》中规定,针对无效宣告案件涉及的专利发生侵权纠纷,当事人已请求地方知识产权局处理、向人民法院起诉或者请求仲裁调解组织仲裁调解的无效宣告案件,可以请求进行优先审查。实务中行政行为所认定事实经常会成为后续民事诉讼中的待证事实,但长期以来法规范层面对于行政行为所认定事实在后诉效力之规定付之阙如,2020 年 11 月最高人民法院施行的《知产证据规定》第 6 条首次明确了知识产权行政行为所认定事实在后诉中的相对免证效力。[①] 因此,权利人可以充分利用专利权优先审查程序及时提出申请,进一步缩短审理程序。

[①] 张海燕:《知识产权行政行为所认定事实在民事诉讼中的效力》,载《法学论坛》2022 年第 3 期。

第五章 知識產權一體化保護相關案件分析

第五章
知识产权一体化保护相关案件分析

一、开平味事达调味品有限公司诉开平市家常用调味品有限公司、莆田市冠超商贸有限公司著作权权属、侵权纠纷案

（一）案情简介

原告开平市味事达调味品有限公司（以下简称"味事达公司"）成立于1996年，经营范围包括生产、销售及出口酿造酱油、调味料（液体）。原告于2001年申请了CN01332784.4味事达酱油标贴的专利，于2001年将此标贴投入商业用途，并于2014、2015年在公共领域宣传味事达酱油标贴。原告的注册商标"味事达Master"于2008年，被国家工商总局认定为了"中国驰名商标"。原告的味事达酱油标贴是美术作品，具有一定的独创性，原告自作品创作完成时即取得味事达酱油标贴的著作权。

本案为原告味事达公司诉被告开平市家常用调味品有限公司（以下简称"家常用公司"）、莆田市冠超商贸有限公司（以下简称"冠超公司"）著作权权属、侵权纠纷一案。原告请求判令家常用公司、冠超公司立即停止侵犯味事达公司标贴的著作权，即停止复制、发行侵权产品并赔偿味事达公司的经济损失和合理维权费用。

原告主张享有味事达酱油标贴的著作权，涉案侵权产品侵害原告味事达公司酱油标贴的著作权，整体颜色布局、图其形结构、文字排列均与味事达酱油标贴一致。原告仅针对侵权的"家常乐味极鲜酱油"150 ml瓶身标贴的著作权主张权利。家常用公司是涉案侵权产品的生产商和销售商，冠超公司是涉案侵权产品的销售商，应依法承担侵权责

任。原告购买被诉侵权产品有上海市徐汇公证处出具的(2019)沪徐证经字第13105号公证书为据,被告于原告注册地和经营范围相同,且被告的法定代表人曾在原告公司任职,可见攀附意图明显。

被告辩称,原告主张的味事达公司标贴不能作为美术作品进行保护,且被答辩人注册使用的"味事达"商标的标贴和装潢系行业内通用标贴和装潢,不会引起消费者的混淆。被告认为其不存在侵权行为且原告提出的损失缺少事实依据。

本案的焦点问题为:(1)原告诉请保护的商品标贴是否系美术作品;(2)若确受《著作权法》保护,被诉侵权商品标贴是否侵犯了原告享有的著作权;(3)如果构成侵权,二被告应如何承担民事责任。

法院认为味事达公司的"标贴"具有独创性,可以作为美术作品进行保护,且味事达公司应当视为作者。其次,被控侵权150 ml家常樂"味极鲜"商品系与味事达公司美术作品整体特征实质性相似,在未经味事达公司许可的情形下,家常乐公司生产被控侵权商品的行为构成对原告作品复制权的侵犯,而家常乐公司、冠超商贸公司销售该商品的行为构成对原告作品发行权的侵犯。家常用公司擅自在其生产、销售的商品上使用味事达公司主张美术作品的标贴,应就其侵犯原告作品复制权、发行权的侵权行为承担停止侵害、赔偿损失的民事责任。冠超公司在经营的超市销售使用了被诉侵权商品,应停止销售、销毁库存。但其并未与家常用公司合谋共同在商品上使用被诉侵权标贴,故其与家常用公司不构成共同侵权。味事达公司未举证证实冠超公司明确知道该商品系侵权商品、冠超公司具有主观恶意,故其主张冠超公司承担赔偿责任,本院不予支持。

(二)原告(味事达公司)一审主要观点

1. 开平味事达酱油标贴为美术作品,原告享有开平味事达酱油标贴的著作权

原告开平味事达酱油标贴是美术作品,具有一定的独创性,原告自作品创作完成时即取得味事达酱油标贴的著作权。原告于2001年申

请了 CN01332784.4 味事达酱油标贴的专利,于 2001 年将此标贴投入商业用途,2004 在报纸上刊登过广告,并于 2014、2015 年在公共领域宣传味事达酱油标贴。本案中,曾隆生是原告当年的法定代表人,为完成原告分配的任务而设计了味事达酱油标贴,且主要是利用原告的物质条件创作的,并由原告承担责任。原告是外观专利的权利人,对外宣传的媒体也标记了原告的名称,符合《中华人民共和国著作权法》(2010 修正)第十一条"著作权属于作者,本法另有规定的除外。创作作品的公民是作者。由法人或者其他组织主持,代表法人或者其他组织意志创作,并由法人或者其他组织承担责任的作品,法人或者其他组织视为作者。如无相反证明,在作品上署名的公民、法人或者其他组织为作者。"的规定,因此,该味事达酱油标贴的著作权由原告享有,这符合著作权法的要求,应当受到保护。

2. 被告开平市家常用调味品有限公司已经构成对开平味事达酱油标贴著作权的侵犯,应当承担侵权责任

对于是否构成开平味事达酱油标贴著作权的侵犯,需要满足两个标准:一是"接触",即接触开平味事达酱油标贴的机会;二是"实质相似",即应受著作权保护部分实质相似。并不包括消费者是否混淆的标准。

首先,被告开平市家常用调味品有限公司公司法定代表人黄永健承认其曾在味事达调味品公司工作过一段时间,并担任开平味事达公司的厂长,因此被告一对于原告"味事达味极鲜"酱油标贴极为熟悉,因此,被告家常用公司具有侵犯开平味事达酱油标贴著作权的"接触"条件。

其次,涉案侵权产品与原告开平味事达酱油标贴实质相似。味事达酱油标贴主要元素为黄色和砖红色背景底色,由小到大三个圆圈内的美术字"味极鲜"文字。黄色背景位于左侧、砖红色背景位于右侧,在整个标贴的中部偏右位置以弧线分割;半扇型图案少部分与砖红色背景重合;被告涉案侵权产品与原告开平味事达酱油标贴无论是整体视觉效果,还是单个细节设计,抑或是艺术和美术角度,涉案侵权产品与原告味事达酱油标贴极为相似。

3. 原告"味事达味极鲜"酱油标贴具有极强的独创性和特有性,并不是被告一认为的酱油标贴设计"具有通用性,不具有独创性"

首先,被告开平市家常用调味品有限公司当庭提交的现有销售的另一个产品,并不是原告开平味事达所主张的权利基础。原告所主张的开平味事达酱油标贴,具有显著特征,其上"味极鲜"三个字带有圆圈且具有艺术字特征,与被告当庭提交的产品并不相同。原告所主张的权利基础,为CN01332784-瓶贴外观设计专利所示标贴。

其次,原审中被告提出的味事达酱油标贴采用元素具有通用性,这一观点没有事实和法律根据。

开平味事达酱油标贴整体设计,有其独有的特色。原告在原审中提交了充足的证据证明"味事达味极鲜"酱油标贴的独创性,并详细说明了"味事达味极鲜"酱油标贴特征如下,足以证明其具有独创性:

(1)标贴为左部黄色,右部砖红色,黄色部分面积大于砖红色部分,黄红色之间由弧线分割。

(2)标贴中上部为紫色扇形图案。

(3)标贴靠左下部,有竖排、带圈、黑色、手写行书体"味极鲜"三字,三字字号上小下大。

庭审中曾提及的"海天味极鲜"酱油、"东古味极鲜"酱油,其同原告"味事达味极鲜"的商品标贴存在明显的区别,知名知识产权专家李顺德教授和冀瑜副教授,对上述提到的"海天味极鲜"酱油、"东古味极鲜"酱油、"珠江桥"酱油及"家常樂"酱油,就产品外包装设计、分布、字体、图案、颜色及整体效果等方面进行了分析比对,两位教授都认为除"家常樂"酱油产品外,其余产品与"味事达味极鲜"酱油有明显的不同。这说明了"味事达味极鲜"商品标贴的整体视觉效果已经体现出了具有区别其他同类产品的独创性特征。

再有,在查找相似的案件时,与本案同属酱油品类的案件,原告方发现在佛山市海天调味食品股份有限公司、浙江中味酿造有限公司与仪陇县中味食品有限公司不正当竞争纠纷一案中,江苏省高级人民法院[(2019)苏民终212号]认为,虽然在食品行业中,红、黄、绿系常用的装潢颜色,但并不意味着这三种颜色相互间及与其他设计要素间的具体组合使用方式即是单一或有限的。其设计空间极大,可以有多种组合搭配,包括各要素的位置、大小、比例等。同时海天黄豆酱产品在中国境内已具有一定的知名度,为广大消费者所熟知并成为其选择的重要因素,故不能认为海天黄豆酱产品包装、装潢属于行业内惯常设计。

"味事达"系列商标已被认定为驰名商标,在全国境内都具有一定的知名度。"味事达味极鲜"又是系列产品的最主要的产品,若原审法院认为"味事达"酱油标贴设计是行业内惯常设计,具有通用性,那么原审法院的判决与专家鉴定意见、江苏省高级人民法院判决就形成了明显的冲突。

此外,在最高院审理的意大利费列罗公司与蒙特莎(张家港)食品有限公司、天津经济技术开发区正元行销有限公司不正当竞争纠纷案一案中,最高院认为,尽管原告请求保护的费列罗巧克力使用的包装装潢中的各要素系由一系列食品包装行业中的通用的包装、装潢元素组成,但是由于包装装潢(如标签的尺寸、图案、构图方法等)具有很大的自由设计空间。在可以自由设计的范围内,将包装、装潢各要素独特排列组合,使其具有区别商品来源的显著特征,可以构成商品特有的包装、装潢。费列罗巧克力所使用的包装、装潢因其构成要素在文字、图形、色彩、形状、大小等方面的排列组合具有独特性,形成了显著的整体形象,且与商品的功能性无关,具有一定的独创性。

(三)法学原理及分析

1.《中华人民共和国著作权法》第三条规定:本法所称的作品,是指文学、艺术和科学领域内具有独创性并能以一定形式表现的智力成果,包括:……(四)美术、建筑作品。

第十条第五款、第六款规定:著作权包括下列人身权和财产权:(五)复制权,即以印刷、复印、拓印、录音、录像、翻录、翻拍等方式将作品制作一份或者多份的权利;(六)发行权,即以出售或者赠与方式向公众提供作品的原件或者复制件的权利。

法条分析:开平味事达酱油标贴是美术作品,具有一定的独创性。本案中,经比对,被控侵权 150 ml 家常樂"味极鲜"商品系与味事达公司美术作品整体特征实质性相似,在未经味事达公司许可的情形下,家常乐公司生产被控侵权商品的行为构成对原告作品复制权的侵犯,而家常乐公司、冠超商贸公司销售该商品的行为构成对原告作品发行权的侵犯。

2.《中华人民共和国著作权法》第十一条规定:著作权属于作者,本法另有规定的除外。创作作品的自然人是作者。由法人或者非法人组织主持,代表法人或者非法人组织意志创作,并由法人或者非法人组织承担责任的作品,法人或者非法人组织视为作者。

第十六条规定:公民为完成法人或者其他组织工作任务所创作的作品是职务作品,……有下列情形之一的职务作品,作者享有署名权,著作权的其他权利由法人或者其他组织享有,法人或者其他组织可以给予作者奖励:(一)主要是利用法人或者其他组织的物质技术条件创作,并由法人或者其他组织承担责任的工程设计图、产品设计图、地图、计算机软件等职务作品;(二)法律、行政法规规定或者合同约定著作权由法人或者其他组织享有的职务作品。

法条分析:结合本案,曾隆生是原告当年的法定代表人,为完成原告分配的任务而设计了味事达酱油标贴,且主要是利用原告的物质条件创作的,并由原告承担责任。原告是外观专利的权利人,对外宣传的媒体也标记了原告的名称,符合《著作权法》的规定,因此,该味事达酱油标贴的著作权由原告享有,这符合著作权法的要求,应当受到保护。

3.《中华人民共和国著作权法》第五十三条规定:有下列侵权行为的,应当根据情况,承担本法第五十二条规定的民事责任;侵权行为同时损害公共利益的,由主管著作权的部门责令停止侵权行为,予以警告,没收违法所得,没收、无害化销毁处理侵权复制品以及主要用于制作侵权复制品的材料、工具、设备等,违法经营额五万元以上的,可以并处违法经营额一倍以上五倍以下的罚款;没有违法经营额、违法经营额难以计算或者不足五万元的,可以并处二十五万元以下的罚款;构成犯罪的,依法追究刑事责任:(一)未经著作权人许可,复制、发行、表演、放映、广播、汇编、通过信息网络向公众传播其作品的,本法另有规定的除外。

法条分析:结合本案,家常用公司未经著作权人许可,生产被控侵权商品的行为构成对原告作品复制权的侵犯,而家常乐公司、冠超商贸公司销售该商品的行为构成对原告作品发行权的侵犯。因此,家常用公司、冠超公司应当承担停止侵权、赔偿损失和消除影响的侵权责任。

4.《中华人民共和国著作权法》第五十四条第一款、第二款、第三款规定:犯著作权或者与著作权有关的权利的,侵权人应当按照权利人因此受到的实际损失或者侵权人的违法所得给予赔偿;权利人的实际损失或者侵权人的违法所得难以计算的,可以参照该权利使用费给予赔偿。对故意侵犯著作权或者与著作权有关的权利,情节严重的,可以在按照上述方法确定数额的一倍以上五倍以下给予赔偿。权利人的实际损失、侵权人的违法所得、权利使用费难以计算的,由人民法院根据侵权行为的情节,判决给予五百元以上五百万元以下的赔偿。赔偿数额还应当包括权利人为制止侵权行为所支付的合理开支。

法条分析:本案中,被告家常用公司在明知该设计的情况下未经许可,擅自复制、发行与原告味事达酱油标贴几乎相同的涉案侵权产品,对原告多款产品进行侵权,且长期持续模仿,通过该设计的高知名度谋取不正当利益。由此可见,被告常用公司赔偿原告经济损失及合理维权费用于法有据。

法条分析:结合本案,被告家常用公司、冠超公司未取得原告许可,且不具有本法所规定的不经权利人许可而可以使用的情形,故被告家常用公司、冠超公司应为其侵权行为承担相应的法律责任。

5.《中华人民共和国最高人民法院关于审理著作权民事纠纷案件适用法律若干问题的解释》第七条第一款、第二款规定:当事人提供的涉及著作权的底稿、原件、合法出版物、著作权登记证书、认证机构出具的证明、取得权利的合同等,可以作为证据。在作品或者制品上署名的自然人、法人或者非法人组织视为著作权、与著作权有关权益的权利人,但有相反证明的除外。

法条分析:结合本案,原告提交的CN01332784-瓶贴、味事达味极鲜新包装上市的海报及宣传味事达味极鲜的杂志、报纸可以作为证据使用。原告是味事达酱油标贴外观专利的权利人,对外宣传的媒体也标记了原告的名称,因此,该味事达酱油标贴的著作权由原告享有,应当受到保护。

6.《中华人民共和国著作权法》第五十九条：复制品的出版者、制作者不能证明其出版、制作有合法授权的，复制品的发行者或者视听作品、计算机软件、录音录像制品的复制品的出租者不能证明其发行、出租的复制品有合法来源的，应当承担法律责任。在诉讼程序中，被诉侵权人主张其不承担侵权责任的，应当提供证据证明已经取得权利人的许可，或者具有本法规定的不经权利人许可而可以使用的情形。

《中华人民共和国最高人民法院关于审理著作权民事纠纷案件适用法律若干问题的解释》第十九条规定：出版者、制作者应当对其出版、制作有合法授权承担举证责任，发行者、出租者应当对其发行或者出租的复制品有合法来源承担举证责任。举证不能的，依据《著作权法》第四十七条、第四十八条的相应规定承担法律责任。

法条分析：结合本案，家常用公司未经著作权人授权而生产被控侵权商品，侵犯了原告的复制权，而冠超公司可以提供合法来源，法院认定其不具有主观侵权恶意，故味事达公司要求其承担赔偿责任的诉请不予支持。

7.《中华人民共和国最高人民法院关于审理著作权民事纠纷案件适用法律若干问题的解释》第二十五条第一款、第二款规定：权利人的实际损失或者侵权人的违法所得无法确定的，人民法院根据当事人的请求或者依职权适用著作权法第四十九条第二款的规定确定赔偿数额。人民法院在确定赔偿数额时，应当考虑作品类型、合理使用费、侵权行为性质、后果等情节综合确定。

第二十六条规定：《著作权法》第四十九条第一款规定的制止侵权行为所支付的合理开支，包括权利人或者委托代理人对侵权行为进行调查、取证的合理费用。人民法院根据当事人的诉讼请求和具体案情，可以将符合国家有关部门规定的律师费用计算在赔偿范围内。

法条分析：本案中，被告家常用公司未经原告许可，在其生产、销售的酱油瓶身标贴使用原告享有著作权的美术作品，属于商业性使用，其行为构成对原告涉案美术作品复制权和发行权的侵犯。因此，家常用公司应当承担停止侵权、赔偿损失和消除影响的侵权责任，并赔偿原告维权的合理开支。

（四）相关法律文书

福建省莆田市中级人民法院
民事判决书

（2021）闽03民初357号

原告：开平味事达调味品有限公司，住所地：广东省开平市三埠区新昌立新南路8号，统一社会信用代码914407006177756254M。

被告：开平市家常用调味品有限公司，住所地：广东省开平市长沙区八一开发区13号，统一社会信用代码91440783724387917Q。

被告：莆田市冠超商贸有限公司，住所地：福建省莆田市荔城区镇海街道延寿南街609号一层101室及天妃路751号地下一层，统一社会信用代码913503043993645341。

原告开平味事达调味品有限公司(以下简称味事达调味品公司)与被告开平市家常用调味品有限公司(以下简称家常用调味品公司)、莆田市冠超商贸有限公司(以下简称冠超公司)著作权权属、侵权纠纷一案，本院于2021年5月7日立案后，依法适用普通程序，于2021年8月9日公开开庭进行了审理。本案现已审理终结。

味事达调味品公司向本院提出诉讼请求：1.依法判令家常用公司、冠超公司立即停止侵犯味事达公司标贴的著作权，即停止复制、发行侵权产品；2.判令家常用公司、冠超公司共同连带赔偿味事达公司经济损失和合理维权费用共计人民币1000000元，其中经济损失800000元和合理维权费用200000元；3.判令家常用公司、冠超公司就其侵权行为在《中国消费者报》上刊登声明，消除侵权影响。庭审时味事达调味品公司变更第二项诉讼请求为：判令家常用公司、冠超公司共同连带赔偿味事达公司经济损失和合理维权费用共计人民币500000元，其中经济损失300000元和合理维权费用200000元。并在庭审时变更、补充事实与理由如下：

一、原告据以维权的权利基础味事达公司标贴的著作权。原告自作品创作完成时即取得味事达酱油标贴的著作权。原告于2001年申请了CN01332784.4味事达酱油标贴的专利,于2001年将此标贴投入商业用途,并于2014、2015年在公共领域宣传味事达酱油标贴。根据《中华人民共和国著作权法》(以下简称《著作权法》)第十六条规定,公民为完成法人或者其他组织工作任务所创作的作品是职务作品,有下列情形之一的职务作品,作者享有署名权,著作权的其他权利由法人或者其他组织享有,法人或者其他组织可以给予作者奖励:(一)主要是利用法人或者其他组织的物质技术条件创作,并由法人或者其他组织承担责任的工程设计图、产品设计图、地图、计算机软件等职务作品;(二)法律、行政法规规定或者合同约定著作权由法人或者其他组织享有的职务作品。综上所述,作者为完成法人提出的工作任务而创作的作品构成职务作品。著作权原则上由法定代表人享有,法人有权在其业务范围内优先使用。但法定代表人创作的作品主要是利用法人的物质技术条件而创作,并由法人承担责任的工程设计图、产品设计图、地图、计算机软件等职务作品或者法律、行政法规规定或者合同约定著作权由法人享有的职务作品,法定代表人享有署名权,著作权的其他权利由法人享有,法人可以给予法定代表人奖励。结合本案,曾隆生是原告当年的法定代表人,为完成原告分配的任务而设计了味事达酱油标贴,且主要是利用原告的物质条件创作的,并由原告承担责任。原告是外观专利的权利人,对外宣传的媒体也标记了原告的名称,符合《著作权法》的规定,因此,该味事达酱油标贴的著作权由原告享有,这符合著作权法的要求,应当受到保护。

二、涉案侵权产品侵害原告味事达公司酱油标贴的著作权。原告仅针对侵权的"家常乐味极鲜酱油"150 ml瓶身标贴的著作权主张权利,不主张四方形以及桶装酱油瓶的侵权责任。被控侵权产品"家常乐味极鲜酱油"150 ml酱油标贴与原告"味事达味极鲜"酱油标贴的比对①:

---

① 部分内容参见(2020)粤07民初79号案件的当事人即代理人的意见。

原告作品:"味事达味极鲜"商品的标贴	被告产品:"家常乐味极鲜" 150 ml 商品的标贴	比对结果
A 瓶装标贴主视图  (1) 标贴整体为左部黄色,右部砖红色,黄色部分面积大于砖红色部分,黄红色之间由向右逐渐弯曲的优美弧线分割 (2) 标贴中上部为紫色扇形图案,扇形图案中有亮黄色的中英文字 (3) 标贴靠左下部,有竖排、带圈、黑色、手写行书艺术字体"味极鲜"三字,三字字号由上至下,逐渐变大	A 瓶装标贴主视图  (1) 标贴整体为左部黄色,右部砖红色,黄色部分面积大于砖红色部分,黄红色之间也由向右逐渐弯曲的优美弧线分割 (2) 标贴中上部为紫色扇形图案,扇形图案中有亮黄色的中英文字 (3) 标贴靠左下部,有竖排、带圈、黑色、手写行书艺术字体"味极鲜"三字,三字字号由上至下,逐渐变大	基本相同,特别是艺术字"味极鲜"完全一样,艺术字享有著作权,也受著作权保护
B 瓶装标贴左视图  (1) 标贴背景为黄色底色,装潢背景上有砖红色文字 (2) 最下方为成分表	B 瓶装标贴左视图 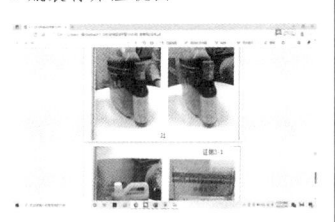 (1) 标贴背景为黄色底色,装潢背景上有砖红色文字 (2) 最下方为成分表	艺术与美术效果完全相同

续　表

原告作品:"味事达味极鲜"商品的标贴	被告产品:"家常乐味极鲜"150 ml 商品的标贴	比对结果
C 瓶装标贴右视图	C 瓶装标贴右视图	基本相同
瓶贴背景为砖红色底色,装潢背景为上有黄色文字。下方标有该商标的条形码	瓶贴背景为砖红色底色,装潢背景为上有黄色文字。下方标有该商标的条形码	

　　味事达酱油标贴属于美术作品。由图案、色彩、文字构成。主要元素为黄色和砖红色背景底色;半扇型、紫色的图案及半扇形图案中亮黄色的中英文字;由小到大三个圆圈内的美术字"味极鲜"文字。黄色背景位于左侧、砖红色背景位于右侧,在整个标贴的中部偏右位置以弧线分割;半扇型图案少部分与砖红色背景重合;味极鲜文字位于注册商标左下方。原告味事达酱油瓶贴的整体颜色布局、图形结构、文字排列组合创意独特、色彩鲜明,给人以深刻的视觉印象。涉案侵权产品采用了与原告味事达酱油标贴几乎相同的设计,即采用黄色和砖红色背景底色,半扇型、紫色的图案及半扇形图案中亮黄色的中英文字、由小到大三个圆圈内的"味极鲜"文字,特别强调的是美术字也完全相同,半扇型图案与黄红色分割弧线重合。其整体颜色布局、图形结构、文字排列均与味事达酱油标贴一致。原告仅针对侵权的"家常乐味极鲜酱油"150 ml 瓶身标贴的著作权主张权利,不主张四方形以及桶装酱油瓶的侵权责任。涉案侵权产品酱油标贴与原告味事达酱油标贴相比,一方面,

从整体角度来看,除商标名称不同外,整体颜色、图形结构、文字排列等所有细节均完全相同,且涉案侵权产品与原告味事达酱油标贴整体颜色都为黄色和红色,左部为黄色,右部为砖红色,黄色部分面积大于砖红色部分,黄红色之间由弧线分割。另一方面,除去所有的文字信息,从艺术和美术角度来看,图案、色彩、美术文字等重要要素,涉案侵权产品与原告味事达公司酱油标贴完全相同。综上所述,无论是整体视觉效果,还是单个细节设计,抑或是艺术和美术角度,涉案侵权产品与原告味事达酱油标贴极为相似,已构成对原告味事达酱油标贴著作权的侵害。三、被告应当承担的责任。(一)家常用公司是涉案侵权产品的生产商和销售商,冠超公司是涉案侵权产品的销售商,应依法承担侵权责任。根据原告的证据显示,涉案侵权产品标贴上印有"家常用调味品有限公司"的字号。《最高人民法院关于产品侵权案件的受害人能否以产品的商标所有人为被告提起民事诉讼的批复》(法释〔2020〕20号)指出:任何将自己的姓名、名称、商标或者可资识别的其他标识体现在产品上,表示其为产品制造者的企业或个人,均属于《中华人民共和国民法典》和《中华人民共和国产品质量法》规定的"生产者"。故根据该法律规定和相关事实,家常用公司应当被认定为涉案侵权产品的生产商。因此家常用公司是涉案侵权产品的生产商,即侵犯了原告味事达酱油标贴的复制权。冠超公司通过家常用公司销售涉案侵权产品,因此冠超公司、家常用公司是涉案侵权产品的销售商,即侵犯了原告味事达酱油标贴的发行权。《中华人民共和国民法典》第一千一百八十五条规定,故意侵害他人知识产权,情节严重的,被侵权人有权请求相应的惩罚性赔偿。《著作权法》第四十八条规定:有下列侵权行为的,应当根据情况,承担停止侵害、消除影响、赔礼道歉、赔偿损失等民事责任;同时损害公共利益的,可以由著作权行政管理部门责令停止侵权行为,没收违法所得,没收、销毁侵权复制品,并可处以罚款;情节严重的,著作权行政管理部门还可以没收主要用于制作侵权复制品的材料、工具、设备等;构成犯罪的,依法追究刑事责任:(一)未经著作权人许可,复制、发行、表演、放映、广播、汇编、通过信息网络向公众传播其作品的,本法另有规定的除外。《民法典》第一千一百六十八条规定:二人以上共同实施侵权行为,造成他人损害的,应当承担连带责任。《著作权法》第四十九条规定:侵犯著作权或者与著作权有关的权利的,侵权人应当按照权利人的实际损失给予赔偿;实际损失难以计算的,可以按照侵权人的违法所得给予赔偿。赔偿数额还应当包括权利人为制止侵权行为所支付的合理开支。权利人的实际损失或者侵权人的违法所得不能确定的,由人民法院根据侵权行为的情节,判决给予五十万元以下的赔偿。《最高人民法院关于审理著作权民事纠纷案件具体适用法律若干问题的解释》第二十五条规定:权利人的实际损失或者侵权人的违法所得无法确定的,人民法院根据当事人的请求或者依职权适用著作权法第四十八条第二款的规定确定赔偿数额。人民法院在确定赔偿数额时,应当考虑作品类型、合理使用费、侵权行为性质、后果等情节综合确定。被告家常用公司、冠超公司未经原告许可,在其生产、销售的酱油瓶身标贴使用原告享有著作权的美术作品,属于商业性使用,其行为构成对原告涉案美术作品复制权和发行权的侵犯。因此,家常用公司、冠超公司应当连带承担停止侵权、赔偿损失和消除影响的侵权责任,并共同赔偿原告维权的合理开支。

(二)本案所主张的赔偿金数额的考量因素。1.原告权利知名度高,被告家常用公司、冠超公司线下销售渠道众多,侵权时间长,侵权情节严重,对原告的经济收益、社会评价及市场商誉造成了严重损害。原告味事达公司以科技创新和优异品质屡获殊荣:"中国名牌"、"中国行业一百强"、"全国食品工业优秀龙头企业"、"广东省模范纳税户"、"广东省先进集体"、"外商投资先进企业"、"全国百家侨资明星企业"等,并被国家工商局认定为"中国驰名商标";原告将名称为"味事达味极鲜,妈妈的味道"的广告视频发布于pp视频;原告将名称为"味事达大手笔签下黄磊,拍大尺度TVC'鲜'声夺人"的宣传文章发布于搜狐网;第三方机构的调研或检索报告主要说明了"味事达"品牌在广东和福建的销售份额及市场渗透率均排名第一;味事达酱油标贴在全国推广和销售的味事达酱油上皆有使用,其独特的设计俨然成为味事达酱油的标志性特征,味事达酱油的品牌亦赋予了该设计较高的市场价值。以上所述均能证明原告味事达公司的知名度。2.被告家常用公司、冠超公司作为同行业竞争者,在明知该设计的情况下未经许可,擅自复制、发行与原告味事达酱油标贴几乎相同的涉案侵权产品,对原告多款产品进行侵权,且长期持续模仿,通过该设计的高知名度谋取不正当利益,贬损了原告的设计,对原告的经济利益和著作权价值造成了负面的影响。家常用公司、冠超公司的攀附意图明显,主观故意、恶意严重。首先,原告和家常用公司均是注册在开平的企业,被告一对于原告味事达酱油标贴理应知悉。其次,家常用公司的法定代理人黄永健曾在原告的公司工作,原告认为其对原告味事达酱油标贴熟知,根据接触加实质性相似规则也可得出,家常用公司的侵权行为主观故意、恶意严重。最后,政府部门公示的味事达公司经营范围包括生产、销售及出口酿造酱油、调味料(液体)。家常用公司经营范围包括生产酱、酿造酱油、酿造食醋、调味料(液体、半固体)等。冠超公司经营范围包括预包装食品兼散装食品、日用百货等。家常用公司、冠超公司和原告同在调味品行业,理应知道作为行业知名企业的原告,并且对原告生产和使用的味事达酱油标贴有所了解。家常用公司、冠超公司在了解行业情况和原告产品的情况下,仍然生产、销售涉案侵权产品,其攀附意图明显,主观故意、恶意严重。综上,恳请法院支持原告的全部诉讼请求。

家常用调味品公司辩称:

一、被答辩人在起诉书中所阐述的味事达公司标贴的著作权,并不属于2021年6月1日起施行的《中华人民共和国著作权法》(以下简称《著作权法》)规定的,达到标准的著作权属。《著作权法》在第一章(即总则)第一条规定的文学、艺术和科学作品作者的著作权,根据第三条"本法所称的作品,是指文学、艺术和科学领域内具有独创性并能以一定形式表现的智力成果"中所罗列的第(一)到(九)项的九方面的详细目录中,开平味事达标贴并不在其中。1. 依据被答辩人在起诉书中的阐述和列举与答辩人使用的家常乐标贴的比对事实中,其实际上只是其所注册的"味事达"商标中,加上一般的图案和文字说明而已,其所谓的标贴只是商标的具体化而已,并不具备独创性,更不是一种智力成果。2. 其使用的标贴以及在标贴印上自己的商标,实际上只是其产品的外包装装潢,其标贴的所谓著作权与法律规定的具有特定含义的著作权相混淆,与市场同时销售的几大著名品牌相比,不具备独创性和具有显著特征,正如《中华人民共和国著作权法实施条例》第二条"……著作权法所称作品,是指文学、艺术和科学领域具有独创性并能以某种有形形式复制的智力成果。"以及第三条"著作权法所称创作,是指直接产生文学、艺术和科学作品的智力活动。"以及该条例第四条规定十三种具体情形,被答辩人所谓的味事达公司酱油标贴而享有的著作权,根本就对不上号。综前所述,其所谓标贴的著作权,只是调味品行业及厂家在市场上广泛使用的、普通的,而不是某个企业所特别享有,更不具备独创性,只是一般的设计及一般的产品包装装潢。

　　二、被答辩人要求停止侵权和赔偿损失,没有任何的事实和法律依据。1. 近十几、二十年以来,国内调味品厂家在市场上广泛使用棕色或深棕色的方形瓶自己生产的调味品以及黄色的包装装潢,这是国内调品味行业上的常用的标贴和包装,而不是某个企业的特有的标贴和包装,像答辩人提供的证据中,不管是"家常用"还是"味事达"或者"海天牌"味极鲜酱油、"东古"牌味极鲜酱油以及"珠江牌"特级御品鲜酱油等几家国内著名的、大型企业,均使用几乎相同的标贴和包装,该种包装装潢是中高端酱油的常用包装,缺乏创造性、显著性和特别性,不具有区分商品来源和生产厂家的作用。但不同的、令消费者没有产生误解的却是这些企业自己注册属于自己的品牌商标。消费者根据商标,便可以清晰地购买到自己喜欢的、不同品牌的调味酱油;2. 被答辩人注册使用的"味事达"商标,其商品的标贴和装潢只使用国内高端产品厂家正常的标贴和装潢,与"东古牌"和"海天"牌一样,标贴和装潢为黄色,全部打上"味极鲜"的广告词,答辩人使用的"家常用"也基本上相同。是不是这几个著名的调味厂家亦可以起诉被答辩人,要求同样的赔偿? 正是每个厂家都用自己注册的品牌商标,重点突出了自己注册点的品牌标记,如"海天"、"东古""家常用"包括"味事达",这都让消费者一看都知道,每个品牌都有其历史性、知名度,即显著性明显,根本不会引起消费者的混淆,更不会误导消费者;3. 所有大品牌的标贴和注册商标(包括答辩人注册的"家常用")在销售中使用国内同类调味品用图形、通用包装,商标权人、无权禁止他人正常使用。答辩人正是使用了自己已经用了十多年的通用包装行为,符合有关的法律规定,不构成对任何和任何厂家的侵权;4. 答辩人从 2004 年 1 月 28 日开始使用自己的标贴和注册商标"家常用",并经连续续期,允许使用到2024 年 1 月 27 日。同时,而且使用国内厂家高端产品相近似的颜色、瓶装,而且产品得到了国家质量认证中心的认证,并且通过了多年的考核,经江门市质监局多年的检验评定为合格产品,更得到消费者以及社会各界的好评,取得良好的声誉,不仅畅销国内,而且出口到国外和香港。综前所述,根据相关的法律规定,答辩人使用自己的标贴和注册商标和通用类型及常用的装潢,不存在对他人的标贴和注册商标造成侵权和损害。

  三、在本案中,被答辩人根本就没有提供证据,证实答辩人和被告二存在共同的侵权行为,被告二只是销售答辩人的产品,也没有提供详细的、切实的证据和数据,证明其实际受到的损失。首先,在本案中,答辩人本身就不存在对其构成侵权行为(如上所述)。其次,被答辩人只提供了其自己的大量的广告宣传、产品介绍,以及品牌证明、荣誉证书等等,这只是其营销策略所采取的措施和行为,但没有相关的、能够证明答辩人存在侵权行为以及相关监督部门诉查处的事实,以证明其诉讼主张;第三,其在本案中,到底有什么损失,有多少损失,这些损失是如何造成和计算的,都没有事实证明。被答辩人所提供的所有证据中,只有几份支付公证费的凭据。综前所述,答辩人在正常使用自己的标贴和注册商标的,进行正常的生产和经营,不存在对被答辩人的侵权。其提起的对答辩人的诉讼苍白无理,是滥用诉权。请法院根据本案的事实,正确适用法律,依法驳回对答辩人的起诉。

冠超商贸公司辩称,同意家常用调味品公司的答辩意见。莆田市涵江联兴贸易有限公司为我司的供应商,案中所提及的商品为莆田市涵江联兴贸易有限公司提供至我司,该司与我们福建冠业投资发展有限公司有签订《供零合作合同》及冠超市与供应商2020年度补充条款(购销),补充条款中有合作的门店为莆田冠超商贸有限公司(简称莆田帝宝店),期限为2020年1月1日始至2020年12月31日止,我司与供应商签订的《供零合作合同》中,该供应商明确保证交付的商品必须是任何第三方不能根据工业产权或其他知识产权或根据《反不正当竞争法》等主张任何权利或要求的商品,我司已经尽力确保出售的产品不存在侵权。对于原告提出的诉求,我司认可该第一被告提出的该产品不存在侵权的答辩意见。根据我司与该供应商之间的约定,如供应商提供的商品存在侵权等问题,相应责任应由供应商承担。因此,如果最终经核实该产品确实存在侵权,也应该由该侵权方及供应商承担侵权责任。该案件,去年在广州开庭,当时接到诉讼案件,就已经全部下架退货不再售卖,我司涉及出售该产品的莆田帝宝店已于2020年8月闭店了,是否实际销售该涉案商品以及销售数量,都已经核实了。同时,即使涉案产品存在侵权,原告的第二项诉求没有任何事实与法律依据。

原告味事达调味品公司围绕诉讼请求在本院指定的举证期限内对其主张提供了如下证据:

第一组证据:原告权利基础证据。

证据1. CN01332784-瓶贴,欲证明原告至少在2001年时已经拥有味事达酱油瓶贴享有著作权。

证据2. 味事达味极鲜新包装上市的海报,欲证明原告于2001年在公共领域将味事达瓶贴投入商业使用,属于已发表的状态。

证据 3. 东方企业文化期刊,欲证明原告在公共领域宣传味事达酱油标贴。

第二组证据:原告知名度证据。

证据 1. 原告知名度各种荣誉证书和奖牌,欲证明 1981 年至 2012 年,原告获得了各种荣誉证书和奖牌。

证据 2. 中国食品工业十年新成就展示会、全国食品行业、中国农业博览会(1994)第 682045 号"味事达 Master"商标权利证书。

证据 3. (2008)国家工商行政管理总局商标驰字[2008]第 135 号关于认定"味事达 Master"商标为驰名商标的批复。

证据 4. (2010)江门中院(2008)江中法知初字第 123 号民事判决书。

证据 5. (2010)广东省高级人民法院(2010)粤高法民三终字第 418 号民事判决书。

证据 2-5 欲证明原告的"味事达味极鲜"商品涉及的商标的注册情况,亦能证明原告的"味事达"品牌和商品的知名度。

证据 6. 各视频网站上的味事达广告,欲证明 2001 年至 2019 年,原告邀请黄磊、孙莉、吴磊等明星拍摄的味事达广告宣传片在"爱奇艺"、"腾讯"、"优酷"、"土豆"等网络平台上播放。

证据 7. (2014)对揭阳市地都镇土尾村制造假冒"味事达"酱油窝点的调查打击报告。

证据 8. (2015)对汕头市市澄海区隆都镇前美村制造假冒"味事达"酱油窝点的调查打击报告。

证据 9. (2016)对汕头市潮南区两英镇陈库村制造假冒"味事达"酱油窝点的调查打击报告。

证据 10. (2017)深圳市龙华区惠丰批发部及关联仓库储存假冒味事达味极鲜酱油行政案件打击报告。

证据 11. (2018)对揭阳惠来县仙庵镇及靖海镇制造假冒"味事达"酱油窝点的调查打击报告。

证据 7-11 欲证明原告就"味事达味极鲜"商品的相关维权,可以证明"味事达"商品及其瓶贴的影响和知名度。

证据 12.（2019）央视市场研究股份有限公司凯度消费者指数研究数据声明（销售额份额）。

证据 13.（2019）央视市场研究股份有限公司凯度消费者指数研究数据声明（销售额份额和渗透率）。

证据 14.（2020）央视市场研究股份有限公司企业信用信息公示页面。

证据 12-14 欲证明第三方机构的调研或检索报告，欲证明原告品牌和商品的知名度。

第三组证据。被告侵权行为证据。

证据 1. 2019.12.9 公证书（冠超公司销售涉案侵权产品的情况）。

证据 2. 2021.4.27 公证书（莆田"6+3 购物广场"销售涉案侵权产品的情况）。

证据 1-2 欲证明被告的涉案侵权行为。

第四组证据：被告故意侵权及责任承担。

证据 1.（2020）粤 07 民初 79 号庭审笔录，被告法定代表人曾在原告公司工作，欲证明被告的恶意侵权以及相关合理费用。

第五组证据：与本案类似案件的判决书。

证据 1.（2018）冀民终 655 号。

证据 2.（2019）冀民终 245 号。

证据 3.（2020）陕 01 知民初 1158 号。

证据 4.（2020）湘 01 民终 11513 号。

证据 1-4 欲证明原告的字体也应受著作权保护。

第六组证据：酱油外包装标贴调研报告及李顺德、冀瑜基于标贴的专家意见，欲证明中国科学院上海科技查新咨询中心的研究人员基于所调查到的事实及李顺德、冀瑜两位专家的意见，得出结论："家常乐"酱油的标贴与"味事达味极鲜"酱油的标贴基本相同。

第七组证据：原告支出合理费用、恶意度、原告之前法定代表人任职时间与专利授权时间对应。证据 1.《上海增值税专用发票》原告在诉讼中所支出的律师费用，欲证明原告所支出的合理必要费用,应当由被告承担;证据2.广东江门中院庭审笔录,欲证明被告一曾经是原告公司的员工、侵权恶意度明显;证据3.原告外观专利申请时间及工商营业执照原告之前法定代表人任职时间与专利授权时间对应,说明是职务作品。

家常用调味品公司、冠超商贸公司质证认为,对除了专家意见外的所有证据的真实性、合法性均予认可,对关联性都不予认可。第一组、第二组证据只能证明原告作为企业进行的标签装潢的宣传广告,奖牌、荣誉和证书与本案无关。第三组、第四组证据证明不了被告构成侵权,理由见我方提供的证据目录。第五、第六、第七与本案无关,都是原告为了自己销售做的宣传措施。专家意见是由原告花钱买的,有营利性质,意见有主观性。

本院审查认为,因第三组证据中的证据2原告证据保全的对象并非被告冠超公司,故本院不予审查该证据。除此之外,味事达公司提供的第一组、第二组、第三组、第四组证据真实性、合法性可以确认,至于与本案有关的证明内容,详见本院认定的事实部分。第五组证据因与本案缺乏关联性,本院不作认定。第六组证据调研报告以及专家咨询意见的出具者均未到庭接受质证,本院仅将其作为认定事实的参考,不作为认定案件事实的证据采信。第七组证据中的证据1律师费发票购买方名称与原告主体不符,且未能提供委托代理合同、转账凭证相互印证,本院不予采信。证据2真实性、合法性可以确认。证据3的"三性"可以确认。

家常用调味品公司提供了如下证据:

证据1.江门市中级人民法院(2020)粤07民初79号民事判决,欲证明开平味事达调味品有限公司以相类似的事实起诉答辩人要求赔偿而被驳回的事实。

证据2.商标注册证、核准续展注册证明,欲证明家常用调味品公司从2004年1月28日开始使用自己的标贴、包装装潢和注册商标,并续期至2024年1月27日。使用"家常用"商标和标贴已长达16年之久,期间从来没有收到任何单位的侵权投诉或起诉。

证据 3. 食品生产许可证、食品生产许可证品种明细表。欲证明家常用公司生产的酱油等调味产品已取得合法凭证。

证据 4. 出口食品生产企业备案证明，欲证明家常用公司生产的名牌和品牌产品已经得到了出口国外和香港的许可。

证据 5. 质量管理体系认证证书、HACCP 体系认证证书、监督审核合格通知书，欲证明家常用公司生产的"家常用"系列名牌产品得到了国家质量认证中心的认证，并且通过了每年的年度审核。

证据 6. 产品质量监督检验合格证书、检验报告，欲证明家常用公司生产的"家常用"名牌产品经江门市质量技术监督局多年的检验均评定为合格产品，公司生产的产品质量稳定和可靠。

证据 7. 荣誉证书、聘书、感谢状、单位会员证书，欲证明家常用公司及公司法人黄永健先生，在公司经营和生产的"家常用"系列各注册产品（包括标贴），得到社会各界的好评，取得了良好的声誉。

证据 8. 系列相片，欲证明家常用公司在 2002 年 1 月被评为开平市民营先进企业、在 2005 年 4 月评为重合同重信用企业，2006 年评为先进集体，在 2007 年"真武庙美食城杯"首届泉州市私房菜电视大赛中，"家常用酱油"成为唯一指定酱油、2009 年 3 月 28 日生产的味极鲜特级酿造酱油被香港国际美食促进会授予"美味大奖"在 2016 年 7 月被中国出入境检验检疫协会授予"中国质量诚信企业"。同时，亦评为开平市总商会会员。公司在 2009 年在澳门参加"粤西名优产品展销会"，获得高度好评并与特首合影留念，等等。

证据 9. 几家调味品公司生产的产品图片比对（照片）银行收款小票，欲证明通过在江门市大昌超市购买的同类产品，海天、东古、味事达、等现卖产品对比，可以看出，几个名牌产品使用的玻璃瓶几乎相同，使用的标贴、包装装潢和商标的颜色基本一样，差别只是各自使用自己注册的商标。还是国内调味品行业的常用包装而不是某个企业的特有包装。也只有原告一意孤行，对家常用公司提起侵权诉讼，滥用诉权。

味事达公司质证认为,证据1、2真实性、合法性认可,关联性不认可,广东高院正在二审;商标与本案无关联性,我们主张的是著作权;证据3、4、5、6真实性无原件、不认可,合法性认可,关联性不认可,所有证据均无法证明被告一在原告取得著作权之前曾使用过与原告相似的标签。本案被告一的法人获得了多种荣誉,担任各种协会副会长、理事长、会员等,曾经是原告公司的厂长,理应知悉原告有相关知识产权,但被告一并没有,而是在被告一所在公司实际使用标签,与原告的著作权作品基本相同。

冠超公司同意家常用调味品公司的举证意见。

本院审查认为,家常用调味品公司提供的上述证据的真实性、合法性可以确认,至于与本案有关的证明内容,详见本院认定的事实部分。

冠超公司未向本院提交证据。

经庭审举证、质证、认证以及法庭调查,本院认定本案事实如下:

味事达公司成立于1996年9月6日,经营范围包括生产、销售及出口酿造酱油、调味料(液体)。家常用公司成立于2000年6月23日,经营范围包括生产酱、酿造酱油、酿造食醋、调味料(液体、半固体)等。冠超公司成立于2014年5月27日,经营范围包括预包装食品兼散装食品、日用百货等。

2001年7月31日,味事达公司向国家知识产权局申请了申请号为CN01332784.4的"瓶贴"外观设计专利,请求保护的范围包括色彩。

庭审中,味事达公司未提供封存的公证物。味事达公司购买被诉侵权产品有上海市徐汇公证处出具的(2019)沪徐证经字第13105号公证书为据。味事达公司以该份公证书为据,在广东省江门市中级人民法院提起了(2020)粤07民初79号不正当竞争纠纷之诉,在该案中,二被告分别对生产、销售被诉侵权产品并无异议。可以认定2019年12月9日,上海市锦天城律师事务所委托代理人在冠超公司经营的位于福建省莆田市天妃路七五一号的

"冠超市帝宝店"内(店内显示有"莆田市冠超商贸有限公司"字样)现场购买了"家常乐味极鲜酱油1.6 L"2桶及附赠的"家常乐味极鲜酱油150 ml"2瓶、"家常乐味极鲜酱油760 ml"2瓶、"中号购物袋"3个,并对购买过程进行了公证保全。原告主张美术作品(图1、图3)及被诉侵权产品(图2、图4)的瓶贴正侧面分别如下:

根据图片所示,"家常乐味极鲜"酱油的商品标贴左部为黄色,右部为砖红色,黄红色之间采用弧线分割,左部或中部使用了带有彩色圆圈的黑色艺术字体"味极鲜"文字,中上部有紫色扇形图案,图案中有黄色"家常樂 Jiachangle"标识。

家常用公司提交的收款票据显示,其于2021年8月7日在"大昌超市东华店"购买了"胶带"1个、"380 ml海天特级味极鲜酱油"1瓶、"380 ml味事达味极鲜酱油"1瓶、"380 ml东古味极鲜特级酿造酱油"1瓶。(产品正面、侧面)如下图所示:

又查明,味事达公司在 2001 年 7 月 31 日曾就涉案标贴申请外观设计专利,并对对贴有涉案标贴的产品进行了商业宣传。味事达公司产品曾获多项荣誉。家常乐公司在 2004 年开始使用涉案标贴。

另查明,味事达公司为第 682045 号注册商标"味事达 Msater"

第五章 知识产权一体化保护相关案件分析　159

的注册人,该商标核定使用的商品为第 30 类"味精,酱油,酱料,调味粉,汁,醋,豆豉,腐竹,淀粉",现在有效期内,"味事达 Master"商标曾被认定为驰名商标。家常用公司为第 1726735 号注册商标"家常樂 Jiachangle"的注册人,该商标的续展有效期为 2012 年 3 月 7 日至 2022 年 3 月 6 日。

再查明,味事达公司以"味事达味极鲜"商品装潢受到侵害,家常用公司、冠超公司构成不正当竞争为由,于 2020 年 5 月 3 日向广东省江门市中级人民法院提起诉讼,法院驳回味事达公司的诉讼请求。味事达公司不服一审判决,向广东省高级人民法院提出上诉,并在二审中明确请求法院保护的是"味事达味极鲜"商品包装、装潢,包括瓶子的形状以及瓶盖、瓶底的标贴,并称仅限于方形瓶的"味事达味极鲜"商品包装、装潢,排除圆形瓶"味事达味极鲜"商品的包装、装潢;方形酱油瓶在行业内属于通用的包装设计,识别商品的主要部分是装潢。广东省高级人民法院作出判决,认定二被告构成不正当竞争,判令家常用公司应停止在制造、销售的方形瓶"味极鲜"商品上使用与开平味事达调味品有限公司涉案"味极鲜"商品装潢相同或者近似的装潢,并赔偿味事达公司经济损失及合理维权费用共计 20 万元;冠超公司应停止销售由家常用公司制造、销售的侵害味事达公司涉案"味极鲜"装潢的方形瓶"味极鲜"商品,并赔偿味事达公司经济损失及合理维权开支共计 2 万元。

本案的焦点问题为:(1)原告诉请保护的商品标贴是否系美术作品;(2)若确受《著作权法》保护,被诉侵权商品标贴是否侵犯了原告享有的著作权;(3)如果构成侵权,二被告应如何承担民事责任。

(1)原告诉请保护的商品标贴能否作为美术作品保护

本院认为,美术作品是指绘画、书法、雕塑等以线条、色彩或者其他方式构成的有审美意义的平面或者立体的造型艺术作品。独创性和可复制性是作品的两个基本属性,双方当事人对于本案请求保护客体的可复制性问题并无争议,核心问题在于案涉作品的独创性内容。作品的独创性是著作权法所保护作品的根本属性，是指作品由作者独立完成并表现了作者独特的个性和思想，不同种类作品对独创性的要求不尽相同。对于美术作品而言，其独创性要求体现作者在美学领域的独特创造力和观念。现行著作权法只保护作品中的艺术成分，应当站在一般观察者或产品消费者的立场，对作品本身进行观察，判断其是否具有较为显著的艺术性，并且，这种艺术性具有独立存在的价值。也就是说，其是否可以作为美术作品保护取决于作者在美学方面付出的智力劳动所体现的独特个性和创造力。只有具有"独创性"的外在表达才能成为著作权法意义上的作品，且对美术作品的保护应与其独创性相适应。具体到本案，能否将味事达公司诉请保护的商品标贴作为美术作品进行保护需要审查该标贴是否达到美术作品最低限度的独创性要求。

味事达公司主张其司商品标贴构成美术作品依据如下：标贴由图案、色彩、文字构成。主要元素为黄色和砖红色背景底色；半扇型、紫色的图案及半扇形图案中亮黄色的中英文字；由小到大三个圆圈内的美术字"味极鲜"文字。黄色背景位于左侧、砖红色背景位于右侧，在整个标贴的中部偏右位置以弧线分割；半扇型图案少部分与砖红色背景重合；味极鲜文字位于注册商标左下方，认为其味事达酱油瓶贴的整体颜色布局、图形结构、文字排列组合创意独特、色彩鲜明，给人以深刻的视觉印象。本院审查认为，通过对比市面上几款酱油产品的标贴，黄色和砖红色作为背景底色是通用元素。但部分是整体的基本构成要素，对于美术作品也不例外。从其他的组成部分来看，原告采用了紫色扇形图案，扇形中附有原告商标，标贴左右虽均为黄、砖红相接，但原告采用的线条是弧形分割，与其扇形图案相交，与其他商品有一定区别性。味极鲜三个字采用艺术体文字，并加以圆圈，从上至下从小到大，有一定的审美创作。故此，本院认为，虽从视觉印象上，投射入社会公众、消费者眼帘的首先是大面积的区域，但从整体及细微处区分，味事达公司采用的扇形、弧线分割、加圈从上至下的艺术字体，通过组合、排列,形成了其独创性,可以作为美术作品进行保护。因味事达公司诉请保护的美术作品来源于申请号为 CN01332784.4 的"瓶贴"外观设计专利,发明(设计)人为曾隆生,曾隆生时系味事达公司法定代表人,该外观设计为职务作品。依照《中华人民共和国著作权法》第十一条规定:"著作权属于作者,本法另有规定的除外。创作作品的自然人是作者。由法人或者非法人组织主持,代表法人或者非法人组织意志创作,并由法人或者非法人组织承担责任的作品,法人或者非法人组织视为作者。"因曾隆生系代表法人意志创作,味事达公司应当视为作者。故此,味事达公司作为著作权人诉请保护案涉标贴美术作品,合法有据,应予支持。

(2)被诉侵权商品是否构成侵犯原告诉请保护的美术作品著作权

150 ml 家常樂"味极鲜"的商品标贴为:瓶贴的左部为黄色,右部为砖红色,黄色部分面积大于砖红色部分,黄红色之间在正面偏右处由弧线分割;瓶贴正面的中上部为紫色扇形图案,扇形图案中有亮黄色的中英文字"家常樂 jiachangle";瓶贴正面靠左下部,有竖排、带圈、黑色、艺术字体"味极鲜"三字,三字的字号上小下大;瓶贴正面下部为一堆黄豆与一片绿叶组成的图案。将家常用公司所使用的被诉侵权标贴与味事达公司诉请保护的标贴相比较,除商标文字内容以及瓶贴正面右下角的图案两处局部细微差异之外,两者的色彩、图案以及文字布局方式均基本一致,两者的整体结构构成物理意义上的近似,构成美术作品的实质性相似。

依照《中华人民共和国著作权法》(以下简称《著作权法》)第十条中规定,复制权,即以印刷、复印、拓印、录音、录像、翻录、翻拍等方式将作品制作一份或者多份的权利;发行权,即以出售或者赠与方式向公众提供作品的原件或者复制件的权利。本案中,经比对,被控侵权 150 ml 家常樂"味极鲜"商品系与味事达公司美术作品整体特征实质性相似,在未经味事达公司许可的情形下,家常用公司生产被控侵权商品的行为构成对原告作品复制权的侵犯,而家常用公司、冠超商贸公司销售该商品的行为构成对原告作品发行权的侵犯。

（3）二被告应否承担及如何承担民事责任

家常用公司擅自在其生产、销售的商品上使用味事达公司主张美术作品的标贴,应就其侵犯原告作品复制权、发行权的侵权行为承担停止侵害、赔偿损失的民事责任。

《著作权法》第五十四条第一款、第二款、第三款规定:"侵犯著作权或者与著作权有关的权利的,侵权人应当按照权利人因此受到的实际损失或者侵权人的违法所得给予赔偿;权利人的实际损失或者侵权人的违法所得难以计算的,可以参照该权利使用费给予赔偿。对故意侵犯著作权或者与著作权有关的权利,情节严重的,可以在按照上述方法确定数额的一倍以上五倍以下给予赔偿。权利人的实际损失、侵权人的违法所得、权利使用费难以计算的,由人民法院根据侵权行为的情节,判决给予五百元以上五百万元以下的赔偿。赔偿数额还应当包括权利人为制止侵权行为所支付的合理开支。"本案中,味事达公司并未提交证据证明其被侵权所受到的实际损失或者家常用公司因侵权所获得的利益的具体数额。本院注意到:1.味事达公司诉请保护的美术作品创作高度;2.对社会公众、消费者造成的混淆度程度。市面上酱油标贴,红、黄背景作为标贴的底色是通用元素,而公众、消费者首先注意的是大范围的面积及商品的商标。从此节内容审查,案涉权利作品对识别商品来源的区分度及辨别度有限;3.在本案中,味事达公司以家常用公司侵害其使用在圆形瓶 150 ml 上的"瓶贴"著作权为由提起诉讼,在另案中以方形瓶的"味极鲜"商品装潢提起不正当竞争纠纷;4.据公证书记载,圆形瓶 150 ml 家常樂"味极鲜"系赠品,而味事达公司未进一步举证该款商品在市面上作品正品的具体售价及销售情况;5.家常用公司的法定代表人曾经在味事达公司工作过,其对于使用与味事达公司近似的标贴一事主观上存在过错;6.家常用公司自 2004 年起即在商品上使用被诉侵权标贴;7.家常用公司的该款商品在福建的多个超市销售,有一定的侵权规模;8.购买被诉侵权商品的成本费、公证费予以支持。至于味事达公司主张的共计121 825.66元的律师费,并提供了律师费发票。但据律师费发票显示,法律服务的购买方并非味事达公司,而是"福达(投资)有限公司",味事达公司亦未提交其他证据证明该律师费支出与本案的对应性。因此,对于本案律师费,不能依据味事达公司提交的上述发票确定,而应由法院结合诉讼标的、举证难易程度、律师的实际工作量、福建地区法律服务的收费现状等予以酌定。综合上述因素,本院酌定家常用公司向味事达公司赔偿经济损失及合理维权支出共计7万元。对于味事达公司超出该范围的赔偿请求,本院不予支持。关于味事达公司主张的家常用公司应在《中国消费者报》刊登声明、消除侵权影响的诉讼请求。如前所述,因味事达公司在本案中诉请保护的美术作品在商品的识别功能上发挥的作用较弱,其未能举证证实本案所涉侵权行为在全国范围内给味事达公司的商誉带来负面评价、影响,故其该诉讼请求本院不予支持。

冠超公司在经营的超市销售使用了被诉侵权商品,应停止销售、销毁库存。但其并未与家常用公司合谋共同在商品上使用被诉侵权标贴,故其与家常用公司不构成共同侵权。至于冠超超市应否承担赔偿责任的问题。根据《中华人民共和国著作权法》第五十九条第一款规定:"复制品的出版者、制作者不能证明其出版、制作有合法授权的,复制品的发行者或者视听作品、计算机软件、录音录像制品的复制品的出租者不能证明其发行、出租的复制品有合法来源的,应当承担法律责任。"因冠超公司销售的商品来源于家常乐公司,味事达公司未举证证实冠超公司明确知道该商品系侵权商品、冠超公司具有主观恶意,故其主张冠超公司承担赔偿责任,本院不予支持。

综上所述,依照《中华人民共和国著作权法》第三条第(四)项、第十条第(五)项、第(六)项、第十一条、第五十三条第(一)项、第五十四条第一款、第二款、第三款、第五十九条,《中华人民共和国最高人民法院关于审理著作权民事纠纷案件适用法律若干问题的解释》第七条、第十九条、第二十五条第一、二款、第二

十六条,《中华人民共和国民事诉讼法》第六十七条规定,判决如下:

一、开平市家常用调味品有限公司应予本判决生效之日起停止在制造、销售的150 ml圆形瓶"味极鲜"商品上使用与开平味事达调味品有限公司案涉"味极鲜"商品相同或者近似的标贴,并于本判决生效之日起十日内赔偿开平味事达调味品有限公司经济损失及合理维权费用共计7万元;

二、莆田市冠超商贸有限公司应予本判决生效之日起停止销售上述由开平市家常用调味品有限公司制造、销售的侵害开平味事达调味品有限公司案涉"味极鲜"权利标贴的商品;

三、驳回原告开平味事达调味品有限公司的其他诉讼请求。

如果开平市家常用调味品有限公司未按本判决指定的期间履行金钱给付义务,应当依照《中华人民共和国民事诉讼法》第二百六十条之规定,加倍支付迟延履行期间的债务利息。

本判决生效后(当事人提起上诉的,以上诉法院生效判决为准),负有履行义务的当事人应当按期履行生效法律文书所确定的义务,逾期未履行的,应自觉主动前往执行法院申报经常居住地及财产情况,并不得有转移、隐匿、毁损财产及高消费等妨碍或逃避执行的行为;本条款即为执行通知暨财产报告条款,违反本条规定的,本案执行立案后,执行法院可按照法律文书载明确认的送达地址送达相关法律文书,并依法对被执行人的财产采取执行措施,对相关当事人依法采取纳入失信被执行人名单、限制消费令、罚款、拘留等强制措施;构成犯罪的,依法追究刑事责任。

本案案件受理费8 800元,由开平味事达调味品有限公司负担7 568元,由开平市家常用调味品有限公司负担1 232元。

申请执行的期限为二年。

如不服本判决,可在判决书送达之日起十五日内,向本院递交上诉状,并按对方当事人的人数提出副本,上诉于福建省高级人民法院。

(五)案件相关问题解析

1. 原告诉请保护的商品标贴是否系美术作品

美术作品是指绘画、书法、雕塑等以线条、色彩或者其他方式构成的有审美意义的平面或者立体的造型艺术作品。独创性和可复制性是作品的两个基本属性,双方当事人对于本案请求保护客体的可复制性问题并无争议,核心问题在于案涉作品的独创性内容。对于美术作品而言,其独创性要求体现作者在美学领域的独特创造力和观念。具体到本案,能否将味事达公司诉请保护的商品标贴作为美术作品进行保护需要审查该标贴是否达到美术作品最低限度的独创性要求。

味事达公司认为其味事达酱油瓶贴的整体颜色布局、图形结构、文字排列组合创意独特、色彩鲜明,给人以深刻的视觉印象。被告辩称,原告所谓标贴的著作权,只是一般的设计及一般的产品包装装潢,不是某个企业所特别享有,更不具备独创性。法院审查认为,味事达公司采用的扇形、弧线分割、加圈从上至下的艺术字体,通过组合、排列,形成了其独创性,可以作为美术作品进行保护。

2. 被诉侵权商品标贴是否侵犯了原告享有的著作权

原告认为对于是否构成开平味事达酱油标贴著作权的侵犯,需要满足两个标准:一是"接触",即接触开平味事达酱油标贴的机会;二是"实质相似",即应受著作权保护部分实质相似,并不包括消费者是否混淆的标准。被告开平市家常用调味品有限公司公司法定代表人承认其曾在味事达调味品公司工作过一段时间,因此,被告家常用公司具有侵犯开平味事达酱油标贴著作权的"接触"条件。其次,涉案侵权产品与原告开平味事达酱油标贴实质相似,将被控侵权产品"家常乐味极鲜酱油"150 ml 酱油标贴与原告"味事达味极鲜"酱油标贴的比对,无论是整体视觉效果,还是单个细节设计,抑或是艺术和美术角度,涉案侵权产品与原告味事达酱油标贴极为相似。被告辩称,原告所谓标贴的著作权,只是调味品行业及厂家在市场上广泛使用的、普通的,而不是某个企业所特别享有,更不具备独创性,只是一般的设计及一般的产品包装装潢,所以不存在对被答辩人的侵权。

综合原告提交的证据以及答辩意见,法院经审理认为,将家常用公司所使用的被诉侵权标贴与味事达公司诉请保护的标贴相比较,除商标文字内容以及瓶贴正面右下角的图案两处局部细微差异之外,两者的色彩、图案以及文字布局方式均基本一致,两者的整体结构构成物理意义上的近似,构成美术作品的实质性相似。在未经味事达公司许可的情形下,家常乐公司、冠超商贸公司侵犯了原告的著作权。

3. 被告应如何承担民事责任

味事达公司诉称,家常用公司、冠超公司侵犯味事达公司标贴的著作权,两者应立即停止侵害并共同连带赔偿味事达公司经济损失和合理维权费用共计人民币100万元。法院认为,家常用公司擅自在其生产、销售的商品上使用味事达公司主张美术作品的标贴,应就其侵犯原告作品复制权、发行权的侵权行为承担停止侵害、赔偿损失的民事责任。在综合考虑原告作品创作高度、大众混淆程度、公证书记载、被告的侵权程度以及主观恶意程度和原告对家常用公司在另案中以方形瓶的"味极鲜"商品装潢提起不正当竞争纠纷诉讼等因素,法院酌定家常用公司向味事达公司赔偿经济损失及合理维权支出共计7万元。冠超公司在经营的超市销售使用了被诉侵权商品,应停止销售、销毁库存。但其并未与家常用公司合谋共同在商品上使用被诉侵权标贴,故其与家常用公司不构成共同侵权。至于冠超超市应否承担赔偿责任的问题。因冠超公司销售的商品来源于家常乐公司,味事达公司未举证证实冠超公司明确知道该商品系侵权商品、冠超公司具有主观恶意,故其主张冠超公司承担赔偿责任,本院不予支持。

4. 相关案例

(1) 意大利费列罗公司诉蒙特莎(张家港)食品有限公司、天津经济技术开发区正元行销有限公司不正当竞争纠纷案[最高院指导案例47号]

最高院认为,在本案中,尽管原告请求保护的费列罗巧克力使用的包装装潢中的各要素系由一系列食品包装行业中的通用的包装、装潢元素组成,但是由于包装装潢(如标签的尺寸、图案、构图方法等)具有很大的自由设计空间。在可以自由设计的范围内,将包装、装潢各要素独特排列组合,使其具有区别商品来源的显著特征,可以构成商品特有的包装、装潢。费列罗巧克力所使用的包装、装潢因其构成要素在文字、图形、色彩、形状、大小等方面的排列组合具有独特性,形成了显著的整体形象,且与商品的功能性无关,具有一定的独创性。

(2)佛山市海天调味食品股份有限公司、浙江中味酿造有限公司与仪陇县中味食品有限公司不正当竞争纠纷案[(2019)苏民终212号]

本案同属酱油品类的案件,原告方发现在佛山市海天调味食品股份有限公司、浙江中味酿造有限公司与仪陇县中味食品有限公司不正当竞争纠纷一案中,江苏省高级人民法院认为,虽然在食品行业中,红、黄、绿系常用的装潢颜色,但并不意味着这三种颜色相互间及与其他设计要素间的具体组合使用方式即是单一或有限的。其设计空间极大,可以有多种组合搭配,包括各要素的位置、大小、比例等。同时海天黄豆酱产品在中国境内已具有一定的知名度,为广大消费者所熟知并成为其选择的重要因素,故不能认为海天黄豆酱产品包装、装潢属于行业内惯常设计。

(3)桂林周氏顺发食品有限公司、北京北大方正电子有限公司侵害其他著作财产权纠纷[(2018)冀民终655号]

河北省高级人民法院认为,桂林周氏公司"五谷粗粮营养燕片"九字的表达方式使用了需要付费的倩体字,又未经权利人北大方正公司的授权,符合《中华人民共和国著作权法》第四十八条第一款"未经著作权人许可,复制、发行、表演、放映、广播、汇编、通过信息网络向公众传播其作品的,本法另有规定的除外;"规定的应当承担停止侵害、赔偿损失民事责任的情形。

汉字的笔画及结构确实属于公有领域的范畴,设计空间非常有限。但涉案的倩体字是在汉字的基本笔画之上,又对基本笔画(横、竖、弯、勾等)施加了不同的粗细、长短、弧度及笔画之间富有特点的艺术衔接等形态加以改编,形成了一个与现有公有领域的文字笔画明显不同的完整字库体系。虽然单独审视倩体字库中的个别文字(涉案倩体字"五")的独创性并不突出,但把其放在整体字库中来审视,其文字笔画的线条特征与倩体字库中的其他文字的特征一脉相承,也并不影响其他倩体字具有艺术美感和独创性。这些均是北大方正公司通过人工智慧并运用一定技术手段获得的,涉案"谷"、"粗"、"粮"字体现得尤为明显,使得倩体字构成了著作权法规定的美术类作品。

(4)福建仁升食品有限公司、北京北大方正电子有限公司侵害其他著作财产权纠纷[(2019)冀民终245号]

一审法院认为,① 北大方正公司创作完成美术作品《方正汉真广标体》,并在国家版权局依法进行了著作权登记,其著作权受到我国著作权法保护。② 两被告的行为侵害了原告涉案美术作品的著作权,依法应承担相应民事责任。在本案中,北大方正公司创作完成的美术作品《方正汉真广标体》中包含有"夹"、"心"、"蛋"、"卷"四个汉字单字,该四个单字具备美术作品《方正汉真广标体》所独有的艺术特征,属于著作权法意义上的美术作品,原告对美术作品《方正汉真广标体》中该四个单字亦享有美术作品著作权。被告仁升食品公司在其生产的产品包装装潢上使用的"夹心蛋卷"四个汉字的字体,与北大方正公司创作的美术作品《方正汉真广标体》中的"夹"、"心"、"蛋"、"卷"四个汉字的字体完全相同。仁升食品公司的使用未经北大方正公司许可,且未支付相应报酬,侵犯了原告对美术作品《方正汉真广标体》享有的著作权,依法应承担停止侵权、赔礼道歉、赔偿原告经济损失及合理开支等民事责任。

二、国家知识产权局关于味事达专利权无效宣告请求审查决定案

(一)案情简介

2021年7月7日,第三方个人(下称"请求人")认为开平味事达调

味品有限公司(下称"专利权人")享有的第 01332784.4 号中国外观设计专利(下称"涉案专利")与 CN92307450.3、CN98317961.1 号现有外观设计专利相比,不具有明显区别,不符合专利法第二十三条第二款的规定,遂向国家知识产权局提出了宣告该专利无效的请求。请求人认为涉案专利和 CN92307450.3、CN98317961.1 号中国外观设计专利均为酱油标贴,整体均可分为左、中、右三部分,左右对称,由中英文品牌名称、产品名称组成,整体形状相同,图片组成也相同。同时,请求人认为涉案专利与上述二类外观设计专利的区别在于产品的品牌标识,但涉案专利在调味品标贴的正中部分设计标识,仅是惯常设计,对于整体视觉效果不具有显著影响。因此,涉案专利与上述二类外观设计专利相比均无明显区别,不符合专利法第二十三条第二款的规定,应宣告该涉案专利无效。

专利权人于 2022 年 2 月 3 日向合议组提交了意见陈述书,认为涉案专利与 CN92307450.3、CN98317961.1 号外观设计专利均属于相同领域的产品,将其对比,涉案专利与其在表面图案、字体、颜色的构成方式、比例、大小、角度、走向等设计上均存在明显不同,对整体视觉效果影响较大。涉案专利是具有独特视觉效果,不属于现有设计。从整体观察:涉案专利与上述提及的二类外观设计专利的颜色、图案、文字的设计元素等明显不同。涉案专利与上述二类外观设计专利相比具有明显区别,符合专利法第二十三条第二款的规定。

在审理过程中,合议组告知请求人和专利权人,涉案专利申请日为 2001 年 7 月 31 日,应适用 2000 年修正的专利法。根据 2000 年修正的专利法相关规定,对于涉案专利与现有设计的对比,应适用该法第二十三条。故请求人主张将无效理由变更为涉案专利不符合专利法第二十三条的规定,主张涉案专利与 CN92307450.3、CN98317961.1 号外观设计专利各自单独对比,构成相近似。专利权人明确表示对请求人的上述无效理由变更无异议。

针对涉案专利是否与 CN92307450.3、CN98317961.1 号外观设计专利构成相近似的问题,本案合议组认为,对于酱油瓶包贴类产品,在判断其相近似性时应注意观察二者在使用状态下的视觉差别,判断其能否引起普通消费的混淆。其次,外观设计的相近似性判断中,产品外表出现的包括产品名称在内的文字是一种图案,应当考虑其作为图案的装饰作用,而不应当考虑其作为文字的字意,因此,涉案专利与 CN92307450.3、CN98317961.1 号外观设计专利相应文字的差异只考虑其装饰作用,对其文字含义不予考虑。本案中,在使用时瓶贴的中部相对左右两侧更能引起一般消费者的关注,虽然涉案专利和 CN92307450.3、CN98317961.1 号外观设计专利的瓶贴整体形状相同,且均采用了黄色、红色作为底色;但是,涉案专利和 CN92307450.3、CN98317961.1 号外观设计专利在整体图案布局、具体图案分布以及图案的组合排布等具有较大不同,且在整个标贴上处于明显位置,占据较大面积,足以引起一般消费者的关注,三者的差别对其整体视觉效果产生显著影响,因此三者属于不相近似的外观设计,涉案专利符合专利法第二十三条的规定。故合议组作出维持 01332784.4 号涉案外观设计专利有效的决定。

综上,本案主要争议焦点是涉案专利在调味品标贴的正中部分设计标识是否属于惯常设计,对于整体视觉效果不具有显著影响的问题。在(2020)粤 07 民初 79 号民事判决书中,广东省江门市中级人民法院认为包装、装潢即本案所说的设计标识对整体视觉效果不具有显著影响,不具备能够区别商品来源的显著特征。但在(2021)粤民终 901 号广东省高级人民法院作出的二审民事判决书中,判决撤销了广东省江门市中级人民法院(2020)粤 07 民初 79 号民事判决书。广东省高级人民法院认为商品装潢可与商标发挥同等甚至更为重要的识别功能,"味事达味极鲜"装潢具有识别商品来源"显著性"。可见,其认为设计标识对整体视觉效果具有显著影响,具备能够区别商品来源的显著特征。

(二)法学原理及分析

法律条文:

《中华人民共和国专利法》(根据 2000 年 8 月 25 日第九届全国人民代表大会常务委员会第十七次会议《关于修改〈中华人民共和国专

利法〉的决定》第二次修正)第二十三条规定:"授予专利权的外观设计,应当同申请日以前在国内外出版物上公开发表过或者国内公开使用过的外观设计不相同和不相近似,并不得与他人在先取得的合法权利相冲突。"

法条分析:

由于本案涉案专利申请日为2001年7月31日,因此应适用2000年修正的《专利法》来判定该涉案专利是否应该被宣告无效。根据2000年修正的《专利法》第二十三条的规定,涉案专利不得与其在2001年7月31日申请日前在国内外出版物上公开发表过或者国内公开使用过的外观设计相同或相近似,也不得与他人在先取得的合法权利相冲突。本案中CN92307450.3、CN98317961.1号外观设计专利公开日分别为1993年9月22日和1999年2月24日,均在涉案专利的申请日2001年7月31日之前,可以用于评价涉案专利是否符合专利法第二十三条的规定。

(三) 相关法律文书

无效宣告请求审查决定书

(第54518号)

决定要点:对于酱油瓶包贴类产品,在判断其相近似性时应注意观察二者在使用状态下的视觉差别,判断其能否引起普通消费的混淆。在其相近似性判断中,产品外表出现的包括产品名称在内的文字是一种图案,应当考虑其作为图案的装饰作用,而不应当考虑其作为文字的字意,因此,涉案专利与证据1或2相应文字的差异只考虑其装饰作用,对其文字含义不予考虑。

在使用状态下,涉案专利瓶贴的中部部分相对左右两侧更能引起一般消费者的关注,虽然涉案专利和证据瓶贴整体形状相同,且均采用了黄色、红色作为底色;但是,二者区别所显示的整体图案布局、具体图案分布以及图案的组合排布等具有较大不同,且在整个标贴上处于明显位置,占据较大面积,足以引起一般消费者的关注,二者的差别对二者的整体视觉效果产生显著的影响,因此二者属于不相近似的外观设计。

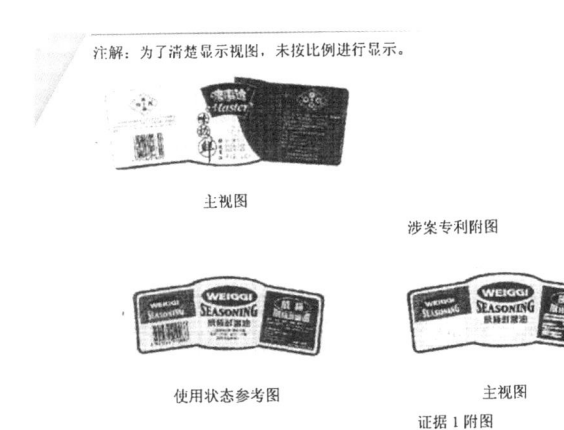

注解:为了清楚显示视图,未按比例进行显示。

主视图

涉案专利附图

使用状态参考图

主视图
证据1附图

主视图

证据2附图

一、案由

针对01332784.4号中国外观设计专利,第三方个人(下称请求人)于2021年7月7日向国家知识产权局提出了无效宣告请求,其理由是分别与证据1至4单独比对,涉案专利不符合专利法第二十三条第二款的规定,请求宣告涉案专利无效,同时提交了以下主要证据:

证据1:专利号为CN92307450.3的中国外观设计专利授权公告文本打印件。

证据2:专利号为CN98317961.1的中国外观设计专利授权公告文本打印件。

请求人认为,涉案专利和证据1-2均为酱油标贴,用于酱油产品包装。涉案专利和证据1-2整体均呈现扇形,中部呈弧形突出,可分为左、中、右三部分,左右对称,由中英文品牌名称、产品名称组成,整体形状相同。就图片组成而言,涉案专利中文字"味极鲜"与证据1的"威极鲜"近似。涉案专利与证据1-2图片组成相同。涉案专利与证据1至4的区别在于,产品的品牌标识。涉案专利在调味品标贴的正中部分设计标识,仅是惯常设计,对于整体视觉效果不具有显著影响。涉案专利是对品牌名称、商品名称拼合得到的外观设计,与证据1-2相比均无明显区别,构成实质相同,不符合专利法第二十三条第二款的规定。

经形式审查合格,国家知识产权局于2021年9月3日受理了请求人的无效宣告请求,并将无效宣告请求书及证据副本转给了专利权人,同时成立合议组对本案进行审查。国家知识产权局本案合议组于2022年1月12日向双方事人发出了口头审理通知书,定于2022年2月11日举行口头审理。

专利权人于2022年2月3日提交了意见陈述书,认为涉案专利与证据1或证据2在表面图案、字体、颜色的构成方式、比例、大小、角度、走向等设计上均存在明显不同,对整体视觉效果影响较大,涉案专利符合专利法第二十三条第二款的规定。

口头审理如期举行,双方当事人均委托代理人参加了本次口头审理。在口头审理过程中,明确以下事项:

1. 合议组告知双方,涉案专利申请日为2001年7月31日,本案应适用2000年修正的专利法,对于涉案专利和理有设计的比对,适用专利法第二十三条,请求人表示清楚,主张将无效理由变更为涉案专利不符合专利法第二十三条的规定,主张涉案专利和证据1-2各自单独对比,构成相近似。专利权人明确表示对请求人的上述无效理由变更无异议。

2. 专利权人表示其答复以当庭陈述为准,合议组告知双方对于专利权人于2022年2月3日提交的意见陈述书,合议组将不再转文,以请求人当庭发表意见为准,双方对此无异议。

3. 关于比对意见,请求人坚持书面意见。专利权人认为,涉案专利符合专利法第二十三条的规定。

二、决定的理由

1. 法律依据

涉案专利的申请日为2001年7月31日,适用2000年修正的专利法。

专利法第二十三条规定,授予专利权的外观设计,应当同申请日以前在国内外出版物上公开发表过或者国内公开使用过的外观设计不相同和不相近似,并不得与他人在先取得的合法权利相冲突。

2. 证据认定

证据1、2为专利文献,专利权人对其真实性和公开时间没有异议,经核实,合议组对上述证据真实性予以确认,证据1、2公开日分别为1993年9月22日和1999年2月24日,在涉案专利的申请日2001年7月31日之前,其中所示的外观设计可以作为涉案专利的现有设计,评价涉案专利是否符合专利法第二十三条的规定。

3. 专利法第二十三条

（1）相对于证据1

涉案专利公开了一种瓶贴,简要说明中记载产品为平面图形并请求保护色彩;证据1也公开了一种酱油包装贴纸,二者种类相同,用途相同,可以用来对比判断。

涉案专利和证据1的主要相同点为：整体形状均可分为左、中、右三部分,左部分和右部分对称,左右两部分倾斜向下。底色均为黄色,标题文字为黑色和黄色。二者的主要不同点在于,① 二者区域划分和由此形成的基本图案不同,涉案专利左侧的矩形部分和中部的弧形部分大部均为黄色底色,右侧部分和中部斜上方为深红色底色,两种底色通过从中部上方到其右下方斜向延伸的弧线分割;证据1则在外部的一条橘红色边框内的整体底色均为黄色,右侧部分设置有一个橘红色方框,通过橘红色方框将中部区域和右侧区域分割开来。② 二者各部分上设置的形状和位置不同,涉案专利中部上方为带有边框的扇形棕红色框,从上至下为圆形逐渐增大的圆形红色边框,左右两侧上方为菱形边框,边框内有黑色文字图案;证据1左侧上部为长方形灰色框、右侧橘红色框接近正方形,左、中、右上方均设橘红色椭圆形框,其中右侧橘红色框有黄色边。③二者文本所显示的图案位置分布不同,涉案专利文本图案均设置在框内,证据1在椭圆形框内和框下均设置文本图案。

合议组认为,对于酱油瓶包贴类产品,在判断其相近似性时应注意观察二者在使用状态下的视觉差别,判断其能否引起普通消费者的混淆。其次,在外观设计的相近似性判断中,产品外表出现的包括产品名称在内的文字是一种图案,应当考虑其作为图案的装饰作用,而不应当考虑其作为文字的字意,因此,涉案专利与证据1相应文字的差异只考虑其装饰作用,对其文字含义不予考虑。本案中,在使用时瓶贴的中部相对左右两侧更能引起一般消费者的关注,虽然涉案专利和证据1的瓶贴整体形状相同,且均采用了黄色、红色作为底色;但是,二者的区别①至③中所显示的整体图案布局、具体图案分布以及图案的组合排布等具有较大不同,且在整个标贴上处于明显位置,占据较大面积,足以引起一般消费者的关注,二者的差别对二者的整体视觉效果产生显著的影响,因此二者属于不相近似的外观设计,涉案专利相对于证据1符合专利法第二十三条的规定。

(2)相对于证据2

涉案专利涉及一种瓶贴,简要说明中记载产品为平面图形并请求保护色彩;证据2也公开了一种招贴(味极鲜酱油),二者种类相同,用途相同,可以用来对比判断。

涉案专利和证据2的主要相同点在于,整体形状均可分为左、中、右三部分,左部分和右部分对称,左右两部分倾斜向下。二者的主要不同点在于,①二者区域划分不同和由此形成的基本图案不同,涉案专利左侧的矩形部分和中部的弧形部分大部均为黄色底色,右侧部分和中部斜上方为深红色底色,两种底色通过从中部上方到其右下方斜向延伸的弧线分割;证据2在外部的一条棕黄色的边框内分为上下两部分,上 1/3 部分为黄色底色,下 2/3 部分为朱红色底色,下方的红色区域上方中部为弧形,两侧基本平直,基本与瓶贴上部相同,且与瓶贴下部对称。② 二者各部分上设置的形状和位置不同,涉案专利中部上方为带有边框的扇形棕红色框,从上至下为圆形逐渐增大的圆形红色边框,左右两侧上方为菱形边框,边框内有黑色文字图案;证据 2 左下方设置白色长方框、黑色文字标识,右上方设有红色椭圆边框。③ 二者文本所显示的图案位置分布不同,涉案专利文本图案均设置在框内,证据 2 的文本图案在中部未设置在框内。

合议组认为,在判断其相近似性时应注意观察二者在使用状态下的视觉差别,判断其能否引起普通消费的混淆。其次,外观设计的相近似性判断中,产品外表出现的包括产品名称在内的文字是一种图案,应当考虑其作为图案的装饰作用,而不应当考虑其作为文字的字意,因此。涉案专利与证据 2 相应文字的差异只考虑其装饰作用,对其文字含义不予考虑。本案中,在使用时瓶贴的中部相对左右两侧更能引起一般消费者的关注,虽然涉案专利和证据 2 的瓶贴整体形状相同,且均采用了黄色、红色作为底色;但是,二者的区别①至③中所显示的整体图案布局、具体图案分布以及图案的组合排布等具有较大不同,且在整个标贴上处于明显位置,占据较大面积,足以引起一般消费者的关注,二者的差别对二者的整体视觉效果产生显著的影响,因此二者属于不相近似的外观设计,涉案专利相对于证据 2 符合专利法第二十三条的规定。

综上所述,请求人的无效宣告的理由均不成立。

基于上述事实和理由,合议组作出如下决定。

三、决定

维持 01332784.4 号外观设计专利权有效。

当事人对本决定不服的,可以根据《专利法》第四十六条第二款的规定,自收到本决定之日起三个月内向北京知识产权法院起诉。根据该款规定,一方当事人起诉后,另一方当事人作为第三人参加诉讼。

(四) 案件相关问题解析

1. 能否对已过保护期的专利提起宣告无效

《中华人民共和国专利法》(2000年修正)第四十二条规定:发明专利权的期限为二十年,实用新型专利权和外观设计专利权的期限为十年,均自申请日起计算。

根据该条规定可知,外观设计专利权的法定保护期限为10年。本案中涉案专利申请日为2001年7月31日,该涉案专利已过10年法定最长保护期。但国家知识产权局仍受理了有关宣告该涉案专利无效的请求并做出了维持该专利有效的决定。可见,针对已过法定最长保护期的专利仍可以提起宣告无效的请求。

2. 有关宣告专利权无效适用法律的问题解析

《中华人民共和国立法法》第九十三条规定,法律、行政法规、地方性法规、自治条例和单行条例、规章不溯及既往,但为了更好地保护公民、法人和其他组织的权利和利益而作的特别规定除外。

根据该条规定结合本案实际情况可知,本案涉案专利的申请日为2001年7月31日,故应当使用当时有效的《专利法》的相关规定,即判定涉案专利是否应当宣告无效应当适用2000年修正的《专利法》中有关专利无效的相关规定。

3. 有关专利权符合无效情形的问题解析

根据有关宣告专利权无效所适用的法律的相关分析可知,本案适用《中华人民共和国专利法》(2000年修正)第二十三条的规定:"授予专利权的外观设计,应当同申请日以前在国内外出版物上公开发表过或者国内公开使用过的外观设计不相同和不相近似,并不得与他人在先取得的合法权利相冲突。"根据该条规定可知,如果某外观设计专利与其申请日以前在国内外出版物上公开发表过或者国内公开使用过的外观设计相同或相近似,则该外观设计专利不符合授予专利权的条件,属于应当宣告无效的情形。

结合本案,本案涉案专利及对比的外观设计专利均用于酱油瓶包贴类产品,在判断涉案专利与现有外观设计是否构成相近似时应注意观察二者在使用状态下的视觉差别,判断能否引起普通消费者的混淆。虽然涉案专利和证据瓶贴整体形状相同、底色相同;但是其所显示的整体图案布局、具体图案分布以及图案的组合排布均存在较大不同,上述要素足以引起普通消费者注意,具有明显的不同。因此涉案外观专利与所用来对比的现有外观设计属于不相近似的外观设计专利,涉案专利不属于应当宣告专利无效的情形。并且最高人民法院第47号指导性案例,法院在裁判理由中也明确指出"锡纸、纸托、塑料盒等包装材质与形状、颜色的排列组合有很大的选择空间;将商标标签附加在包装上,该标签的尺寸、图案、构图方法等亦有很大的设计自由度。在可以自由设计的范围内,将包装、装潢各要素独特排列组合,使其具有区别商品来源的显著特征,可以构成商品特有的包装、装潢。"

可见,在判断涉案专利与现有外观设计是否构成相近似时,涉案专利的整体图案布局、具体图案分布以及图案的组合排布也应当作为判断是否相近似的重要考量因素,而非将其作为此类产品的惯常设计排除在对比相似性的考量范围。

4. 有关专利权无效宣告程序问题解析

(1) 专利权无效宣告的申请与受理

宣告专利权无效属于行政行为,故请求人请求宣告专利权无效或者部分无效的,应当向专利复审委员会(由国务院专利行政部门指定的技术专家和法律专家组成,主任委员由国务院专利行政部门负责人兼任)提交专利权无效宣告请求书和必要的证据一式两份。无效宣告请求书应当结合提交的所有证据,具体说明无效宣告请求的理由,并指明每项理由所依据的证据。

在专利复审委员会受理无效宣告请求后,请求人可以在提出无效宣告请求之日起1个月内增加理由或者补充证据。逾期增加理由或者补充证据的,专利复审委员会可以不予考虑。专利复审委员会应当将专利权无效宣告请求书和有关文件的副本送交专利权人,要求其在指定的期限内陈述意见。专利权人和无效宣告请求人应当在指定期限内答复专利复审委员会发出的转送文件通知书或者无效宣告请求审查通知书;期满未答复的,不影响专利复审委员会审理。

(2)专利权无效宣告的审理

专利复审委员会根据当事人的请求或者案情需要,可以决定对无效宣告请求进行口头审理。专利复审委员会决定对无效宣告请求进行口头审理的,应当向当事人发出口头审理通知书,告知举行口头审理的日期和地点。当事人应当在通知书指定的期限内作出答复。无效宣告请求人对专利复审委员会发出的口头审理通知书在指定的期限内未作答复,并且不参加口头审理的,其无效宣告请求视为撤回;专利权人不参加口头审理的,可以缺席审理。

在无效宣告请求审查程序中,专利复审委员会指定的期限不得延长。

(3)专利权无效宣告请求审查决定

专利复审委员会对无效宣告的请求作出决定前,无效宣告请求人可以撤回其请求。专利复审委员会作出决定之前,无效宣告请求人撤回其请求或者其无效宣告请求被视为撤回的,无效宣告请求审查程序终止。但是,专利复审委员会认为根据已进行的审查工作能够作出宣告专利权无效或者部分无效的决定的,不终止审查程序。

对专利权无效宣告的审查决定结果包括宣告专利权全部无效、宣告专利权部分无效和维持专利权有效三种。对宣告专利权无效或者维持专利权的决定不服的,可以自收到通知之日起三个月内向人民法院起诉。人民法院应当通知无效宣告请求程序的对方当事人作为第三人参加诉讼。

在实践中,绝大多数专利权无效宣告请求由与专利权存在利害关系的人提出,其中又以专利侵权诉讼的被诉侵权人或受到专利侵权指控威胁的人居多。因此,专利确权常常与专利侵权诉讼相伴而来。专利行政确权模式为具有投机心理的市场主体(主要是现实或潜在的专利侵权人)提供了可操作空间——他们常常对目标专利恶意地提起无效宣告请求。专利权人欲保护其专利,几乎不可避免地要经历专利权有效性的质疑和审查,从而引发专利权不稳定、专利确权程序冗长、专利侵权诉讼久拖不决和专利行政确权机关角色错位等问题。[①]

---

① 李雨峰:《专利确权的属性重释与模式选择》,载《中外法学》2022年第3期。

三、开平味事达调味品有限公司诉开平市家常用调味品有限公司等不正当竞争纠纷案

一审：(2020)粤07民初79号

二审：(2021)粤民终901号

(一)案情简介

原告开平味事达调味品有限公司(以下简称味事达公司)成立于1996年9月6日，经营范围包括生产、销售及出口酿造酱油。味事达公司于2001年开始使用"味事达味极鲜"商品装潢，其生产销售的"味事达味极鲜"销量巨大。根据央视市场研究股份有限公司出具的《凯度消费者指数研究数据声明》显示，自2016年1月2日至2019年9月6日，"味事达"品牌酱油在广东省与福建省酱油市场的销售份额均居于第一位。并且多年来，原告味事达公司对"味事达味极鲜"商品装潢在线上、线下投入巨大成本持续进行宣传，"味事达味极鲜"商品也荣获了大量荣誉，具有极高的市场知名度。可见，原告味事达公司生产销售的"味事达味极鲜"商品的装潢属于具有一定影响力的商品装潢。

2019年12月9日，原告味事达公司的委托代理人在公证人员的陪同下，从被告莆田市冠超商贸有限公司(以下简称冠超公司)购得"家常乐味极鲜酱油"涉案侵权产品，涉案侵权产品瓶身瓶贴载明生产商为被告开平市家常用调味品有限公司(以下简称家常用公司)。经对比，被告家常用公司以及冠超公司生产或销售的"家常乐味极鲜酱油"的商品装潢从构图、文字的组合运用、排列方式、文字及颜色的使用、各部分结构比例等均与上诉人"味事达味极鲜"商品装潢构成高度近似。因此，原告味事达公司请求判令被告家常用公司立即停止使用与原告"味事达味极鲜"商品装潢相近似的商品装潢的不正当竞争行为；冠超公司立即停止销售家常用公司生产的上述侵权商品。并请求判令被告家常用公司和冠超公司共同连带赔偿原告味事达公司经济损

失和合理维权费用共计人民币 5 000 000 元。

被告家常用公司辩称，一、"味事达味极鲜"商品所使用的装潢属于国内调味品行业常用的装潢，不具有特殊性和显著性，不具备区分商品来源和生产厂家的作用。并且其在装潢中使用、重点突出了自己的注册商标，不会引起消费者的混淆。因此，价差用公司使用的家常用拍产品包装装潢不存在不正当竞争行为；二、原告并未提供证据证实家常用公司存在假冒其商标、存在侵权行为，也没有提供详细证据和数据用于证明其实际受到的损失。

本案中一审法院认为，具有区别商品来源的显著特征的商品的名称、包装、装潢属于《反不正当竞争法》第五条第二款规定的"特有的名称、包装、装潢"。而本案中相关公众在选购相关享有商品时，更容易依据酱油商品使用的"味事达 Master"商标或"家常乐 Jiachangle"商标而非其包装装潢区别商品来源。本案中原告味事达公司生产销售的"味事达味极鲜"商品的装潢不具有能够区别商品来源的显著特征，也不会导致相关公众产生混淆，被告家常用公司、冠超公司生产或销售被控侵权产品不构成不正当竞争。因此，一审法院判决驳回了原告全部诉讼请求。

本案中二审法院认为，商品装潢与商标是存在关联但又不相同的两类商业标识。符合法律规定的"有一定影响的装潢"，可与商标发挥同等甚至更为重要的识别功能。若因被诉侵权商品与味事达公司的商品分别突出使用了各自的商标，即否认相关公众混淆误认两者商品来源的可能性，则无异于将商标视为识别商品来源的唯一商业标识，既无法律依据亦无事实依据。涉案的"味事达味极鲜"商品在中国境内已具有相当高的知名度与认可度。该商品的知名度是由"味事达"商标与涉案商品装潢共同构建的，"味事达"商标本身亦是涉案"味极鲜"商品装潢的有机组成部分。"味事达味极鲜"装潢具有识别商品来源"显著性"。一审法院将涉案"味事达味极鲜"商品的知名度完全归于"味事达"商标的裁判思路不当并且其关于涉案味事达"味极鲜"装潢不具有显著性的认定错误，应予以纠正。

本案争议主要焦点为：1. 涉案的"味事达味极鲜"装潢是否构成

"有一定影响的装潢";2. 家常用公司是否使用了与涉案"味事达味极鲜"装潢相同或近似的装潢且足以引起相关公众混淆误认;3. 家常用公司的抗辩理由是否成立;4. 家常用公司与冠超公司是否构成擅自使用与他人有一定影响的装潢相同或者近似的标识以及应承担何种民事责任。

(二) 上诉人(味事达公司)二审主要观点

1. 上诉人是具有一定影响力的知名企业,"味事达味极鲜"酱油商品在中国境内已具有极高的知名度,且相关包装、装潢图案已为大众知晓

《最高人民法院关于审理不正当竞争民事案件应用法律若干问题的解释》第一条规定,在中国境内具有一定的市场知名度,为相关公众所知悉的商品,应当认定为反不正当竞争法第六条第二项规定的"知名商品"。人民法院认定知名商品,应当考虑该商品的销售时间、销售区域、销售额和销售对象,进行任何宣传的持续时间、程度和地域范围,作为知名商品受保护的情况等因素,进行综合判断。

代理人根据上诉人与被上诉人一企业信用信息,整理表格见表1。

本案中,上诉人提交了大量的证据证明"味事达"商品销售的范围自2001年开始遍布全国各地,并且多年来上诉人就"味事达味极鲜"商品包装、装潢以线上、线下多种形式投入了巨大的推广成本,上诉人"味事达味极鲜"商品以及"味事达"品牌也荣获了大量的荣誉,因此应当认为上诉人在中国境内已具有一定的市场知名度,并为相关公众所知悉,属于反不正当竞争法上的知名商品。然而,原审判决对于前述使用、宣传、获奖只字未提,遗漏了本案的重大、基础事实,属于认定事实错误。

2. 上诉人"味事达味极鲜"产品包装、装潢具有极强的独创性和特有性,并不是原审法院认为的"不具有能够明显区别于其他众多品牌酱油商品包装装潢的显著特征"

上诉人产品包装、装潢外包装标贴整体设计,有其独有的特色。上

**表 1　开平味事达公司与开平市家常用公司
企业工商信息及影响力对比**

公司名称	开平味事达调味品有限公司（上诉人）	开平市家常用调味品有限公司（被上诉人一）
成立日期	1996年9月6日	2000年6月23日
注册资本	1 180.72万美元（约7 540.43万元人民币）	50万元人民币
人员规模	200—400人	少于50人
股　　东	福达（中国）投资有限公司	黄永健（原开平味事达调味品有限公司员工）
曾获荣誉	全国食品工业优秀龙头食品企业奖；中国名牌；中国调味品行业酱油十强品牌企业；中国国际调味品及食品配料博览会金奖；中国行业一百强；中国行业最具成长力企业；消费者最喜爱、最放心调味品；2021年中国调味品产业最畅销单品	无知名荣誉
驰名商标	有	无

诉人在原审中提交了充足的证据证明"味事达味极鲜"商品装潢的设计过程，并详细说明了"味事达味极鲜"商品装潢特征如下，足以证明其装潢的显著性：

（1）瓶身为左部黄色，右部砖红色，黄色部分面积大于砖红色部分，黄红色之间由弧线分割。

（2）瓶身中上部为紫色扇形图案，扇形图案中有亮黄色的中英文字。

（3）瓶身靠左下部，有竖排、带圈、黑色、手写行书体"味极鲜"三字，三字字号上小下大。

原审中曾提及的"海天味极鲜"酱油、"东古味极鲜"酱油，其同上诉人"味事达味极鲜"的商品装潢存在明显的区别，知名知识产权专家李顺德教授和冀瑜副教授，对上述提到的"海天味极鲜"酱油、"东古味极鲜"酱油、"珠江桥"酱油及"家常樂"酱油,就产品外包装设计、分布、字体、图案、颜色及整体效果等方面进行了分析比对,两位教授都认为除"家常樂"酱油产品外,其余产品与"味事达味极鲜"酱油有明显的不同。这说明了"味事达味极鲜"商品装潢的整体视觉效果已经体现出了具有区别其他同类产品的显著性特征。

而原审法院所称上诉人产品仅使用了常用黄红配色、图案及"味极鲜"文字,存在明显的事实认定错误。图案与配色相似但代表显著不同的意义存在很多案例,如法国国旗与俄罗斯国旗,两国国旗同样使用了红色、白色与蓝色三种颜色的组合,只是颜色分布、排序不一样,但代表意义截然不同。

若原审法院认定事实正确,那么是否可以认为,同样由红、白、蓝三种颜色组合的法国国旗与俄罗斯国旗也是使用了常见元素,不具有能够区别国家的显著特征?很明显这一说法是错误的。由此可见,"味事达味极鲜"商品包装、装潢即使选择"黄色+砖红色"的色彩搭配方式、色彩的布局方式、标签文字位置、字体颜色的选择搭配、文字大小等布局安排,也仍然呈现了与商品通用名称、图形等无关的独特性。又"味极鲜"为手写艺术字,也就具有独特性。此外,上诉人"味事达味极鲜"的商品包装、装潢,早在2001年便申请了外观设计专利授权,且专利授权文件中明确对商品装潢的颜色进行保护,也可以证明上诉人"味事达味极鲜"的商品包装、装潢与众不同,具有极强的显著性。

再有,在查找相似的案件时,上诉人发现在佛山市海天调味食品股份有限公司、浙江中味酿造有限公司与仪陇县中味食品有限公司不正当竞争纠纷一案中,江苏省高级人民法院认为,虽然在食品行业中,红、黄、绿系常用的装潢颜色,但并不意味着这三种颜色相互间及与其他设计要素间的具体组合使用方式即是单一或有限的。其设计空间极大,可以有多种组合搭配,包括各要素的位置、大小、比例等。同时海天黄豆酱产品在中国境内已具有一定的知名度,为广大消费者所熟知并成为其选择的重要因素,故不能认为海天黄豆酱产品包装、装潢属于行业内惯常设计。

上诉人的"味事达"系列商标已被认定为驰名商标,在全国境内都具有一定的知名度。"味事达味极鲜"又是系列产品的最主要的产品,若原审法院认为"味事达"酱油包装装潢是行业内惯常设计,不具有显著特征,那么原审法院的判决与专家鉴定意见、江苏省高级人民法院的判决就形成了明显的冲突。特别是本案一审法院也引用了"海天"酱油相关产品案例,认为"海天"酱油相关产品的包装装潢属于行业内惯常设计,这明显与江苏省高级人民法院的判决相反,造成了严重的司法不统一。

3. 原审法院认为"上诉人包装装潢使用了常见的元素,不足以证明被控侵权产品使用会导致相关公众产生混淆"这一事实的认定存在错误

被上诉人一产品的包装、装潢与上诉人相近似,被上诉人一的行为构成了不正当竞争。被上诉人一产品的包装、装潢,从整体设计到细节布局都与上诉人的产品极为相似。首先,如前所述,上诉人就"味事达"酱油包装装潢与包括"家常乐"酱油包装在内的五家企业的酱油产品外包装设计、分布、字体、图案、颜色及整体效果等方面,知名专家李顺德和冀瑜,两位专家得出的结论均是"味事达"与"家常乐"的外包装标贴图片相似。其次,商标在上诉人"味事达味极鲜"商品包装、装潢和被控侵权产品包装、装潢中所占的比例较小,本案中起主要识别作用的是商品包装、装潢,而非商标,原判决认为相关公众注意力更容易为商标所吸引事实认知严重错误。况且上诉人与被上诉人一所属行业领域相似,"味事达味极鲜"商品与被诉侵权商品也同属于日用调味品,消费者往往会忽略商标,仅凭借商品外形来辨认商品,并且上诉人也提供了证据证明被控侵权商品与上诉人"味事达味极鲜"商品在同一商店销售的情况。在这样的情形下,被诉侵权商品与"味事达"商品相似度极高,容易导致消费者产生混淆。因此,即便被诉侵权商品和上诉人商品上均有各自的商标,也难以排除相关公众产生混淆。故原审法院在认定混淆和误认方面的事实认定与法律适用上都存在严重的错误。

(三)法学原理及分析

1.《中华人民共和国反不正当竞争法》第六条第一项:"经营者不

得实施下列混淆行为,引人误认为是他人商品或者与他人存在特定联系:(一)擅自使用与他人有一定影响的商品名称、包装、装潢等相同或者近似的标识"。

法条分析:《反不正当竞争法》所保护的"有一定影响的装潢"应具有较高知名度且具备"特有性"。该"特有性"的实质即商业标识的"显著性",并且商业标识的显著性与其知名度相关。即便固有显著性较弱的装潢,若通过长期的使用,使得相关公众能够将其与其他商品装潢区别开来,亦可认定具有显著性。经过味事达公司长期的营销以及广告宣传,涉案的"味极鲜"商品装潢已为中国境内相关公众普遍知悉、认可,具有较高的知名度,系有一定影响的装潢。并且,"味事达味极鲜"商品的知名度是由"味事达"商标与涉案商品装潢共同构建的,"味事达"商标本身亦是涉案"味极鲜"商品装潢的有机组成部分。因此"味事达味极鲜"商品装潢具有识别商品来源的显著性。

2.《中华人民共和国反不正当竞争法》第十七条:"经营者违反本法规定,给他人造成损害的,应当依法承担民事责任。经营者的合法权益受到不正当竞争行为损害的,可以向人民法院提起诉讼。因不正当竞争行为受到损害的经营者的赔偿数额,按照其因被侵权所受到的实际损失确定;实际损失难以计算的,按照侵权人因侵权所获得的利益确定。经营者恶意实施侵犯商业秘密行为,情节严重的,可以在按照上述方法确定数额的一倍以上五倍以下确定赔偿数额。赔偿数额还应当包括经营者为制止侵权行为所支付的合理开支。

经营者违反本法第六条、第九条规定,权利人因被侵权所受到的实际损失、侵权人因侵权所获得的利益难以确定的,由人民法院根据侵权行为的情节判决给予权利人五百万元以下的赔偿。"

法条分析:在本案中,味事达公司并未提交证据证明其因被告的侵权行为所受到的实际损失或被告因侵权所获得的利益的具体数额,因此法院在综合考虑涉案商品装潢的知名度、两被告公司的经营规模、主观过错程度、侵权行为的性质以及味事达公司承担的合理维权支出情况等因素,酌定家常菜公司赔偿 20 万元的经济损失及合理维权支出,酌定冠超公司赔偿 2 万元的经济损失及合理维权支出。

3.《最高人民法院关于适用〈中华人民共和国反不正当竞争法〉若干问题的解释》第十四条第一款规定:"经营者销售带有违反反不正当竞争法第六条规定的标识的商品,引人误认为是他人商品或者与他人存在特定联系,当事人主张属于反不正当竞争法第六条规定的情形的,人民法院依法予以支持。"

法条分析: 装潢属于《反不正当竞争法》第六条所规定的标识;冠超公司销售带有与味事达公司有一定影响力的装潢近似的被诉侵权装潢的商品,将引人误认为是味事达公司的商品或者该商品与味事达公司存在特定联系,因此冠超公司也构成不正当竞争。

4.《最高人民法院关于适用〈中华人民共和国反不正当竞争法〉若干问题的解释》(2022年3月16日公布,2022年3月20日施行)第二十九条:"本解释自2022年3月20日起施行。《最高人民法院关于审理不正当竞争民事案件应用法律若干问题的解释》(法释〔2007〕2号)同时废止。

本解释施行以后尚未终审的案件,适用本解释;施行以前已经终审的案件,不适用本解释再审。"

法条分析: 本案二审于2022年3月21日作出判决,符合《最高人民法院关于适用〈中华人民共和国反不正当竞争法〉若干问题的解释》中所规定的"本解释施行以后尚未终审的案件"的情形,应当适用本解释中的有关规定。

(四)相关法律文书

广东省江门市中级人民法院
民事判决书
(2020)粤07民初79号

原告:开平味事达调味品有限公司,住所地:广东省开平市三埠区新昌立新南路8号,统一社会信用代码91440700617756254M。

被告:开平市家常用调味品有限公司,住所地:广东省开平市长沙区八一开发区13号,统一社会信用代码91440783724387917Q。

被告:莆田市冠超商贸有限公司,住所地:福建省莆田市荔城区镇海街道延寿南街609号一层101室及天妃路751号地下一层,统一社会信用代码91350304399364534L。

原告开平味事达调味品有限公司(以下简称味事达公司)诉被告开平市家常用调味品有限公司(以下简称家常用公司)、莆田市冠超商贸有限公司(以下简称冠超公司)不正当竞争纠纷一案,本院于2020年5月3日立案受理后,依法适用普通程序,于2020年8月4日公开开庭进行了审理。本案现已审理终结。

味事达公司向本院提出诉讼请求:1.判令家常用公司立即停止使用与味事达公司"味事达味极鲜"的商品装潢相同/相近似的商品装潢的不正当竞争行为,包括但不限于立即停止在其生产、销售的商品上使用同味事达公司"味事达味极鲜"商品的装潢相同/相近似的商品装潢的不正当竞争行为;2.判令冠超公司立即停止销售家常用公司生产的上述侵权商品;3.判令家常用公司、冠超公司共同连带赔偿味事达公司经济损失和合理维权费用共计人民币5 000 000元;4.判令家常用公司、冠超公司承担本案的全部诉讼费用。事实和理由:味事达公司系国内知名调味品生产企业,其生产销售的"味事达味极鲜"商品装潢在中国境内具有极高的市场知名度,深受广大消费者的好评。近期,味事达公司发现家常用公司生产、销售的商品上使用了同味事达公司"味事达味极鲜"商品的装潢相同/近似的商品装潢,冠超公司在其经营的场所销售前述侵权商品。味事达公司认为,家常用公司生产、销售的商品上使用了同味事达公司"味事达味极鲜"商品的装潢相同/相近似的商品装潢,会使消费者将家常用公司生产、冠超公司销售的产品误认为是味事达公司的产品,侵害了味事达公司的合法权益,扰乱了市场的正常竞争秩序。综上,为了维护味事达公司的合法权益,味事达公司依据《中华人民共和国反不正当竞争法》等相关法律规定提起诉讼,请求依法支持味事达公司的全部诉讼请求。

味事达公司对其陈述的事实提供的证据有:

第1组下看编号为1、2、3的证据:证据1.味事达公司的企业信用信息公示页面打印件;证据2.家常用公司的企业信用信息公示页面打印件;证据3.冠超公司的企业信用信息公示页面打印件,证据1至3拟证明味事达公司与家常用公司、冠超公司的主体信息及味事达公司与家常用公司、冠超公司之间存在竞争关系。

第2组下有编号为4、5、6、7、8、9的证据:证据4.味事达公司"味事达味极鲜"商品实物的照片,拟证明味事达公司生产销售的"味事达味极鲜"商品及其商品装潢。证据5.发布于PP视频,名称为"味事达味极鲜,妈妈的味道"的广告视;证据6.发布于搜狐网,名称为"味事达大手笔签下黄磊,拍大尺度TVC'鲜'声夺人"的宣传文章;证据7.中国调味品协会颁发的荣誉证书;证据8.中国调味品协会经销商分会颁发的奖牌;证据9.2013年中国(国际)调味品及食品配料博览会颁发的奖牌;证据5至9均拟证明味事达公司生产销售的"味事达味极鲜"商品装潢系有一定影响的商品装潢。

第3组下有编号为10的证据,证据10.由家常用公司生产及冠超公司销售的"家常樂味极鲜"商品的销售现场情况、销售实物及购买该商品所得的发票的照片,拟证明冠超公司在其经营的场所销售由家常用公司生产的"家常樂味极鲜"商品,该商品使用了与味事达公司生产销售的"味事达味极鲜"商品的装潢相同/近似的商品装潢。

补充证据(一)中第1组项下有编号为1、2、3、4、5、6、7的证据:

证据1.(2019)沪徐证经字第13106号公证书复印件、(2019)沪徐证经字第9657号公证书复印件、京东沃尔玛店铺销售味事达的时间戳证明文件打印件,均拟证明味事达公司的"味事达味极鲜"商品的包装装潢的内容,以及该商品在线下实体购物市场以及网上均有销售。

证据2.CN01332784-瓶贴(3)、CN01332785-瓶贴(4)、CN200530056605-瓶贴的国家知识产权局检索页面及外观设计专利图片、2001年味事达味极鲜新装上市广告海报、第4595254号立体商标国家知识产权局商标网检索页面、味极鲜标签签批稿,均拟证明味事达公司的"味事达味极鲜"商品的包装装潢的历史沿革情况。

证据3.在"爱奇艺"、"腾讯"、"优酷"、"微信"、"新浪微博"、"土豆"、"百度百科"、"哔哩哔哩弹幕网"平台及其他相关广告宣传或媒体报道情况,均拟证明味事达公司的"味事达味极鲜"商品的包装装潢的内容,以及对于"味事达味极鲜"商品的相关广告或宣传。

证据4.相关荣誉与获奖(从1997年至2012年10月1日),均拟证明味事达公司的"味事达"品牌的知名度。

证据5.第三方机构的调研或检索报告,拟证明味事达公司的"味事达"品牌和商品的知名度,主要说明"味事达"品牌在广东和福建的销售份额及市场渗透率均排名第一。

证据6.味事达公司的"味事达味极鲜"商品涉及的商标的注册情况,拟证明味事达公司的"味事达"品牌和商品的知名度。

证据7.味事达公司就"味事达味极鲜"商品的相关维权情况,拟证明"味事达"商品及其装潢的影响和知名度。第1组证据拟共同证明味事达公司的"味事达味极鲜"商品的装潢是具有一定影响的商品装潢。

第2组下有编号为8的证据:

证据8.(2019)沪徐证经字第13105号和(2019)沪徐证经字第13107号公证书,拟证明被告的涉案侵权行为。

第3组下有编号为9的证据:

证据9.家常用公司早期的外观设计专利[CN00343702.7-招贴(味极鲜酱油380 ml)]、公证处付款联系函及发票、律师费用发票,拟证明被告的恶意侵权以及相关维权合理费用。

补充证据(二)中第4组下有编号为10、11、12、13的证据:

证据10.(2020)沪徐证经字第3744号公证书、可信时间戳认证证书,均是补强第一组证据中1-3组的证据,拟证明"味事达味极鲜"商品的包装装潢在互联网平台的相关广告或宣传。

证据11. 味事达公司在各类报纸上刊登相关广告,拟证明"味事达味极鲜"商品的包装装潢在报纸的相关广告或宣传(2001年9月28日至2007年12月4日)。

证据12. 味事达公司在户外发布的相关广告,拟证明"味事达味极鲜"商品的包装装潢在户外的相关广告或宣传。

证据13. 味事达公司在相关赞助活动中的广告或宣传,拟证明"味事达味极鲜"商品的包装装潢在相关赞助活动中的广告或宣传。

第5组项下有编号为14的证据:

证据14. (2019)沪徐证经字第9659号公证书部分页面,拟证明味事达公司的"味事达味极鲜"商品的装潢是特有的装潢,具有显著性。

第6组项下有编号为15的证据:

证据15. (2020)沪徐证经字第3744号公证处付款联系函及相关发票,拟证明相关维权的合理费用。另提交公证书、公证费发票一份,拟证明味事达公司产品的知名度。

家常用公司辩称:

一、家常用公司使用的家常用牌产品包装装潢不存在不正当竞争的行为,不构成对味事达公司的侵权。味事达公司起诉的理由是家常用公司生产、销售与味事达公司"味事达味极鲜"商品的装潢相同或相似的产品,这是没有事实和法律依据的。1. 近十几年以来,国内调味品厂家在市场上广泛使用黄色、棕色的装潢或者包装品生产自己的调味品,这是国内调味品行业上常用的包装和装潢,而不是某个企业的特有包装,家常用公司提交证据中的彩色照片,无论是海天、东古、珠江桥牌等几家国内著名的大型企业均使用几乎相同的装潢和色彩,这种装潢是高端酱油的常用装潢,没有特殊性和显著性,不具备区分商品来源和生产厂家的作用。让消费者不会产生误认的是各厂家在装潢中都使用了自己的注册商标,根据注册商标消费者可以清晰地购买到自己喜欢的不同品牌的调味品。2.味事达公司商品的装潢同样使用了国内高端产品厂家正常的通常使用的装潢,与东古、海天的一样,全部使用了味极鲜的广告词:各个厂家均使用、重点突出自己的注册商标,因为每个品牌都具有其历史性,有其知名度,根本不会引起消费者的混淆,更不会误导消费者。3.所有大品牌注册商标在销售中使用国内调味品通用图形、通用包装,其他商标权人无权禁止他人正常使用,家常用公司正是使用了自己用了十多年的通用包装装潢,符合法律规定,不构成对任何厂家的侵权。4.家常用公司从2004年1月28日开始使用自己的注册商标"家常用"并连续续期,而且相同类型的装潢、瓶装得到了国家质量认证中心的认证,并通过了多年的考核,经江门市质量监督局多年的检验评定为合格产品,家常用公司的产品得到了消费者以及社会各界好评,取得了良好的信誉,不仅在国内市场占有一席之地,而且出口到香港和国外。

二、在本案中味事达公司没有提供证据证实家常用公司存在假冒其商标、存在侵权的行为,也没有提供详细的证据和数据用以证明其实际受到的损失。首先,在本案中家常用公司不存在对其构成侵权行为。其次,味事达公司只提供了具体的、大量的广告宣传、产品介绍以及品牌证明、荣誉证书等,这只是营销策略所采取的措施和行为,但其未能提供相关的能够证明家常用公司存在侵权行为以及相关监督部门查出有侵权行为的证据以证明其主张。再次,在本案中味事达公司到底有什么损失、有多少损失,这些损失是如何造成和计算的,都没有事实证明,味事达公司所提交的所有证据只有几份支付公证费的凭证。

三、关于本案的法律适用问题。根据《中华人民共和国反不正当竞争法》第三十三条的规定,该法律的适用时间为2018年1月1日起,而家常用公司从2004年即开始使用这种通用的装潢,不存在侵权行为,因此家常用公司不存在《中华人民共和国反不正当竞争法》第六条的行为,不构成侵权。综上所述,家常用公司正常使用自己注册商标生产经营长达近20年,不存在使用味事达公司的商品装潢构成侵权,味事达公司提起对家常用公司的诉讼苍白无理,是滥用诉权,请求法院根据本案的事实,正确适用法律,依法驳回味事达公司的诉讼请求。

家常用公司对其陈述的事实提供的证据有:

第1组证据:营业执照,拟证明家常用公司的主体资格,其从事生产酱油、调味品等产品已经将近20年。

第2组证据:商标注册证、核准续展注册证明,拟证明家常用公司从2004年1月28日开始使用自己的注册商标,并续期至2024年1月27日。使用"家常乐"商标已长达16年之久,期间从来没有收到任何单位的投诉或起诉。

第3组证据:食品生产许可证、食品生产许可证品种明细表,拟证明家常用公司生产的酱油等调味产品已取得合法凭证。

第4组证据:出口食品生产企业备案证明,拟证明家常用公司生产的名牌和品牌产品已经得到出口国外和香港的许可。

第5组证据:质量管理体系认证证书、HACCP体系认证证书、监督审核合格通知书,拟证明家常用公司生产的"家常乐"系列名牌产品得到了国家质量认证中心的认证,并且通过了每年的年度审核。

第6组证据:产品质量监督检验合格证书、检验报告,拟证明家常用公司生产的"家常乐"名牌产品经江门市质量技术监督局多年的检验均评定为合格产品,家常用公司生产的产品质量稳定可靠。

第7组证据:荣誉证书、聘书、感谢状、单位会员证书,拟证明家常用公司及其法定代表人黄永健先生在公司经营方面及其生产的"家常乐"系列产品得到社会各界的好评,取得了良好的声誉。

第8组证据:系列相片,拟证明家常用公司、"家常乐酱油"自2002年1月获得各种荣誉或称号等。

第9组证据:几家调味品公司生产的产品比对照片、收款票据,拟证明通过对在江门市大昌超市购买的"海天"、"东古"、"味事达"、"珠江桥"等品牌的现卖产品进行对比可以看出,几个名牌产品使用的玻璃瓶几乎相同,所贴商标的颜色基本一样,差别只是各自使用自己的注册商标,是国内调味品行业的常用包装而不是某个企业的特有包装。只有味事达公司对家常用公司提起诉讼,滥用诉权。

冠超公司经传票传唤未出庭应诉,也未作答辩。

冠超公司向本院提供的证据有:

第1组证据:家常用公司和冠超公司的企业信息公示页面,拟证明家常用公司、冠超公司的主体信息。

第2组证据:冠超公司的营业执照,拟证明冠超公司的经营范围包括预包装食品等,该调味料为合法经营范围。

第3组证据:家常用公司的营业执照,拟证明家常用公司为合法经营。

第4组证据:家常用公司的食品流通许可证,拟证明家常用公司得到相关政府部门的许可经营。

第5组证据:家常用公司的商标注册证,拟证明涉案商标是合法注册。

第6组证据:酱油出厂检验报告,拟证明销售的是检验合格的商品。

第7组证据:家常用公司与莆田市涵江联兴贸易有限公司签订的《产品购销合同》,拟证明该合同为有效合同。

第8组证据:福建冠业投资发展有限公司与莆田市涵江联兴贸易有限公司签订的《供零合作合同》,拟证明该合同为合法签订的购销合同。

第9组证据:《中华人民共和国食品安全法》节选条文,拟证明冠超公司作为食品经营者,有查验供货者的许可证和食品出厂检验合格证或其他合格证明。

本院组织当事人进行了证据交换和质证。对当事人无异议的证据,本院予以确认并在案佐证;对当事人存在异议的证据,本院依法予以审查认定。根据当事人陈述和经审查确认的证据,本院认定事实如下:

味事达公司成立于1996年9月6日,经营范围包括生产、销售及出口酿造酱油、调味料(液体)。家常用公司成立于2000年6月23日,经营范围包括生产酱、酿造酱油、酿造食醋、调味料(液体、半固体)等。冠超公司成立于2014年5月27日,经营范围包括预包装食品兼散装食品、日用百货等。

2019年12月9日,上海市锦天城律师事务所委托代理人王国钢在位于福建省莆田市天妃路七五一号的"冠超市帝宝店"内(店内显示有"莆田市冠超商贸有限公司"字样)现场购买了"家常乐味极鲜酱油 1.6 L"2 桶及附赠的"家常乐味极鲜酱油 150 ml"2瓶、"家常乐味极鲜酱油 380 ml"2 瓶、"家常乐味极鲜酱油 760 ml"2 瓶、"中号购物袋"3 个,并对购买过程进行了公证保全。前述1.6 L、760 ml、380 ml、150 ml"家常乐味极鲜酱油"的瓶身瓶贴载明:"生产商:开平市家常用调味品有限公司。"前述 1.6 L、760 ml、380 ml、150 ml"家常乐味极鲜"酱油的商品包装装潢左部为黄色,右部为红色,黄红两色之间用弧线分割,左部或中部使用了带有彩色圆圈的黑色"味极鲜"文字,中上部有紫色扇形图案,图案中为黄色"家常樂 Jiachangle"标识。

家常用公司提交的收款票据显示,其于 2020 年 6 月 26 日在"大昌超市东华店"购买了"胶袋"1 个、"380 ml 海天特级味极鲜酱油"1 瓶、"380 ml 味事达味极鲜酱油"1 瓶、"170 ml 味事达味极鲜酱油"1 瓶、"380 ml 东古味极鲜特级酿造酱油"1 瓶、"370 ml 珠江桥牌御品鲜酱油"1 瓶。其中前述"380 ml 海天特级味极鲜酱油"的商品包装装潢为中间黄色,左右两边红色,黄红两色之间以弧线分割,中上部有配以弧线的红色四边形图案,四边形图案中有白色"海天"标识,四边形图案下方有黑色"味极鲜"文字;"380 ml 东古味极鲜特级酿造酱油"的商品包装装潢为中间黄色,左右两边红色,黄红两色之间以弧线分割,左上部有黄橙渐变色的椭圆形图案,椭圆形图案中有黑色"东古"标识,椭圆形图案右边有黑色"味极鲜"文字;"370 ml 珠江桥牌御品鲜酱油"的商品包装装潢为黑色底色,中部有黄色"特级御品鲜"文字,文字外围有黄色圆环围绕,中上部有红色扇形图案,扇形图案中有白色"珠江桥"标识。

庭审中,味事达公司、家常用公司均认可"味极鲜"为调味品商品的通用名称。

另查明,味事达公司为第682045号注册商标"味事达Master"的注册人,该商标核定使用的商品为第30类"味精,酱油,酱料,调味粉,汁,醋,豆豉,腐竹,淀粉",注册有效期为1994年3月21日至2004年3月20日,核准续展注册有效期为2014年3月21日至2024年3月20日。家常用公司为第1726735号注册商标"家常樂Jiachangle"的注册人,该商标的续展注册有效期为2012年3月7日至2022年3月6日。

本院认为,本案系不正当竞争纠纷。本案争议焦点为:家常用公司、冠超公司生产或销售的被控侵权产品的装潢是否构成对味事达公司的不正当竞争;如果构成,应如何承担民事责任。

《中华人民共和国反不正当竞争法》第六条第一项规定:"经营者不得实施下列混淆行为,引人误认为是他人商品或者与他人存在特定联系:(一)擅自使用与他人有一定影响的商品名称、包装、装潢等相同或者近似的标识。"《最高人民法院关于审理不正当竞争民事案件应用法律若干问题的解释》第二条规定:"具有区别商品来源的显著特征的商品的名称、包装、装潢,应当认定为反不正当竞争法第五条第(二)项规定的'特有的名称、包装、装潢'。有下列情形之一的,人民法院不认定为知名商品特有的名称、包装、装潢:(一)商品的通用名称、图形、型号;(二)仅仅直接表示商品的质量、主要原料、功能、用途、重量、数量及其他特点的商品名称;(三)仅由商品自身的性质产生的形状,为获得技术效果而需的商品形状以及使商品具有实质性价值的形状;(四)其他缺乏显著特征的商品名称、包装、装潢。前款第(一)、(二)、(四)项规定的情形经过使用取得显著特征的,可以认定为特有的名称、包装、装潢。知名商品特有的名称、包装、装潢中含有本商品的通用名称、图形、型号,或者直接表示商品的质量、主要原料、功能、用途、重量、数量以及其他特点,或者含有地名,他人因客观叙述商品而正当使用的,不构成不正当竞争行为。"《中华人民共和国民事诉讼法》第六十四条第一款规定:"当事人对自己提出的主张,有责任提供证据。"《最高人民法院关于适用〈中华人民共和国民事诉讼法〉的解释》第九十条规定:"当事人对自己提出的诉讼请求所依据的事实或者反驳对方诉讼请求所依据的事实,应当提供证据加以证明,但法律另有规定的除外。在作出判决前,当事人未能提供证据或者证据不足以证明其事实主张的,由负有举证证明责任的当事人承担不利的后果。"

根据前述规定,味事达公司主张被控侵权产品使用与"味事达味极鲜"商品的商品装潢相同或近似的商品装潢构成不正当竞争,则其应举证证明其"味事达味极鲜"商品的商品包装装潢具有能够区别商品来源的显著特征,他人使用与前述商品包装装潢相同或者近似的标识会引人误认为是味事达公司商品或者与味事达公司存在特定联系。本案中,味事达公司主张其销售的"味事达味极鲜"商品装潢的显著性和特有性具体表现为:(1)瓶身为左部黄色,右部砖红色,黄色部分面积大于砖红色部分,黄、红色之间由弧线分割;(2)瓶身中上部为紫色扇形图案,扇形图案中有亮黄色的中英文字;(3)瓶身靠左下部,有竖排、带圈、黑色、手写行书体"味极鲜"三字,三字字号上小下大。现有证据显示,当前市场上存在多款酱油商品(包括"海天味极鲜"酱油、"东古味极鲜"酱油等)在其商品包装装潢上使用了黄色、红色作为主要配色或底色,不同颜色之间以弧线或直线分割,同时使用了"味极鲜"的文字,并在瓶身中上部突出使用了不同的商标标识,商标标识以四边形、椭圆形或扇形等图案为衬底。味事达公司所主张的前述商品装潢在不考虑"味事达 Master"商标的显著性与知名度时,仅由黄红两色底色、弧形分割线、"味极鲜"的文字以及紫色扇形图案等元素简单组合而成,在市场上存在多款酱油商品使用了黄红两色作为主要配色或底色、弧线或直线分割线、"味极鲜"文字以及四边形或扇形等图案衬底的情况下,味事达公司提交的证据尚不足以证明其前述商品装潢本身具有能够明显区别于其他众多品牌酱油商品包装装潢的显著特征或相关公众仅根据其前述商品装潢本身即足以识别该商品来源于味事达公司,亦不足以证明若他人在商品上使用与其前述商品包装装潢相同或者近似的标识会导致相关公众误认为是味事达公司的商品或者与味事达公司存在特定联系。且味事达公司的"味事达味极鲜"商品及被控侵权产品均分别突出使用了味事达公司的"味事达 Master"商标及家常用公司的"家常樂 Jiachangle"商标,在前述两个商标均已经核准注册多年并经使用的情况下,相关公众在选购相关酱油商品时,其注意力更容易为具备更强显著性及具有明显呼叫读音的"味事达 Master"商标或"家常樂 Jiachangle"商标所吸引,而对显著性更弱的仅使用了常用黄红配色、图案及"味极鲜"文字的商品包装装潢施以较少关注,即相关公众在选购酱油商品时,更容易根据酱油商品使用的味事达"Master"商标或"家常樂 Jiachangle"商标而非其包装装潢区别商品来源。据此,味事达公司提交的证据不足以证明"味事达味极鲜"商品包装装潢在不考虑"味事达 Master"商标的显著性与知名度时即具有能够区别商品来源的显著特征,亦不足以证明被控侵权产品使用的包装装潢会导致相关公众产生混淆,引其误认为是味事达公司的商品或者与味事达公司存在特定联系,味事达公司应承担举证不能的不利后果。因此,味事达公司主张家常用公司、冠超公司生产或销售被控侵权产品构成不正当竞争并请求家常用公司、冠超公司停止侵权、赔偿损失,事实和法律依据不足,本院不予支持。冠超公司经本院传票传唤,无正当理由拒不到庭,不影响本院对本案的审理。

综上所述,依照《中华人民共和国反不正当竞争法》第六条第一项,《最高人民法院关于审理不正当竞争民事案件应用法律若干问题的解释》第二条,《中华人民共和国民事诉讼法》第六十四条第一款、第一百四十四条,《最高人民法院关于适用〈中华人民共和国民事诉讼法〉的解释》第九十条的规定,判决如下:

驳回开平味事达调味品有限公司的全部诉讼请求。

案件受理费 46 800 元(已由开平味事达调味品有限公司预交),由开平味事达调味品有限公司负担。

如不服本判决,可以在判决书送达之日起十五日内,向本院递交上诉状,并按照对方当事人或者代表人的人数提出副本,上诉于广东省高级人民法院。

广东省高级人民法院
民事判决书

(2021)粤民终901号

上诉人(原审原告):开平味事达调味品有限公司,住所地:广东省开平市三埠区新昌立新南路8号。

被上诉人(原审被告):开平市家常用调味品有限公司,住所地:广东省开平市长沙区八一开发区13号。

被上诉人(原审被告):莆田市冠超商贸有限公司,住所地:福建省莆田市荔城区镇海街道延寿南街609号一层101室及天妃路751号地下一层。

上诉人开平味事达调味品有限公司(以下简称味事达公司)因与被上诉人开平市家常用调味品有限公司(以下简称家常用公司)、莆田市冠超商贸有限公司(以下简称冠超公司)擅自使用与他人有一定影响的装潢相同或者近似的标识纠纷一案,不服广东省江门市中级人民法院(2020)粤07民初79号民事判决,向本院提起上诉。本院于2021年4月8日立案受理后,依法组成合议庭进行了审理。本案现已审理终结。

味事达公司上诉请求:(1)撤销一审判决;(2)改判支持味事达公司全部诉讼请求;(3)由家常用公司、冠超公司承担本案一、二审诉讼费用。

事实与理由如下:

一、味事达公司生产销售的"味事达味极鲜"商品装潢具有很强的显著性与知名度,构成反不正当竞争法项下的有一定影响的商品装潢。(一)"味事达味极鲜"商品装潢具有极强的显著性和特有性,并不是通用的商品装潢。该包装装潢的显著性体现在:瓶身为左部黄色,右部砖红色,黄色部分面积大于砖红色部分,黄、红色之间由弧线分割;瓶身中上部为紫色扇形图案,扇形图案中有亮黄色的中英文字;瓶身靠左下部,有竖排、带圈、黑色、手写行书体"味极鲜"三字,三字字号上小下大。一审判决未对味事达公司请求保护的装潢进行认定,也没有将被诉侵权产品的装潢与味事达公司的装潢相比较,基础事实认定错误。(二)一审判决提及的"海天味极鲜"、"东古味极鲜"与"味事达味极鲜"的商品装潢区别非常明显,这说明味极鲜商品的装潢存在巨大的设计空间。判断商品装潢是否具有显著性考量的是整体上是否具有显著性,而不是单个要素是否具有显著性。"味事达味极鲜"装潢在整体上具有极强的显著性和独特性,不属于通常的设计。此外,"味事达味极鲜"的商品装潢在2002年获得外观设计专利权,可以证明其具有极强的显著性。(三)味事达公司提交的大量证明表明,"味事达味极鲜"商品销售的范围遍布全国各地,并且多年来味事达公司就"味事达味极鲜"装潢以线上、线下多种形式投入了巨大的推广成本。"味事达味极鲜"商品及"味事达"品牌也荣获了大量荣誉,具有极高的市场知名度。在被诉侵权商品进入市场前,相关公众早已将"味事达味极鲜"商品装潢与味事达公司建立稳定的对应关系,相关消费者很容易凭借涉案商品装潢整体所呈现的既有印象,直观观察来确定商品的来源。一审判决对此完全未提,也属于认定事实错误。综上,"味事达味极鲜"商品装潢具有极高的显著性与市场知名度,是有一定影响的商品装潢。

二、家常用公司生产销售装潢与"味事达味极鲜"商品装潢高度近似的"家常樂味极鲜"商品,会导致相关公众产生混淆,引其误认为是味事达公司的商品或者与味事达公司存在特定联系。经比对,被诉侵权商品瓶身、瓶颈、瓶盖所使用的装潢从构图、文字的组合运用、排列方式、文字及颜色的使用、各部分结构比例等均与味事达公司的"味事达味极鲜"商品装潢构成高度近似。相较于装潢,"味事达"商标所占比例较小,装潢对于"味事达味极鲜"商品起主要识别作用。并且,"味事达味极鲜"与被诉侵权商品属于日用调味品,系相同种类的商品。对该类价格低端的调味品,消费者在购买时仅施以普通注意力,在两者装潢高度近似的情况下,即便使用不同的商标,亦会构成混淆误认。一审法院关于两者商标不同不会混淆的认定,有违生活常识。

三、家常用公司违反《反不正当竞争法》的规定,对味事达公司造成损害,应承担相应民事责任。冠超公司作为专业的超市经营者,同时销售味事达公司的"味事达味极鲜"与被诉侵权商品,理应有义务审查两者的装潢是否近似,且冠超公司并未提出合法来源的证据,理应与家常用公司承担连带赔偿责任。

家常用公司答辩称,一审法院认定事实清楚,证据充分确凿,请求二审法院维持原判。家常用公司使用"家常乐"商标以及被诉侵权装潢均比"味事达"商标及装潢更早。家常用公司在2000年就开始使用"家常乐"商标以及被诉侵权装潢,至今已21年。家常用公司每年都经过江门市、开平市的质量监督检查,也进行了广告宣传,一直在从事正当的生产行为。冠超公司未进行答辩。

味事达公司向一审法院提起诉讼,请求判令:1. 家常用公司立即停止擅自使用与他人有一定影响的装潢相同或近似的标识的不正当竞争行为,包括但不限于立即停止在其生产、销售的商品上使用同味事达公司"味事达味极鲜"商品的装潢相同或相近似的商品装潢的不正当竞争行为;2. 冠超公司立即停止销售家常用公司生产的上述侵权商品;3. 家常用公司、冠超公司共同连带赔偿味事达公司经济损失和合理维权费用共计人民币5 000 000元;4. 家常用公司、冠超公司承担本案的全部诉讼费用。

一审法院查明:味事达公司成立于1996年9月6日,经营范围包括生产、销售及出口酿造酱油、调味料(液体)。家常用公司成立于2000年6月23日,经营范围包括生产酱、酿造酱油、酿造食醋、调味料(液体、半固体)等。冠超公司成立于2014年5月27日,经营范围包括预包装食品兼散装食品、日用百货等。

2019年12月9日,上海市锦天城律师事务所委托代理人王国钢在位于福建省莆田市天妃路七五一号的"冠超市帝宝店"内(店内显示有"莆田市冠超商贸有限公司"字样)现场购买了"家常乐味极鲜酱油1.6 L"2桶及附赠的"家常乐味极鲜酱油150 ml"2瓶、"家常乐味极鲜酱油380 ml"2瓶、"家常乐味极鲜酱油760 ml"2瓶、"中号购物袋"3个,并对购买过程进行了公证保全。前述1.6 L、760 ml、380 ml、150 ml"家常乐味极鲜酱油"的瓶身瓶贴载明:"生产商:开平市家常用调味品有限公司。"前述1.6 L、760 ml、380 ml、150 ml"家常乐味极鲜"酱油的商品包装装潢左部为黄色,右部为红色,黄红两色之间用弧线分割,左部或中部使用了带有彩色圆圈的黑色"味极鲜"文字,中上部有紫色扇形图案,图案中为黄色"家常樂jiachangle"标识如图一所示。

家常用公司提交的收款票据显示,其于2020年6月26日在"大昌超市东华店"购买了"胶袋"1个、"380 ml海天特级味极鲜酱油"1瓶、"380 ml味事达味极鲜酱油"1瓶、"170 ml味事达味极鲜酱油"1瓶、"380 ml东古味极鲜特级酿造酱油"1瓶、"370 ml珠江桥牌御品鲜酱油"1瓶。其中前述"380 ml海天特级味极鲜酱油"的商品包装装潢为中间黄色,左右两边红色,黄红两色之间以弧线分割,中上部有配以弧线的红色四边形图案,四边形图案中有白色"海天"标识,四边形图案下方有黑色"味极鲜"文字;"380 ml东古味极鲜特级酿造酱油"的商品包装装潢为中间黄色,左右两边红色,黄红两色之间以弧线分割,左上部有黄橙渐变色的椭圆形图案,椭圆形图案中有黑色"东古"标识,椭圆形图案右边有黑色"味极鲜"文字;"370 ml珠江桥牌御品鲜酱油"的商品包装装潢为黑色底色,中部有黄色"特级御品鲜"文字,文字外围有黄色圆环围绕,中上部有红色扇形图案,扇形图案中有白色"珠江橋"标识如图二所示。

庭审中,味事达公司、家常用公司均认可"味极鲜"为调味品商品的通用名称。

另查明,味事达公司为第682045号注册商标"味事达Master"

的注册人,该商标核定使用的商品为第30类"味精、酱油、酱料、调味粉、汁、醋、豆豉、腐竹、淀粉",注册有效期为1994年3月21日至2004年3月20日,核准续展注册有效期为2014年3月21日至2024年3月20日。家常用公司为第1726735号注册商标"家常樂Jiachangle"的注册人,该商标的续展注册有效期为2012年3月7日至2022年3月6日。

一审法院认为,本案系不正当竞争纠纷。本案争议焦点为:家常用公司、冠超公司生产或销售的被控侵权产品的装潢是否构成对味事达公司的不正当竞争;如果构成,应如何承担民事责任。

《中华人民共和国反不正当竞争法》第六条第一项规定:"经营者不得实施下列混淆行为,引人误认为是他人商品或者与他人存在特定联系:(一)擅自使用与他人有一定影响的商品名称、包装、装潢等相同或者近似的标识。"《最高人民法院关于审理不正当竞争民事案件应用法律若干问题的解释》第二条规定:"具有区别商品来源的显著特征的商品的名称、包装、装潢,应当认定为反不正当竞争法第五条第(二)项规定的'特有的名称、包装、装潢'。有下列情形之一的,人民法院不认定为知名商品特有的名称、包装、装潢:(一)商品的通用名称、图形、型号;(二)仅仅直接表示商品的质量、主要原料、功能、用途、重量、数量及其他特点的商品名称;(三)仅由商品自身的性质产生的形状,为获得技术效果而需有的商品形状以及使商品具有实质性价值的形状;(四)其他缺乏显著特征的商品名称、包装、装潢。前款第(一)、(二)、(四)项规定的情形经过使用取得显著特征的,可以认定为特有的名称、包装、装潢。知名商品特有的名称、包装、装潢中含有本商品的通用名称、图形、型号,或者直接表示商品的质量、主要原料、功能、用途、重量、数量以及其他特点,或者含有地名,他人因客观叙述商品而正当使用的,不构成不正当竞争行为。"《中华人民共和国民事诉讼法》第六十四条第一款规定:"当事人对自己提出的主张,有责任提供证据。"《最高人民法院关于适用〈中华人民共和国民事诉讼法〉的解释》第九十条规定:"当事人对自己提出的诉讼请求所依据的事实或者反驳对方诉讼请求所依据的事实,应当提供证据加以证明,但法律另有规定的除外。在作出判决前,当事人未能提供证据或者证据不足以证明其事实主张的,由负有举证证明责任的当事人承担不利的后果。"

根据前述规定,味事达公司主张被控侵权产品使用与"味事达味极鲜"商品的商品装潢相同或近似的商品装潢构成不正当竞争,则其应举证证明其"味事达味极鲜"商品的商品包装装潢具有能够区别商品来源的显著特征,他人使用与前述商品包装装潢相同或者近似的标识会引人误认为是味事达公司商品或者与味事达公司存在特定联系。本案中,味事达公司主张其销售的"味事达味极鲜"商品装潢的显著性和特有性具体表现为:(1)瓶身为左部黄色,右部砖红色,黄色部分面积大于砖红色部分,黄红色之间由弧线分割;(2)瓶身中上部为紫色扇形图案,扇形图案中有亮黄色的中英文字;(3)瓶身靠左下部,有竖排、带圈、黑色、手写行书体"味极鲜"三字,三字字号上小下大。现有证据显示,当前市场上存在多款酱油商品(包括"海天味极鲜"酱油、"东古味极鲜"酱油等)在其商品包装装潢上使用了黄色、红色作为主要配色或底色,不同颜色之间以弧线或直线分割,同时使用了"味极鲜"的文字,并在瓶身中上部突出使用了不同的商标标识,商标标识以四边形、椭圆形或扇形等图案为衬底。味事达公司所主张的前述商品装潢在不考虑"味事达 Master"商标的显著性与知名度时,仅由黄红两色底色、弧形分割线、"味极鲜"的文字以及紫色扇形图案等元素简单组合而成,在市场上存在多款酱油商品使用了黄红两色作为主要配色或底色、弧线或直线分割线、"味极鲜"文字以及四边形或扇形等图案衬底的情况下,味事达公司提交的证据尚不足以证明其前述商品装潢本身具有能够明显区别于其他众多品牌酱油商品包装装潢的显著特征或相关公众仅根据其前述商品装潢本身即足以识别该商品来源于味事达公司,亦不足以证明若他人在商品上使用与其前述商品包装装潢相同或者近似的标识会导致相关公众误认为是味事达公司的商品或者与味事达公司存在特定联系。且味事达公司的"味事达味极鲜"商品及被控侵权产品均分别突出使用了味事达公司的"味事达 Master"商标及家常用公司的"家常樂 jiachangle"商标,在前述两个商标均已经核准注册多年并经使用的情况下,相关公众在选购相关酱油商品时,其注意力更容易为具备更强显著性及具有明显呼叫读音的"味事达 Master"商标或"家常樂 jiachangle"商标所吸引,而对显著性更弱的仅使用了常用黄红配色、图案及"味极鲜"文字的商品包装装潢施以较少关注,即相关公众在选购酱油商品时,更容易根据酱油商品使用的"味事达 Master"商标或"家常樂 jiachangle"商标而非其包装装潢区别商品来源。据此,味事达公司提交的证据不足以证明"味事达味极鲜"商品包装装潢在不考虑"味事达 Master"商标的显著性与知名度时即具有能够区别商品来源的显著特征,亦不足以证明被控侵权产品使用的包装装潢会导致相关公众产生混淆,引其误认为是味事达公司的商品或者与味事达公司存在特定联系,味事达公司应承担举证不能的不利后果。因此,味事达公司主张家常用公司、冠超公司生产或销售被控侵权产品构成不正当竞争并请求家常用公司、冠超公司停止侵权、赔偿损失,事实和法律依据不足,一审法院不予支持。冠超公司经一审法院传票传唤,无正当理由拒不到庭,不影响一审法院对本案的审理。

综上所述,一审法院依照《中华人民共和国反不正当竞争法》第六条第一项,《最高人民法院关于审理不正当竞争民事案件应用法律若干问题的解释》第二条,《中华人民共和国民事诉讼法》第六十四条第一款、第一百四十四条,《最高人民法院关于适用〈中华人民共和国民事诉讼法〉的解释》第九十条的规定,判决如下:驳回味事达公司的全部诉讼请求。一审案件受理费 46 800 元,由味事达公司负担。

二审中,味事达公司向本院提交了以下证据:证据 1 为江苏省高级人民法院作出的(2019)苏民终 212 号民事判决书,证据 2 为河南省高级人民法院作出的(2020)豫知民终 136 号民事判决书,证据 3 为江西省赣州市中级人民法院作出的(2020)赣 07 知民初137号民事判决,证据4为上海市浦东区人民法院作出的(2015)浦民三(知)初字第943号民事判决书,以上证据拟证明与本案类似的案件关于有一定影响的装潢的认定标准均与本案不同。证据5为《酱油外包装瓶贴调研报告》以及《专家咨询意见》,拟证明"味事达味极鲜"酱油装潢不是通用装潢、"家常樂"酱油的标贴与"味事达味极鲜"的标贴基本相同,"味事达味极鲜"与海天、东古、珠江桥的外包装标贴不近似。证据6为最高人民法院作出的(2006)民三提字第3号民事判决书,拟证明同样元素可以通过不同的排列、组合构成独特的装潢,装潢比商标可以发挥更大的识别作用。证据7为海天酱油吧贴文,证据8为申请号为CN201130404278.2号外观设计专利权授权公告文件,以上两份证据拟证明海天酱油的红黄色装潢最早使用时间为2011年。证据9为申请号为CN201630590940.0号外观设计的公告授权文件,拟证明东古酱油的装潢最早使用时间为2016年。证据10为(2021)沪长证经字第1910号《公证书》,拟证明东古酱油的装潢具有独特性。证据11为(2021)沪长证经字第1911号《公证书》,拟证被诉侵权装潢与味事达公司的商品装潢构成混淆。证据12为(2021)沪长证经字第1912号《公证书》,证明味事达公司的酱油装潢具有独特性。证据13为(2021)沪长证经字第1913号《公证书》,拟证明海天酱油的装潢具有独特性。家常用公司对于味事达公司提交的上述证据,质证意见为:首先,味事达公司提交的证据均不是新证据,其次,对于证据1-4以及证据6的真实性予以确认,但对其关联性不确认。该五份判决涉案的包装、装潢均非本案味事达公司请求保护的装潢,与本案事实毫无关联。对于证据5,专家均是收费的,其意见缺乏公正性,故对其真实性、关联性与合法性均不认可。证据7-13的真实性以及是否为新证据,由法院审核认定,但不认可其关联性,不能证明味事达公司拟证明的目的。

家常用公司亦在二审中向本院提交了以下证据:证据1为《民事起诉状》两份,证据2为《法庭笔录》一份,以上证据拟证明味事达公司另以著作权侵权为由,诉请家常用公司赔偿100万元,后又变更为50万元,可见味事达公司不顾历史与事实,滥用诉权,浪费司法资源。

对于味事达公司与家常乐公司二审中提交的证据,冠超公司均未发表质证意见。

本院结合当事人的质证意见,对味事达公司、家常用公司提交的证据认定如下:

(一)关于味事达公司向本院提交的13份证据。证据1-4以及证据6均是各级法院作出的生效判决,家常用公司对其真实性亦无异议。但是,证据1-4判决所涉的当事人以及当事人诉争的装潢非味事达公司在本案中请求保护的装潢,故其与本案缺乏关联性,本院不予采信。证据6系最高人民法院作出的关于装潢的指导性案例,其与本案构成类案,本院予以采信。证据5包括味事达公司委托研究机构作出的调研报告以及中国社会科学院法学研究所李顺德研究员、中国计量大学冀瑜副教授两位学者出具的专家咨询意见。该研究报告以及专家咨询意见的出具者均未到庭接受质证,本院仅将其作为认定事实的参考,不作为认定案件事实的证据采信。证据7为网友在百度贴吧发表的帖子,无法核实内容的真伪,本院不予采信。证据8与证据9均系外观设计专利的授权文件,真实性可以核实,其内容与本案亦有关联,本院予以采信。证据10-13均系公证文书,其内容与本案争议事实有关,本院予以采信。

(二)关于家常用公司向本院提交的2份证据。该证据反映的是味事达公司以瓶贴作品作为权利基础提起的著作权纠纷,味事达公司在庭审中确认该诉讼属实,该诉讼与本案具有一定的关联性,本院对该证据予以采信。

经审理查明,一审法院查明的事实属实,本院予以确认。

本院另查明以下事实:

(一)关于味事达公司主张的商业标识内容及使用情况。味事达公司在起诉状以及向一审法院提交的书面代理意见中主张的商业标识均系"味事达味极鲜"商品的装潢。该装潢的内容如图三所示。味事达公司在二审庭审中陈述,其请求法院保护的是"味事达味极鲜"商品包装、装潢,包括瓶子的形状以及瓶盖、瓶底的标贴。并且,其在庭审后向本院提交的《情况说明》称,其在本案中的主张仅限于庭审中用于比对的方形瓶的"味事达味极鲜"商品包装、装潢,排除圆形瓶"味事达味极鲜"商品的包装、装潢;方形酱油瓶在行业内属于通用的包装设计,识别商品的主要部分是装潢。

2001年7月31日,味事达公司向国家知识产权局申请了申请号为CN01332784.4的"瓶贴"外观设计专利,请求保护的范围包括色彩。该外观设计的图片如图四所示。

味事达公司向法院提交的海报载明,"为更好地树立产品的品牌形象,并且响应国家质量技术监督局于2001年9月1日正式实施的国家酿造酱油质量标准,味事达现隆重推出全新包装的味极鲜酿造酱油系列产品(规格:170毫升、380毫升、760毫升以及1 600毫升)"。并在首页配上了"隆重上市"的味极鲜酿造酱油商品照片,照片内容如图五所示。味事达公司主张该海报的发行日期为2001年。

2005年4月15日,味事达公司向国家知识产权局申请了申请14号为CN200530056605.4的"瓶贴(PET味极鲜)"外观设计专利,请求保护的范围包括色彩。该外观设计的图片如图六所示。

2005年4月11日,味事达公司在第30类的咖啡、酱油等商品上申请立体商标。该商标图片如图七所示。味事达公司提交的(2021)沪长证经字第1912号公证书显示,使用味事达"味极鲜"商品的照片,在京东、淘宝、拼多多进行搜索,未出现其他品牌的"味极鲜"商品。

(二)有关"味事达味极鲜"装潢影响力的事实。"味事达味极鲜"酱油在天猫平台的"卡夫亨氏食品旗舰店"、京东平台的"沃尔玛官方旗舰店"均有销售。该商品在"卡夫亨氏食品旗舰店"的评价数接近6 000,在"沃尔玛官方旗舰店"评价数超过9 600。

央视市场研究股份有限公司出具的《凯度消费者指数研究数据声明》显示,自2016年1月2日至2019年9月6日,"味事达"品牌酱油在广东省与福建省酱油市场的销售份额均居于第一位。其中,2016、2017、2018、2019年度,在广东省的销售份额分别为29.3%、29.7%、30.6%、30.1%;在福建省的销售份额分别为21.7%、21.8%、23.8%、25.2%。味事达公司提交的视频截图显示,"pp视频"播放了涉案"味事达味极鲜"的商品广告。

《北京青年报》在2001年9月28日刊登了味事达公司的"味事达味极鲜"新包装上市广告,上面载有与味事达公司在本案中主张的装潢基本一致的商品照片。2002年3月15日的《温州晚报》《华西都市报》、2002年7月10日的《青岛晚报》、2002年7月11日的《烟台晚报》、2003年11月23日的《汕头都市报》、2004年5月9日的《南方都市报》、2005年1月30日的《广州日报》、2006年8月17日与9月28日的《羊城晚报》、2006年12月31日的《信息时报》、2007年11月29日的《晶报》、2007年12月4日的《厦门晚报》均刊登了"味事达味极鲜"的宣传广告,广告商品的装潢与涉案的"味事达味极鲜"商品装潢基本一致。

广州经贸大楼、广东韶关火车站广场、京珠高速、上海南京路步行街世贸国际广场、广州陈家祠地铁站均张贴了"味事达味极鲜"的户外广告。广告图片展示的商品装潢与涉案的"味事达味极鲜"商品装潢基本一致。味事达公司主张上述广告的发布时间分布在2002年到2005年期间。

味事达公司提交的(2020)沪徐证经字第3744号《公证书》显示:1.进入"爱奇艺搜索",以"味事达味极鲜看萌妹子"为关键词进行搜索,共有177个视频;以"味事达味极鲜让你厨艺进步好帮手"为关键词进行搜索,共有4个视频;以"味事达味道一流的酱油"为关键词进行搜索,共有304个视频;以"卖萌妹子与妈妈的菜"为关键词进行搜索,共有1.6万个视频,其中排在前三的均是味事达公司的广告;以"长大你想做什么味事达味极鲜创意广告"为关键词进行搜索,共有24个视频;以"吃饭啦!味事达味极鲜广告"为关键词进行搜索,共有172个视频;以"亨氏味事达味极鲜15g"为关键词进行搜索,共有172个视频。2. 进入"腾讯视频",以"味事达味极鲜酱油创意广告之萝莉养成对话""味事达宣传片""黄磊孙莉联袂出演,味事达全新广告鲜味十足""味事达广告片"等为关键词进行搜索,均出现了大量相关视频。3. 进入"YOUKU"视频网站,味事达以及味事达味极鲜的广告视频亦排在较前列。4. 进入"bilibili"网站,以"味事达味极鲜酱油2013年广告倒数合集"为关键词进行搜索,出现了味事达酱油的广告。5. 进入"土豆"网,可以查看到味事达的广告。6. 进入"搜狗"网站,以"买味极鲜酱油,认准味事达品牌"为关键词进行搜索,可以查看到味事达酱油的相关广告宣传;以"味事达重要奖项"为关键词进行搜索,可以查到味事达公司2005—2014年以来的大量获奖情况;以"味事达强势植入《好先生》销售喜人"为关键词进行搜索,进入相关报道,报道称自2015年植入年度剧霸《虎妈猫爸》,今年第二季度乘胜追击,强势植入《好先生》,迅速增加品牌曝光,销售拉动更是喜人。

光明网刊载的文章称,味事达公司在2016年签下黄磊夫妇作为味事达品牌的代言人。

味事达公司向法院提交了17张展会、赛场的现场图片,其主张分别为2003年11月举行的第五届中国汕头国际食品博览会、2003年12月举行的北京中国品牌战略推进成果展览会、2004年举行的第二届"味事达"杯巧手师奶烹饪大赛、2004年7月份举办的广东省农产品(成都)展销会、2004年8月份举办的第二届广东珠江食品博看会、2004年10月份举办的第十四届中国厨师节餐饮博览会、2004年11月份举办的第五届中国烹饪世界大赛的现场照片。上述照片上均有"味事达味极鲜"的广告。广告所显示的商品装潢与涉案"味事达味极鲜"商品装潢基本一致。

2010年,味事达公司获得中国调味品协会颁发的"中国调味品行业最具成长力企业"荣誉证书。

2012年,味事达公司获得中国调味品协会经销商分会颁发的

"2012年中国调味品产业最具渠道影响力品牌"。

2013年,亨氏中国调味品"味事达"牌酱油,获得2013年中国(国际)调味品及食品配料博览会颁发的"金奖"。

味事达公司提交的(2020)粤广南沙23574号公证书显示,味事达公司向公证人员出示了以下荣誉的相关证书:1.味事达公司被评为2005年度广东省食品产业"50强企业";2."味事达Master"商标分别于2003、2006年被评为广东省著名商标;3.味事达公司被评为中国调味品行业酱油十强品牌企业;4.味事达酱油被评为广东省消费者委员会2005—2007年度的推荐商品;5. 2001—2002年度的"全国食品工业优秀龙头食品企业";6.味事达酱油被评为2002—2003年度"十大商场百佳名牌广州万民铸诚信荣誉品牌";7. 1997年获得"名牌";8. 1981—1991年中国食品工业十年新成就展示会"优秀新产品";9. 1996年味事达味极鲜酱油获得"广东省名牌产品";10. 1994年广东开平味事达集团股份有限公司生产的潭江牌味极鲜酱油获得"中国名牌产品";11. 1991开平县酱料厂生产的潭江桥牌味极鲜酱油被评为"优秀新产品";12.味事达牌味极鲜酱油于1997年被认定为第三届中国农业博览会广东省馆参展名优产品;13. 1996年、2005年味事达牌味极鲜酱油被评为广东省名牌产品;14. 2003年、2006年,味事达牌酱油被评为中国名牌产品;15. 1996年,味事达牌味极鲜酱油系列被评为"免检产品";16. 2002年,味事达公司被评为"全国食品工业优秀龙头食品企业";17. 2010、2011年,味事达牌获得"消费者最喜爱、最放心调味品"品牌,味事达牌酱油获得"中国(国际)调味品及食品配料博览会金奖";18. 2012年,味事达味极鲜酱油获得"最畅销单品",味事达牌获得"消费者最喜爱、最放心调味品"品牌,味事达牌酱油获得"中国(国际)调味品及食品配料博览会金奖"。

(三)其他品牌的"味极鲜"商品装潢情况。根据味事达公司提交的(2019)沪徐经证字第9659号公证书,"海天酱油""李锦记""欣和味达美"等品牌的"味极鲜"商品装潢见图八。

冯振全于2011年11月7日对海天集团"味极鲜"瓶贴申请外

观设计专利权;任权泮于 2016 年 12 月 3 日申请东古"味极鲜"包装瓶外观设计专利权。

味事达公司提交的(2021)沪长证字第 1910 号《公证书》显示,分别使用东古"味极鲜"的包装瓶照片在京东、淘宝、拼多多平台进行搜索,出现的商品并无味事达"味极鲜"。味事达公司提交的(2021)沪长证字第 1913 号《公证书》显示,分别使用海天"味极鲜"的包装瓶照片在京东、拼多多平台进行搜索,出现的商品并无味事达"味极鲜"。

(四)有关被诉侵权及混淆的事实。根据味事达公司向法院提交的(2019)沪徐证经字第 13106 号《公证书》记载,委托代理人王国钢于 2019 年 12 月 9 日自冠超公司购得味事达公司的"味事达味极鲜酱油 380 ml"与"味事达味极鲜酱油 760 ml"两款商品。

根据味事达公司向法院提交的(2019)沪徐证经字第 13107 号《公证书》记载,委托代理人王国钢于 2019 年 12 月 9 日在福建省新涵街 586 号"惠民量贩购物广场新涵店"购买了"家常乐味极鲜酱油 1.6 L"2 桶及附赠的"家常乐味极鲜酱油 150 ml"2 瓶,"家常乐味极鲜酱油 380 ml"2 瓶,"中号购物袋"2 个,并现场取得"收银发票""小票"各一张。

味事达公司提交的(2021)沪长证经字第 1911 号公证书显示,使用家常乐"味极鲜"商品的照片,在京东、天猫、拼多多进行搜索,出现的商品包括家常乐"味极鲜"、味事达"味极鲜"。

(五)被诉侵权商品的情况。家常用公司生产的酱油自 2004 年起得到了中国质量认证中心的质量认证,并自 2005 年来经广东省江门市质量技术监督局屡次检验质量均为合格,2016 年,还作了出口食品生产企业备案。

开平市家常用调味品厂生产的调味品系列获得"2008 年江门优秀旅游产品称号"。2009 年,家常用公司的"味极鲜"获得香港国际美食促进会颁发的"美味大奖"。

家常用公司及其法定代表人黄永健因积极参与江门市的各项

社会活动获得了一系列荣誉称号。家常用公司于2005年被开平市工商行政管理局评为"重合同守信用企业"。家常用公司还向法院提交了其参加"粤西名优产品展销会""泛珠三角区域经贸合作洽谈会"及其法定代表人黄永健参加"2009年粤澳名优产品展销会"的照片。

（六）其他事实。味事达公司向法院提交了以下维权费用的票据：1.四张公证费发票，票面金额分别为4 000元、7 000元、15 000元、12 000元，共计38 000元。2.三套购买被诉侵权商品的小票及发票，票面金额共计184.5元。3.两张律师费发票，票面金额分别为53 000元、84 800元，共计137 800元。

味事达公司在一审庭审中陈述，其于2001年8月18日使用涉案的"味事达味极鲜"商品装潢。

味事达公司向法院提交的证据显示，家常用公司于2000年11月25日向国家知识产权局申请了申请号为CN00343702.7的"招贴（味极鲜酱油380 ml）"外观设计专利。该专利亦请求保护色彩，专利图片如图九所示。家常用公司对此称，该装潢其使用一段时间之后就未再使用。家常用公司在一审庭审中陈述，其产品于2004年开始使用被诉侵权的装潢；其在二审庭审中又称，其使用被诉侵权装潢始于2000年，但2004年之前的证据都找不到了。

家常用公司在二审庭审中确认，其法定代表人黄永健曾经在味事达公司工作过。

2021年5月6日，味事达公司以其"味事达味极鲜"商品标贴的著作权受到侵害为由，以家常用公司与冠超公司为被告，向福建省莆田市中级人民法院提起另案诉讼，请求法院判令两被告连带赔偿其经济损失及合理维权费用共计100万元。该案于2021年8月9日开庭审理，味事达公司在庭审中变更诉讼请求为50万元，并明确其在该案仅针对"家常樂味极鲜酱油"150 ml瓶贴主张权利，不针对"家常樂味极鲜酱油"的方形瓶瓶贴主张权利。"家常樂味极鲜酱油"150 ml为圆形瓶。

本院认为，本案系擅自使用与他人有一定影响的装潢相同或者近似的标识纠纷。本案被诉行为持续至2019年4月23日之后,故应适用2019年4月23日修正的《中华人民共和国反不正当竞争法》。味事达公司起诉主张的是商品装潢,不包括商品名称及包装;在二审中其进一步限缩诉请为"方形瓶"的商品装潢。因此,本院在二审程序中仅就方形瓶"味事达味极鲜"的装潢进行审理。根据双方当事人的诉辩主张,本案二审争议的焦点为:1. 涉案的"味事达味极鲜"装潢是否构成"有一定影响的装潢";2. 家常用公司是否使用了与涉案"味事达味极鲜"装潢相同或近似的装潢且足以引起相关公众混淆误认;3. 家常用公司的抗辩理由是否成立;4. 家常用公司与冠超公司是否构成擅自使用与他人有一定影响装潢相同或者近似的标识以及应承担何种民事责任。

一、关于涉案的"味事达味极鲜"装潢是否构成"有一定影响的商品装潢"的问题

根据《中华人民共和国反不正当竞争法》第六条第一项的规定,经营者不得擅自使用与他人有一定影响的商品名称、包装、装潢等相同或近似的标识,引人误认为是他人商品或者与他人存在特定联系。味事达公司上诉称,其生产的方形瓶"味事达味极鲜"装潢构成上述法律所规定的"有一定影响的装潢"。为证明该主张,其向法院提交了方形瓶的"味事达味极鲜"实物照片、销售数据、广告宣传资料、获奖证书、市场调研报告、商品图片搜索结果等作为证据。

商品装潢是为识别与美化商品而在商品或者其包装上附加的由文字、图案、色彩及其排列组合形成的装饰性设计。根据味事达公司向法院提交的"味极鲜"商品实物,涉案商品装潢为:黄色的瓶盖;瓶盖侧面与瓶颈上半部使用砖红色的包装纸紧紧环绕密闭;砖红色包装纸上印有四个扇形"味事达Master"标志环绕瓶盖一圈;瓶身靠近瓶颈的位置,使用凸形雕刻出"味事达Master"标志;长方形的瓶贴环绕瓶身三个面;瓶贴的左部为黄色,右部为砖红色,黄色部分面积大于砖红色部分,黄、红色之间在正面偏右处由

弧线分割；瓶贴正面的中上部为紫色扇形图案，扇形图案中有亮黄色的中英文字"味事达 Master"；瓶贴正面靠左下部，有竖排、带圈、黑色、手写行书体"味极鲜"三字，三字字号上小下大；瓶贴正面下部为三颗黄豆悬置于一圈起波纹的液体水平面上方的图案。味事达公司提交的证据显示，该款商品：1. 销售范围广、销售数量可观。其在天猫、京东、沃尔玛等知名电商平台或者零售商店上架且产生了不菲的客户评价数量，由此可推知该款商品的销售范围遍及全国、销售数量较大。2. 在广东、福建等地有很高的市场占有率。根据央视市场研究股份有限公司出具的《凯度消费者指数研究数据声明》，其在广东、福建两地的酱油市场占有率排名第一，并且长期超过五分之一。3. 长期、大量、高强度地进行了形式多样的广告宣传。自 2001 年推出该款商品之日起，味事达公司在《北京青年报》《南方都市报》《晶报》等传统纸媒，广州经贸大楼、广东韶关火车站广场、京珠高速等交通要道，"爱奇艺""腾讯视频""YOUKU"等视频网站进行了持续性的、大规模的广告宣传；还通过聘请黄磊夫妇作为品牌代言人、参加或者举办各类烹饪赛事等多种渠道推广该款商品。4. 有较高的市场认可度。该款商品获得了广东省消费者委员会 2005—2007 年度的推荐商品、"中国（国际）调味品及食品配料博览会金奖""中国（国际）调味品及食品配料博览会金奖"等多项荣誉，具有较高的市场认可度。上述事实充分表明，经过味事达公司长期的营销以及广告宣传，涉案的"味极鲜"商品装潢已为中国境内相关公众普遍知悉、认可，具有较高的知名度，系有一定影响的装潢。

家常用公司的异议在于，味事达公司的涉案商品装潢与"海天味极鲜"酱油、"东古味极鲜"酱油、"珠江桥牌御品鲜"酱油等其他酱油产品的装潢近似，不具有"特有性"。对此，本院认为，为了避免将不具备识别商品来源功能的装潢由特定经营主体垄断，《反不正当竞争法》所保护的"有一定影响的装潢"应具备"特有性"。该"特有性"的实质即商业标识的"显著性"。经本院核实，"海天味极鲜"酱油、"东古味极鲜"酱油、"珠江桥牌御品鲜"酱油的装潢分别如下：1."海天味极鲜"的装潢为：银白色的瓶盖；瓶盖侧面与瓶颈上半部使用黄色的包装纸紧紧环绕密闭；黄色包装纸上方印有长方形的"海天"标志、下方印有"味极鲜"文字；瓶身靠近瓶颈的位置，使用凸形雕刻出"海天"标志；长方形的瓶贴环绕瓶身三个面；瓶贴的中部为黄色，左部与右部均为砖红色，砖红色部分面积大于黄色部分面积，黄红色之间在正面与左面、右面的临界处由弧线分割；瓶贴正面中上部为砖红色长方形，长方形图案中有白色的中文字"海天"，"海天"文字下方有竖排、不带圈、黑色、手写行书体"味极鲜"三字，三字的字号接近；瓶贴正面右下部有竖排、带红色圈的白色"鲜晒香"三字，三字的字号接近。2."东古味极鲜"的装潢为：红色的瓶盖；瓶盖侧面与瓶颈上半部使用黄色的包装纸紧紧环绕密闭；黄色包装纸上方印有两处椭圆形的"东古"标志、下方印有两处"非转基因大豆"文字；长方形的瓶贴环绕瓶身三个面；瓶贴的中部为黄色，左部与右部均为砖红色，砖红色部分面积大于黄色部分面积，黄、红色之间在正面与左面、右面的临界处由弧线分割；瓶贴正面左上部为砖红色椭圆形，椭圆形图案中有黑色的中文字"东古"，瓶贴正面中间有竖排、不带圈、黑色"味极鲜"三字，"味"字加粗并且相对靠左；瓶贴正面左下部有一幅描绘中国古代人晒黄豆的劳作图。3."珠江桥牌御品鲜"的装潢为：瓶盖侧面与瓶颈上半部使用黄色的包装纸紧紧环绕密闭；长方形的瓶贴环绕瓶身三个面；瓶贴全部采用银灰色作为底色；正面的瓶贴正中央系一黄色大椭圆形环，环内为墨绿色，上方设置一红色扇形，扇形内有白色文字"珠江桥"，下方有黄色文字"御品鲜"。经比较，"珠江桥牌御品鲜"的装潢所使用的颜色、图案以及对文字的布局均与味事达公司涉案"味极鲜"装潢完全不同。"海天味极鲜""东古味极鲜"虽然与味事达公司涉案"味极鲜"均采用了黄色与砖红色两种颜色作为装潢的主色调、弧线作为红黄两色的分割线以及竖排的黑色味极鲜文字，但是两者不仅瓶盖与瓶颈的颜色与图案、文字布局完全不同，并且在最为吸引相关公众注意力的环绕瓶身三个面的瓶贴部分，黄色与砖红色所占的比例、采用的图案、文字字体字号以及文字与图案的布局均明显不同。并且,更为重要的是,商业标识的显著性与其知名度相关。即便固有显著性较弱的装潢,若通过长期的使用,使得相关公众能够将其与其他商品装潢区别开来,亦可认定具有显著性。本案中,涉案的味事达"味极鲜"商品在中国境内已具有相当高的知名度与认可度。该商品的知名度是由"味事达"商标与涉案商品装潢共同构建的,"味事达"商标本身亦是涉案"味极鲜"商品装潢的有机组成部分。一审法院将涉案味事达"味极鲜"商品的知名度完全归于"味事达"商标的裁判思路不当,应予以纠正。在涉案味事达"味极鲜"装潢具有如此高知名度的情况下,相关公众即便施以一般注意力,亦不会将其与"海天味极鲜""东古味极鲜""珠江桥牌御品鲜"的装潢混淆、误认。味事达公司分别以味事达"味极鲜""海天味极鲜""东古味极鲜"的商品照片在京东、淘宝、拼多多等电商平台上进行搜索,搜索结果并未出现其他经营者生产的商品,亦佐证了味事达"味极鲜"装潢具有识别商品来源"显著性"的结论。一审法院关于涉案味事达"味极鲜"装潢不具有显著性的认定错误,本院予以纠正。

综上,味事达公司已提交证据证明涉案味事达"味极鲜"装潢系有一定影响的装潢,本院对其该项上诉理由予以支持。

二、关于家常用公司是否使用了与涉案的"味事达味极鲜"装潢近似的装潢且足以引起相关公众混淆误认的问题

根据味事达公司提交的被诉侵权商品实物,家常樂"味极鲜"的装潢为:黄色的瓶盖;瓶盖侧面与瓶颈上半部使用砖红色的包装纸紧紧环绕密闭;砖红色包装纸上印有四个扇形"家常樂jiachangle";长方形的瓶贴环绕瓶身三个面;瓶贴的左部为黄色,右部为砖红色,黄色部分面积大于砖红色部分,黄红色之间在正面偏右处由弧线分割;瓶贴正面的中上部为紫色扇形图案,扇形图案中有亮黄色的中英文字"家常樂 jiachangle";瓶贴正面靠左下部,有竖排、带圈、黑色、手写行书体"味极鲜"三字,三字的字号上小下大;瓶贴正面下部为一堆黄豆与一片绿叶组成的图案。可见,将

家常用公司所使用的被诉侵权装潢与味事达公司涉案装潢相比较,除商标文字内容以及瓶贴正面右下角的图案两处局部细微差异之外,两者的色彩、图案以及文字布局方式均基本一致,两者的整体结构构成物理意义上的近似。再结合考虑味事达涉案商品装潢的知名度,相关公众极易误认为被诉侵权商品来源于味事达公司或者来源于与味事达公司有特定关系的经营者。味事达公司向本院提交的证据亦显示,使用被诉侵权商品的照片在天猫、京东、拼多多等电商平台进行搜索,搜索结果既有被诉侵权商品,还有味事达公司的"味极鲜"商品。根据生活经验,电商平台搜索引擎辨识的精度通常高于相关公众施以一般注意力。由此进一步验证,被诉侵权装潢足以产生让相关公众混淆商品来源的结果。

一审法院认为两者不构成近似的主要原因在于被诉侵权商品与味事达公司的商品分别突出使用了各自的商标"家常樂jiachangle""味事达Master",相关公众可依据商标区分两者,故不会因使用近似的装潢导致混淆、误认商品来源。对此,本院认为,商品装潢与商标是存在关联但又不相同的两类商业标识。符合法律规定的"有一定影响的装潢",可与商标发挥同等甚至更为重要的识别功能。若因被诉侵权商品与味事达公司的商品分别突出使用了各自的商标,即否认相关公众混淆误认两者商品来源的可能性,则无异于将商标视为识别商品来源的唯一商业标识,既无法律依据亦无事实依据。一审法院的该项认定错误,本院予以纠正。

综上,味事达公司关于家常用公司使用了与涉案"味事达味极鲜"装潢近似的装潢且足以引起相关公众混淆误认的上诉理由成立,本院予以支持。

三、关于家常用公司的抗辩理由是否成立的问题

家常用公司辩称,其早于味事达公司使用被诉侵权装潢,不构成不正当竞争。对于涉案"味极鲜"装潢的最初使用时间,味事达公司主张其始于2001年8月18日。对此,本院注意到两项事实:

其一是,味事达公司向国家知识产权局申请 CN01332784.4 号"瓶贴"外观设计专利的时间为 2001 年 7 月 31 日;其二是,味事达公司向法院提交的海报载明其于 2001 年 9 月 1 日推出"味极鲜"酿造酱油,并附有商品照片。上述外观设计专利图片所表示的"瓶贴",与海报中所展示的"味极鲜"酿造酱油瓶身上所使用的"瓶贴"基本一致,而"瓶贴"系味事达公司涉案装潢的主要组成部分。在家常用公司未提交相反证据的情况下,可以认定味事达公司涉案装潢的使用时间始于 2001 年的事实具有高度可能性,故味事达公司的该项主张成立。对于被诉侵权装潢的最初使用时间,家常用公司在一审中主张为 2004 年,二审中又改为 2000 年。但是,对于 2004 年之前使用被诉侵权装潢的事实,其未提交任何证据证实。并且,家常用公司在 2000 年 11 月 25 日申请外观设计专利的"招贴(味极鲜酱油 380 ml)"与被诉侵权装潢的瓶贴内容完全不同。综合上述情况,本院认为,家常用公司关于其使用被诉侵权装潢的时间早于味事达公司使用涉案"味极鲜"装潢的主张依据不足,不能成立。家常用公司用于抗辩的事实不存在,本院对其该项抗辩主张不予支持。

四、关于家常用公司与冠超公司是否构成擅自使用与他人有一定影响的装潢相同或者近似的标识以及应承担何种民事责任的问题

味事达公司诉称,家常用公司违反《反不正当竞争法》的规定,冠超公司销售使用被诉侵权装潢的商品,两者均应停止不正当竞争行为并连带赔偿味事达公司经济损失及合理维权费用 500 万元。

对此本院认为,家常用公司擅自在其生产、销售的商品上使用味事达公司有一定影响的商品装潢,引人误认为被诉侵权商品是味事达公司的商品或者与味事达公司存在特定联系,构成不正当竞争,依法应承担停止使用被诉侵权装潢的不正当竞争行为并赔偿味事达公司损失等民事责任。关于赔偿数额,根据《中华人民共和国反不正当竞争法》第十七条之规定,"因不正当竞争行为受

到损害的经营者的赔偿数额,按照其因被侵权所受到的实际损失确定;实际损失难以计算的,按照侵权人因侵权所获得的利益确定。……赔偿数额还应当包括经营者为制止侵权行为所支付的合理开支。经营者违反本法第六条、第九条规定,权利人因侵权所受到的实际损失、侵权人因侵权所获得的利益难以确定的,由人民法院根据侵权行为的情节判决给予权利人五百万元以下的赔偿。"本案中,味事达公司并未提交证据证明其被侵权所受到的实际损失或者家常用公司因侵权所获得的利益的具体数额。本院注意到:1.味事达公司用于主张权益的涉案装潢具有较高的知名度;2.家常用公司自2004年起即在商品上使用被诉侵权装潢,至今仍未停止,侵权时间较长;3.家常用公司的该款商品在福建的多个超市销售,有一定的侵权规模;4.家常用公司的法定代表人曾经在味事达公司工作过,其对于仿冒味事达公司涉案装潢一事主观上存在过错;5.味事达公司以家常用公司侵害其使用在圆形瓶上的"瓶贴"著作权为由提起了与本案相关联的另案诉讼并请求赔偿50万元,其在本案中仅请求法院就方形瓶的"味极鲜"商品装潢被侵权一事进行审理;6.味事达公司向法院提交了公证费38 000元、购买使用被诉侵权装潢的商品成本费184.5元、律师费137 800元共计175 984.5元的发票。但是律师费发票显示,法律服务的购买方并非味事达公司,而是"福达(投资)有限公司",味事达公司亦未提交其他证据证明该律师费支出与本案的对应性。因此,对于本案律师费,不能依据味事达公司提交的上述发票确定,而应由法院结合诉讼标的、举证难易程度、律师的实际工作量、广东地区法律服务的收费现状等予以酌定。综合上述因素,本院酌定家常用公司向味事达公司赔偿经济损失及合理维权支出共计20万元。对于味事达公司超出该范围的赔偿请求,本院不予支持。

经本院核实,冠超公司仅在经营的超市销售使用了被诉侵权装潢的商品,并未与家常用公司合谋共同在商品上使用被诉侵权装潢,故其与家常用公司不构成共同侵权,亦无须与家常用公司承担连带赔偿责任。至于冠超公司销售使用了被诉侵权装潢商品的行为是否构成不正当竞争的问题,《最高人民法院关于适用〈中华人民共和国反不正当竞争法〉若干问题的解释》第十四条第一款规定"经营者销售带有违反反不正当竞争法第六条规定的标识的商品,引人误认为是他人商品或者与他人存在特定联系,当事人主张属于反不正当竞争法第六条规定的情形的,人民法院依法予以支持。"以及第二十九条规定"本解释自2022年3月20日起实施。《最高人民法院关于审理不正当竞争民事案件应用法律若干问题的解释》同时废止。本解释施行以后尚未终审的案件,适用本解释;施行以前已经终审的案件,不适用本解释再审"。装潢属于反不正当竞争法第六条所规定的标识;冠超公司销售带有与味事达公司有一定影响力的装潢近似的被诉侵权装潢的商品,将引人误认为是味事达公司的商品或者该商品与味事达公司存在特定联系。根据上述规定,本案应认定冠超公司构成不正当竞争,应承担停止销售被诉侵权商品,并赔偿味事达公司损失的民事责任。关于赔偿的数额,味事达公司并未提交证据证明其被冠超公司侵权所受到的实际损失或者冠超公司因侵权所获得的利益的具体数额。本院综合考虑涉案商品装潢的知名度、冠超公司的经营规模、冠超公司的主观过错程度、冠超公司侵权行为的性质以及家常用公司承担的合理维权支出情况等因素,酌定冠超公司赔偿味事达公司经济损失及合理维权支出共计2万元。味事达公司超出该范围的诉请,本院不予支持。

综上所述,味事达公司的上诉请求部分成立,本院对该部分予以支持。一审判决认定事实不清,适用法律有误,本院予以纠正。依照《中华人民共和国反不正当竞争法》第六条第一项以及第十七条、《最高人民法院关于适用〈中华人民共和国反不正当竞争法〉若干问题的解释》(法释〔2022〕9号)第十四条第一款以及第二十九条、《中华人民共和国民事诉讼法》第一百七十七条第一款第二项之规定,判决如下:

一、撤销广东省江门市中级人民法院(2020)粤07民初79号民事判决；

二、开平市家常用调味品有限公司应予本判决生效之日起停止在制造、销售的方形瓶"味极鲜"商品上使用与开平味事达调味品有限公司涉案"味极鲜"商品装潢相同或者近似的装潢，并于本判决生效之日起十日内赔偿开平味事达调味品有限公司经济损失及合理维权费用共计20万元；

三、莆田市冠超商贸有限公司应予本判决生效之日起停止销售上述由开平市家常用调味品有限公司制造、销售的侵害开平味事达调味品有限公司涉案"味极鲜"装潢的方形瓶"味极鲜"商品，并于本判决生效之日起十日内赔偿开平味事达调味品有限公司经济损失及合理维权开支共计2万元；

四、驳回开平味事达调味品有限公司其他诉讼请求。

如果未按照判决指定的期间履行给付金钱的义务，开平市家常用调味品有限公司、莆田市冠超商贸有限公司应当依照《中华人民共和国民事诉讼法》第二百六十条的规定，加倍支付迟延履行期间的债务利息。

一、二审案件受理费各46 800元，均由上诉人开平味事达调味品有限公司负担18 720元，被上诉人开平市家常用调味品有限公司负担28 080元。上诉人开平味事达调味品有限公司已向本院预交二审案件受理费46 800元，其同意由被上诉人开平市家常用调味品有限公司向其径付，故本院不再进行收退。被上诉人开平市家常用调味品有限公司应在本判决生效之日起十日内，向开平味事达调味品有限公司径付二审案件受理费28 080元。本判决为终审判决。

（五）案件相关问题解析

1. 关于涉案的"味事达味极鲜"装潢是否构成"有一定影响的商品装潢"的问题

商品装潢是为识别与美化商品而在商品或者其包装上附加的由文字、图案、色彩及其排列组合形成的装饰性设计。味事达公司主张其生产的方形瓶"味事达味极鲜"装潢构成上述法律所规定的"有一定影响的装潢"。而家常用公司则辩称,味事达公司的涉案商品装潢与"海天味极鲜"酱油、"东古味极鲜"酱油、"珠江桥牌御品鲜"酱油等其他酱油产品的装潢近似,不具有"特有性"。为证明涉案的"味事达味极鲜"装潢具备"特有性",构成有一定影响的商品装潢,味事达公司向法院提供了最高人民法院第47号指导案例,裁判理由中载明:盛装或者保护商品的容器等包装,以及在商品或其包装上附加的文字、图案、色彩及其排列组合所构成的装潢,在其能够区别商品来源时,即属于反不正当竞争法保护的特有包装、装潢。本案法院认为最高人民法院第47号关于装潢的指导性案例与本案构成类案,对指导案例中的相关裁判理由法院予以采信。结合味事达公司提供的方形瓶的"味事达味极鲜"实物照片、销售数据、广告宣传资料、获奖证书、市场调研报告、商品图片搜索结果,法院认为,涉案"味事达味极鲜"装潢系有一定影响的装潢。

2. 关于家常用公司是否使用了与涉案的"味事达味极鲜"装潢近似的装潢且足以引起相关公众混淆误认的问题

味事达公司向法院提供了其委托研究机构作出的调研报告以及中国社会科学院法学研究所李顺德研究员、中国计量大学冀瑜副教授两位学者出具的专家咨询意见,拟证明"味事达味极鲜"酱油装潢不是通用装潢、"家常乐"酱油的标贴与"味事达味极鲜"的标贴基本相同,"味事达味极鲜"与海天、东古、珠江桥的外包装标贴不近似。由于该研究报告以及专家咨询意见的出具者均未到庭接受质证,本案法院仅将调研报告及专家咨询意见作为认定事实的参考。在上述报告及意见的基础上,法院结合味事达涉案商品装潢的知名度以及电商平台搜索引擎精准度通常高于相关公众一般注意力仍难以对家常用公司涉案侵权产品及"味事达味极鲜"商品进行辨识的结果,法院认定家常用公司使用了与涉案"味事达味极鲜"装潢近似的装潢且足以引起相关公众混淆误认。

3. 味事达公司与家常用公司有关涉案装潢使用时间争议

被上诉人家常用公司在二审中辩称,其早于味事达公司使用被诉侵权装潢,不构成不正当竞争。针对这一争议,味事达公司向法院提供了申请号为CN01332784.4的"瓶贴"外观设计专利的相关信息,其上载明味事达公司于2001年7月31日向国家知识产权局提出授权申请。并且味事达公司向法院提交的海报载明其于2001年9月1日推出"味极鲜"酿造酱油并附有商品图片。味事达公司提交的外观设计专利图片所表示的"瓶贴"与海报中所展示的"味极鲜"酿造酱油瓶身所使用的"瓶贴"基本一致。并且"瓶贴"是味事达公司涉案装潢的主要组成部分。味事达公司提交的上述两项证据之间相互印证,家常用公司也并未对味事达公司涉案装潢使用时间提出相反证据进行反驳。故法院认定味事达公司涉案装潢的使用时间始于2001年的事实具有高度可能性。相反,针对家常用公司最初使用被诉装潢的时间问题,家常用公司在一审中主张其于2004年开始使用,后在二审中改为2000年开始使用被诉侵权装潢,但并未提供相应证据证实这一主张。并且家常用公司在2000年11月25日申请外观设计专利的"招贴(味极鲜酱油380 ml)"与被诉侵权装潢的瓶贴内容完全不同,不能证明其最初使用时间为2000年的主张。综合上述情况,法院认定味事达公司使用"味极鲜"装潢的时间早于家常用公司使用涉案装潢的时间。

4. 关于家常用公司与冠超公司是否构成擅自使用与他人有一定影响的装潢相同或者近似的标识以及应承担何种民事责任的问题

味事达公司诉称,家常用公司违反《反不正当竞争法》的规定,冠超公司销售使用被诉侵权装潢的商品,两者均应停止不正当竞争行为并连带赔偿味事达公司经济损失及合理维权费用500万元。对此法院认定家常用公司构成不正当竞争,依法应承担停止使用被诉侵权装潢的不正当竞争行为并赔偿味事达公司损失等民事责任。关于家常用公司的赔偿数额,本案中,味事达公司并未提交证据证明其被侵权所受到的实际损失或者家常用公司因侵权所获得的利益的具体数额。本院注意到:1. 味事达公司用于主张权益的涉案装潢具有较高的知名度;2. 家常用公司自2004年起即在商品上使用被诉侵权装潢,至今仍未停止,侵权时间较长;3. 家常用公司的该款商品在福建的多个超市销售,有一定的侵权规模;4.家常用公司的法定代表人曾经在味事达公司工作过,其对于仿冒味事达公司涉案装潢一事主观上存在过错;5.味事达公司以家常用公司侵害其使用在圆形瓶上的"瓶贴"著作权为由提起了与本案相关联的另案诉讼并请求赔偿50万元,其在本案中仅请求法院就方形瓶的"味极鲜"商品装潢被侵权一事进行审判;6.味事达公司向法院提交了公证费38 000元、购买使用被诉侵权装潢的商品成本费184.5元、律师费137 800元共计175 984.5元的发票。但是律师费发票显示,法律服务的购买方并非味事达公司,而是"福达(投资)有限公司",味事达公司亦未提交其他证据证明该律师费支出与本案的对应性。因此,对于本案律师费,不能依据味事达公司提交的上述发票确定,而应由法院结合诉讼标的、举证难易程度、律师的实际工作量、广东地区法律服务的收费现状等予以酌定。综合上述因素,本院酌定家常用公司向味事达公司赔偿经济损失及合理维权支出共计20万元。关于冠超公司是否应当与家常用公司承担连带赔偿责任的问题上,法院认为冠超公司仅在经营的超市销售使用了被诉侵权装潢的商品,并未与家常用公司合谋共同在商品上使用被诉侵权装潢,故其与家常用公司不构成共同侵权,亦无须与家常用公司承担连带赔偿责任。但冠超公司销售使用了被诉侵权装潢商品的行为符合《最高人民法院关于适用〈中华人民共和国反不正当竞争法〉若干问题的解释》第十四条第一款规定"经营者销售带有违反反不正当竞争法第六条规定的标识的商品,引人误认为是他人商品或者与他人存在特定联系,当事人主张属于反不正当竞争法第六条规定的情形的,人民法院依法予以支持",故冠超公司构成不正当竞争,应承担停止销售被诉侵权商品并赔偿味事达公司损失的民事责任。关于赔偿数额,法院在综合考虑涉案商品装潢的知名度、冠超公司的经营规模、冠超公司的主观过错程度、冠超公司侵权行为的性质以及味事达公司承担的合理维权支出情况等因素,酌定冠超公司赔偿味事达公司经济损失及合理维权支出共计2万元。味事达公司超出该范围的诉请,本院不予支持。

四、知识产权一体化保护案例的启示与建议

1. 选择适当的权利基础

通过对上述不同案例进行分析可知,知识产权的权利内容具有多样性的特征,其包括著作权、专利权以及有一定影响的装潢权等在内的诸多内容。专利权,是指国家根据发明人或设计人的申请,根据法定程序在一定期限内授予发明人或设计人的一种排他性权利,并且国家需向社会公开发明创造的内容,发明创造对社会要具有符合法律规定的利益。著作权,在我国也是版权,即自然人、法人以及其他组织对作品财产权利和精神权利的总称。装潢权指的是知名产品特有的装潢,他人不得滥用的权利。本案中,家常用公司违反《反不正当竞争法》的规定侵害了味事达公司产品的有一定影响的装潢权,对此法院认定家常用公司构成不正当竞争,依法应承担停止使用被诉侵权装潢的不正当竞争行为并赔偿味事达公司损失等民事责任。因此,侵权人实施不同侵权行为就导致不同的知识产权客体受到侵害。所以在面对知识产权侵权案件时,当事人需要仔细分析证据材料中侵权人实施的侵权行为所指向的权利内容是著作权还是专利权抑或是有一定影响的装潢权等,并在此基础上选择合适的维权方式,实现"对症下药""精准打击",更好地加强对知识产权的保护。

2. 受理案件从易到难逐步推进

受理案件应从易到难逐步推进,在具体的案件中根据具体案情,选择权利基础最稳定的思路进行,确保所受理案件的诉讼请求能够在最大程度上得到法院的支持。以开平味事达调味品有限公司诉开平市家常用调味品有限公司等不正当竞争纠纷案为例,在本案一审中法院认为商品装潢不具有可以识别商品来源的显著特征,因此家常用公司不构成不正当竞争,故驳回了原告味事达公司的全部诉讼请求。因此,在

本案二审中,原告味事达公司选择了较为稳妥的诉讼思路,即将一审中起诉主张的商品装潢限缩为"味事达味极鲜"商品"方形瓶"的商品装潢,并就这一主张向法院提供了有关商品装潢的类案指导案例以及方形瓶的"味事达味极鲜"实物照片、销售数据、广告宣传资料、获奖证书等证据,法院在综合考虑上述证据后,撤销了原一审判决,并判决家常用公司构成不正当竞争,并承担赔偿损失的责任。

3. 加强权利基础意识

通过诉讼的方式保护知识产权终究是治标不治本,确实不是长久之计,只有全社会尊重知识产权,形成正确的保护知识产权意识才是立足之本。因此,我们应当采取相应措施,加强教育,引导全社会形成正确的知识产权保护的观念,创造尊重知识产权的氛围,在根本上减少知识产权侵权现象的发生。为此,在社会层面,可以通过开展形式多样的知识产权普法宣传活动形成良好的社会氛围;在企业层面,企业也应梳理知识产权保护的积极意识,及时对自有专利、著作等进行申请登记,从根本上减少有关知识产权侵权现象的发生。企业自成立以来,就应当注重保全企业商品宣传、包装、装潢、销量等方面的证据。在企业的知识产权受到侵害时,及时提供企业保全的相关证据以维护自己的合法权益。

4. 保持商品包装、装潢等权利基础的稳定性

《中华人民共和国反不正当竞争法》第六条第一项:"经营者不得实施下列混淆行为,引人误认为是他人商品或者与他人存在特定联系:(一)擅自使用与他人有一定影响的商品名称、包装、装潢等相同或者近似的标识;"《反不正当竞争法》所保护的"有一定影响的装潢"应具备"特有性"。该"特有性"的实质即商业标识的"显著性",不具有通用性。因此,为了能够更好保护有一定影响力的商品装潢的权利,企业应当保证其商品装潢的稳定性,以便法院可以更好地认定商品所使用的装潢为有一定影响力的商品装潢,进而得以认定被告的不正当竞争行为,维护权利人的合法权益。

5. 企业要注重自身品牌的建设

近年来,有关知识产权侵权的案件层出不穷,企业为了低价的成本、高额的利润,往往选择以"鱼目混珠"的方式擅自非法使用与他人相同或近似的商品名称、包装、装潢,以此达到误导消费者达到购买其产品的目的。但企业这类行为往往会使自身背上巨额的赔偿责任,极大地影响了企业的发展前途。中国这类企业的危机,反映在知识产权方面,从源头上来说是企业缺乏创新力,不注重品牌培养。有鉴于此,为了能够促使企业实现更好、更长远的发展,企业应当注重自身品牌的建设,提高创新力和注重知识产权保护,用心打造属于自己的独特"标签",树立侵权危机意识,避免陷入知识产权侵权的"深坑",使企业走向一条悠长的发展大道。

附錄

限局光
有權局效
技產激件
科知識熱刺
光家北京限責任權無效案
激國人有明專利系列
東興術發行政
容公司第三技
上海

附　录

上海容东激光科技有限公司与国家知识产权局、第三人北京热刺激光技术有限责任公司发明专利权无效行政系列案件

一、案情简介

本案为上海容东激光科技有限公司(以下简称"容东公司")与国家知识产权局、第三人北京热刺激光技术有限责任公司(以下简称"热刺公司")发明专利权无效行政纠纷一案。

请求人容东公司认为专利号为200810007630.6、名称为"一种螺旋水管结构激光管"的发明专利(下称"本专利")的权利要求1-2不符合专利法的相关规定并提交若干有关证据,向国家知识产权局申请宣告其无效。本专利的专利权人原为徐海军,后于2015年12月9日变更为热刺公司。专利权人提交若干反证并认为本专利权利要求1-2要求保护的范围清楚,能够得到说明书的支持,不缺少必要技术特征,具备创造性,无效宣告请求人的无效理由均不能成立。合议组经审查认为,一项权利要求的技术方案应整体考虑,其技术方案的保护范围应以其全部技术特征相结合后整体限定,而不能以其某一特征属于本领域公知常识而否定整个技术方案的创造性,故请求人所请求的所有无效理由均不能成立,维持本专利有效。

容东公司对国家知识产权局专利复审委员会作出的无效宣告请求审查决定书不服,向法院提起诉讼。

本案中一审法院经审理认为,原专利复审委员会作出的被诉决定证据确凿,适用法律、法规正确,符合法定程序,审查结论正确,原告的诉讼理由不能成立,驳回容东公司的诉讼请求。

本案中二审法院总结本案争议焦点:(1)本专利独立权利要求是否缺少必要技术特征;(2)本专利权利要求保护范围是否清楚;(3)本专利说明书是否公开充分;(4)本专利权利要求是否得

到说明书支持;(5)本专利是否具有创造性。法院围绕争议焦点问题展开审理,最终判决驳回容东公司上诉,维持原判。

二、法律文书

1. 无效审查决定书

中华人民共和国国家知识产权局专利复审委员会
无效宣告请求审查决定

（第35109号）

一、案由

本无效宣告请求涉及中华人民共和国国家知识产权局于2012年8月22日授权公告的专利号为200810007630.6、名称为"一种螺旋水管结构激光管"的发明专利(下称本专利),其申请日为2008年3月3日,专利权人原为徐海军,后于2015年12月9日变更为北京热刺激光技术有限责任公司。

鉴于本专利属于申请日在2009年10月1日之前提出的专利申请所授予的专利权,根据《施行修改后的专利法的过渡办法》和《施行修改后的专利法实施细则的过渡办法》,适用2000年公布的专利法和2001年公布的专利法实施细则,因此本决定所引用的条款均为2000年公布的专利法和2001年公布的专利法实施细则的条款。

本专利授权公告时的权利要求书如下:

"1. 一种螺旋型回水管的激光管结构,应用于中小功率激光切割,雕刻,该激光管结构是由放电管(6),水套管(5),回气管(4),储气管(3),水嘴(7)(10),回水管(11)组成的玻璃结构件,在烧制所述玻璃结构件时,将水套管(5)一头的所述回水管(11)不是直接连接在储气管上,而是把所述回水管(11)在所述水套管(5)外绕上一圈或多圈,形成螺旋型回水管(11),然后所述螺旋型回水管(11)的另一头和所述水嘴(7)烧接上,当水套管(5)和储气管(3)处于不同温度下,而导致它们的轴向膨胀长度不一致,这种轴向膨胀长度不一致能被所述螺旋型回水管(11)的弹性所吸收。

2. 根据权利要求1所述的一种螺旋型回水管的激光管结构,其主要特征在于:所述水套管(5)其中一头的水流通道是通过绕了一圈或几圈的所述螺旋型回水管(11)连接到水嘴(7)上的。"

针对上述专利权,上海容东激光科技有限公司(下称请求人)于2017年10月23日向专利复审委员会提出了无效宣告请求,其理由是本专利权利要求1-2不符合专利法第二十二条第三款有关创造性的规定、不符合专利法第二十六条第四款有关支持的规定、不符合专利法实施细则第二十条第一款有关清楚的规定、不符合专利法实施细则第二十一条第二款有关必要技术特征的规定,涉及权利要求1-2的说明书不符合专利法第二十六条第三款的规定,请求宣告本专利权利要求1-2全部无效。同时提交了如下附件:

附件1:本专利授权公告文本。

结合上述附件,请求人认为:1)螺旋型结构可以解决轴向膨胀问题是本领域技术人员的公知常识,根据本专利的说明书,其相对于现有技术的改进仅仅在于用螺旋型结构的回水管解决回水管轴向膨胀问题,因此本专利相对于现有技术不具备创造性。2)本专利权利要求1-2要保护的是一种结构,但仅仅限定该结构是由放电管、水套管、回气管、储气管、水嘴组成的玻璃结构件,而并没有限定上述组件的数量、组件之间的位置关系及连接关系,即该结构不清楚、没有清楚限定其要求保护的结构,导致权利要求不清楚。3)本专利权利要求1还包括回水管不是与水流通道连接的技术方案,本专利权利要求2还包括回水管不是绕在水套管外面的技术方案,然而由于说明书中既没有披露回水管不与水套管水流通道连接的技术方案,也没有披露回水管不是绕在水套管外面的技术方案,因而权利要求1-2得不到说明书的支持;本专利权利要求1-2包括放电管、回气管、储气管、水嘴,但并未限定这些组件的数量、组件之间的位置关系,即权利要求1-2包括了这些组件之间没有任何联系的技术方案,而说明书中没有披露这样的技术方案如何解决本专利要解决的技术问题,因而权利要求1-2得不到说明书的支持。4)本专利权利要求1-2缺少放电管、回气管、储气管、水嘴等组件数量、组件之间的位置关系及连接关系,缺少水嘴数量上的限制,缺少电极以及电极与其他组件之间的位置、连接关系,缺少回气管及回气管与其他组件的位置关系及连接关系,因而缺少必要技术特征。5)由于说明书没有记载缺少的上述必要技术特征的技术方案如何解决本专利的技术问题,因而本专利说明书公开不充分。

经形式审查合格,专利复审委员会依法受理了上述无效宣告请求,并于2017年10月23日向双方当事人发出了无效宣告请求受理通知书,同时将无效宣告请求书及其证据清单所列的证据副本转给了专利权人。

专利复审委员会依法成立合议组,对上述无效宣告请求进行审查。

针对上述无效宣告请求,专利权人于2017年12月5日提交了意见陈述书,同时提交了如下反证:

反证1:公告号为CN2060264U的中国实用新型专利申请说明书,其公告日为1990年8月8日;

反证2:授权公告号为CN2443509Y的中国实用新型专利说明书,其授权公告日为2001年8月15日;

反证3:公开号为CN1925238A的中国发明专利申请公布说明书,其公开日为2007年3月7日;

反证4:授权公告号为CN2362211Y的中国实用新型专利说明书,其授权公告日为2000年2月2日。

专利权人认为:结合上述反证,本专利权利要求1-2要求保护的范围清楚,本专利权利要求1-2能够得到说明书的支持,不缺少必要技术特征,具备创造性;结合上述反证,本专利说明书公开充分;因而无效宣告请求人的无效理由均不能成立。

本案合议组于2017年12月7日向双方当事人发出口头审理

通知书,告知双方当事人本案将于 2018 年 1 月 25 日举行口头审理。

本案合议组于 2017 年 12 月 14 日向请求人发出转送文件通知书,将专利权人于 2017 年 12 月 5 日提交的意见陈述书及其附件转给了请求人。

请求人于 2018 年 1 月 15 日提交了意见陈述书,同时提交了如下证据:

证据 1:授权公告号为 CN2371700Y 的中国实用新型专利说明书,其授权公告日为 2000 年 3 月 29 日;

证据 2:授权公告号为 CN2443509Y 的中国实用新型专利说明书,其授权公告日为 2001 年 8 月 15 日;

证据 3:授权公告号为 CN2128786Y 的中国实用新型专利说明书,其授权公告日为 1993 年 3 月 24 日;

证据 4:公开号为 CN101075725A 的中国发明专利申请公布说明书,其公开日为 2007 年 11 月 21 日;

证据 5:公开号为 CN101467314A 的中国发明专利申请公布说明书,其公开日为 2009 年 6 月 24 日;

证据 6:公告号为 CN87215453U 的中国实用新型专利申请说明书,其公告日为 1988 年 10 月 5 日。

在意见陈述书中,请求人认为:结合上述证据 1-6,本专利权利要 1-2 要求保护的范围不清楚;本专利权利要求 1-2 不能够得到说明书的支持,缺少必要技术特征,不具备创造性,涉及权利要求 1-2 的说明书公开不充分。

口头审理如期举行,请求人委托公民代理沈献磊、专利权人委托公民代理邵晓玉出席本次口头审理。在口头审理当庭,合议组将请求人于 2018 年 1 月 15 日提交的意见陈述书及其附件副本转文给专利权人,专利权人当庭签收。

在口头审理中,请求人明确其无效宣告请求的理由及证据组合方式以书面意见为准,专利权人对请求人提交的证据 1-6 的真实性和公开性无异议、请求人对专利权人提交的反证 1-4 的真实性和公开性无异议。在口头审理中,双方对所有无效理由进行了充分论述;其中,请求人强调,如果将在储气管外的水嘴通过螺旋型回水管和储气管连接,则不能解决本专利要解决的技术问题,而本专利权利要求中并未限定哪一端螺旋型回水管与水嘴烧结,储气管和水套管在哪儿烧结,以及螺旋型回水管设置在哪一端,这些都是本专利要解决其技术问题的必要技术特征;专利权人强调,水套管必然要有一个进水口和一个出水口,本专利一端是烧结的,另一端是用螺旋型回水管连接水嘴的,螺旋型回水管是设置在进水口、出水口,还是进水口和出水口均设置,都能够要解决本专利的技术问题。专利权人表示其所提交的反证1-4用于证明激光管包括的基本结构特征是本领域技术人员熟知的,请求人表示其所提交的证据1-6用于证明本领域中激光管的类型是多种多样的,并不像专利权人所提供反证所说的一种类型。

至此,合议组认为本案事实已经清楚,可以依法作出审查决定。

二、决定的理由

1. 关于专利法实施细则第二十条第一款的无效理由

专利法实施细则第二十条第一款规定:权利要求书应当说明发明或者实用新型的技术特征,清楚、简要地表述请求保护的范围。

在本案中,请求人认为:本专利权利要求1-2要保护的是一种结构,但仅仅限定该结构是由放电管、水套管、回气管、储气管、水嘴组成的玻璃结构件,而并没有限定上述组件的数量、组件之间的位置关系及连接关系,即该结构不清楚、没有清楚限定其要求保护的结构,导致权利要求不清楚。

对此,合议组经审查认为:本专利权利要求1-2要求保护一种激光管结构,其包括放电管、水套管、回气管、储气管、水嘴和回水管,而作为本领域技术人员也熟知激光管结构通常也是由放电管、水套管、回气管、储气管、水嘴和回水管等组件构成,而至于这些组件的数量、位置以及它们之间的连接关系则是本领域技术人员基于其所具有的本领域技术知识根据实际应用场合、具体设计要求而能够确定的,也就是说,本专利权利要求1-2的技术方案没有限定上述组件的数量、位置及它们之间的连接关系并不会导致其请求保护的范围不清楚。由此,请求人所请求的本专利权利要求1-2的技术方案不清楚的无效理由不能成立。

2. 关于专利法第二十六条第四款的无效理由

专利法第二十六条第四款规定:权利要求书应当以说明书为依据,说明要求专利保护的范围。

在本案中,请求人认为:A. 本专利权利要求1还包括回水管不是与水流通道连接的技术方案,本专利权利要求2还包括回水管不是绕在水套管外面的技术方案,然而由于说明书中既没有披露回水管不与水套管水流通道连接的技术方案,也没有披露回水管不是绕在水套管外面的技术方案,因而权利要求1-2得不到说明书的支持;B. 本专利权利要求1-2包括放电管、回气管、储气管、水嘴这些组件之间没有任何联系的技术方案,而说明书中没有披露这样的技术方案如何解决本专利要解决的技术问题,因而权利要求1-2得不到说明书的支持。

对此,合议组经审查认为:A. 在利用水冷对激光管进行降温的技术领域中,必然需要水套管、回水管、水嘴等构成连通的水流通道实现冷却液的循环流通,以便实现冷却降温,而如果回水管不与水流通道连接则不能实现冷却液的循环流通,即不能实现冷却降温的技术效果,也就是说,回水管不与水流通道连接的技术方案属于本领域技术人员合理排除的不能实施的技术方案;本专利权利要求2从属于权利要求1,而权利要求1中已经限定了"而是把所述回水管(11)在所述水套管(5)外绕上一圈或多圈,形成螺旋型回水管(11)",也就是说,本专利权利要求2要求保护的是回水管绕在水套管外面的技术方案,并不保护回水管不绕在水套管外面的技术方案。B. 如上所述,本领域技术人员熟知激光管结构通常由放电管、水套管、回气管、储气管、水嘴和回水管等组件构成,而至于这些组件的数量、位置以及它们之间的连接关系则是本领域技术人员根据实际应用场合、具体设计要求而能够确定的,也就是说,未限定上述组件的数量以及它们之间的位置关系的技术方案是本领技术人员在本专利说明书公开内容的基础上,能够合理概括得出的,并不会导致权利要求1和2的技术方得不到说明书的支持。由此,请求人所请求的本专利权利要求1-2的技术方案得不到说明书支持的无效由不能成立。

3. 关于专利法实施细则第二十一条第二款的无效理由

专利法实施细则第二十一条第二款规定:独立权利要求应当从整体上反映发明或者实用新型的技术方案,记载解决技术问题的必要技术特征。

在本案中,请求人认为:本专利权利要求1-2缺少放电管、回气管、储气管、水嘴等组件数量、组件之间的位置关系及连接关系,缺少水嘴数量上的限值,缺少电极以及电极与其他组件之间的位置、连接关系,缺少回气管及回气管与其他组件的位置关系及连接关系,如果将在储气管外的水嘴通过螺旋型回水管和储气管连接,则不能解决本专利要解决的技术问题,因而本专利权利要求1-2缺少必要技术特征。

对此,合议组经审查认为:本专利要解决的技术问题是如何解决水套管和储气管因温度不同而使得二者膨胀长度不同导致的激光管炸裂的问题,本专利说明书第0003和0006段都公开了"当水套管(5)和储气管(3)于不同温度下,而导致轴向膨胀长度不一致时,这种长度差能被螺旋水管(11)的弹性所吸收,而不会导致激光管炸裂",而本专利权利要求1已经限定了"在烧制所述玻璃结构件时,将水套管(5)一头的所述回水管(11)不是直接连接在储气管上,而是把所述回水管(11)在所述水套管(5)外绕上一圈或多圈,形成螺旋型回水管(11),然后所述螺旋型回水管(11)的另一头和所述水嘴(7)烧接上,当水套管(5)和储气管(3)处于不同温度下,而导致它们的轴向膨胀长度不一致,这种轴向膨胀长度不一致能被所述螺旋型回水管(11)的弹性所吸收",也就是说,权利要求1限定的上述技术特征已能够解决本专利要解决的技术问题;此外,本领域技术人员熟知要实现对激光管冷却降温,水套管必然要有一个进水端和一个出水端,而进水端进来的液体是没有对激光管进行冷却的冷却前的冷水,出水端出去的液体是对激光管进行冷却后的热水,虽然将螺旋型回水管设置在进水端和出水端都能减少温度不同导致激光管炸裂的问题,然而由于进水端进来的液体是冷水,出水端出去的液体是热水,将螺旋型回水管设置在进水端所获得的效果明显不如将螺旋型回水管设置在出水端所获得的效果好,本领域技术人员在实际操作中不会只将螺旋型回水管设置在进水端,这属于本领域技术人员合理排除的不能实施的技术方案;最后,如上所述,本领域技术人员熟知激光管结构通常由放电管、水套管、回气管、储气管、水嘴、回水管以及电极等组件构成,而至于这些组件的数量、位置以及它们之间的连接关系则是本领域技术人员根据不同的实际应用场合、具体设计要求而能够确定的,也就是说,上述组件的数量、位置以及它们之间的连接关系并不是本专利的必要技术特征。综上,请求人所请求的本专利权利要求 1-2 的技术方案缺少必要技术特征的无效理由不能成立。

4. 关于专利法第二十六条第三款的无效理由

专利法第二十六条第三款规定:说明书应当对发明或者实用新型作出清楚、完整的说明,以所属技术领域的技术人员能够实现为准;必要的时候,应当有附图。

在本案中,请求人认为:由于说明书没有记载缺少的上述必要技术特征的技术方案如何解决本专利的技术问题,因而本专利说明书公开不充分。

对此,合议组经审查认为:如上所述,本专利权利要求 1-2 并不缺少上述必要技术特征,且本领域技术人员根据不同的实际应用场合、具体设计要求而能够确定构成激光管的各组件的数量、位置以及它们之间的连接关系,也就是说,本专利说明书已经对发明作出清楚、完整的说明,本领域的技术人员能够实现。综上,请求人所请求的本专利说明书公开不充分的无效理由不能成立。

5. 关于专利法第二十二条第三款的无效理由

专利法第二十二条第三款规定:创造性,是指同申请日以前已有的技术相比,该发明有突出的实质性特点和显著的进步,该实用新型有实质性特点和进步。

在本案中,请求人认为:螺旋型结构可以解决轴向膨胀问题是本领域技术人员的公知常识,根据本专利的说明书,其相对于现有技术的改进仅仅在于有螺旋型结构的回水管解决回水管轴向膨胀问题,因此本专利相对于现一有技术不具备创造性。

对此,合议组经审查认为:本专利权利要求1-2要求保护一种螺旋型回水管的激光管结构,而该激光管结构在包括螺旋型结构的回水管之外还包括其他技术特征,一项权利要求的技术方案应整体考虑,其技术方案的保护范围应以其全部技术特征相结合后整体限定,而不能以其某一特征属于本领域公知常识而否定整个技术方案的创造性。在请求人未提供相关现有技术证据具体评述本专利权利要求1-2的技术方案整体不具备创造性的情况下,其仅以权利要求中的部分特征属于本领域的公知常识为理由而认定本专利权利要求1-2不具备创造性的无效理由不能成立。

综上所述,请求人所请求的所有无效理由均不能成立,基于以上事实和理由,本案合议组依法作出如下审查决定。

三、决定

维持ZL200810007630.6号发明专利权有效。

当事人对本决定不服的,可以根据专利法第四十六条第二款的规定,自收到本决定之日起三个月内向北京知识产权法院起诉。根据该款的规定,一方当事人起诉后,另一方当事人作为第三人参加诉讼。

2. 一审判决书

北京知识产权法院
行政判决书

(2018)京73行初3022号

原告:上海容东激光科技有限公司,住所地:上海市嘉定区尚学路225,229号3幢1层E区。

被告：国家知识产权局,住所地：北京市海淀区蓟门桥西土城路6号。

第三人：北京热刺激光技术有限责任公司,住所地：北京市朝阳区酒仙桥东路1号院6号楼5层501室、502室。

案由：发明专利权无效行政纠纷。

被诉决定：第35109号无效宣告请求审查决定。

被诉决定作出时间：2018年2月28日。

本院受理时间：2018年4月3日。

开庭审理时间：2019年5月9日。

被诉决定系原国家知识产权局专利复审委员会(以下简称原专利复审委员会)针对原告就第三人拥有的专利号为200810007630.6的发明专利(以下简称本专利)所提无效宣告请求而作出的,该决定认定：原告关于本专利权利要求1-2不符合《中华人民共和国专利法》(以下简称《专利法》)第二十二条第三款、第二十六条第三款、第四款,《中华人民共和国专利法实施细则》(以下简称《专利法实施细则》)第二十条第一款、第二十一条第二款的无效理由均不能成立,故决定维持本专利权有效。

原告诉称：一、关于《专利法实施细则》第二十条第一款的无效理由。本专利权利要求1-2要求保护的是一种结构,但仅仅限定了该结构是由放电管、水套管、回气管、储气管、水嘴组成的玻璃结构件,而没有限制上述组件的数量、组件之间的位置关系和连接关系。根据《专利审查指南》第二章6.2.2的规定,产品的构造可以是机械构造,也可以是线路构造。机械构造是指构成产品的零件的相对位置关系、连接关系和必要的机械配合关系。显然,本专利属于机械构造,由于其没有限定组件之间的位置关系、连接关系,因此本专利权利要求1-2没有限定其要求保护的结构是什么,权利要求1-2不清楚。二、关于《专利法》第二十六条第四款的无效理由。1.权利要求2与权利要求1的区别特征是"所述水套管其中一头的水流通道是通过绕了一圈或几圈的所述螺旋型回水管连接到水嘴上",也就是说权利要求1还包括与权利要求2不同的技术方案;由于说明书也没有记载任何与权利要求2不同的技术方案,因此权利要求1不能得到说明书的支持。2. 权利要求1-2限定该结构由放电管、回气管、储气管、水嘴组成,但没有限定这些组件的数量、组件之间的位置关系,也就是说权利要求1-2中包括了这些组件之间没有任何联系的技术方案,但说明书并没有披露这样的技术方案如何解决本专利所要解决的技术问题。因此权利要求1-2没有得到说明书的支持。根据《专利审查指南》第二部分第二章2.1.2"凡是所述技术领域的技术人员不能从现有技术中直接、唯一地得出的有关内容,均应当在说明书中描述"。本案中,原专利复审委员会没有任何证据证明"组件的数量"、"组件之间的位置关系"、"组件之间的连接关系"能够从现有技术中直接、唯一的得出,而直接认定本领域技术人员能够合理概括出这些技术特征,属于适用法律、认定事实错误。三、关于《专利法实施细则》第二十一条第二款的无效理由。本专利权利要求1-2缺少放电管、回气管、储气管、水嘴等组件数量、组件之间的位置关系及连接关系,缺少水嘴数量上的限制,缺少电子与其他组件之间的位置、连接关系,缺少电极等必要技术特征。原告在口审时特别说明如果将螺旋型回水管接在另一端则根本不能解决本专利要解决的技术问题。原专利复审委员会认为"本领域技术人员熟知要实现对激光管冷却降温,水套管必然有一个进水端和一个出水端,而进水端进来的液体是没有对激光管进行冷却的冷却前的冷水,出水端出去的液体是对激光管冷却后的热水,虽然螺旋型回水管设在进水端和出水端都能减少温度不同导致激光管炸裂的问题,然而由于进水端进来的液体是冷水,出水端出去的液体是热水,将螺旋型回水管设置在进水端所获得的效果明显不如将螺旋型回水管设置在出水端所获得的效果好,本领域技术人员在实际操作中不会只将螺旋型回水管设置在进水端,这属于本领域技术人员合理排除不能实施的技术方案"。而根据第三人的《意见陈述书》第2页倒数第6行"说明书已经公开了权利要求1的积水方案,即水套管的无论是哪一头或者两头的通水管(螺旋型水管)在水套管外绕上一圈或多圈,然后再和储气管上的水嘴链接,均能够实现本专利的目的,解决技术问题"。由此可见,原专利复审委员会认定的本领域技术人员甚至已经将本专利的发明人排除在外。四、关于《专利法》第二十六条第三款的无效理由。原告认为,由于说明书没有披露缺少上述技术特征的情况下,如何解决本专利要解决的技术问题,因此本专利说明书公开不充分。原专利复审委员会认为领域技术人员根据不同的实际应用场合、具体要求而能够确定上述技术特征没有任何依据。五、关于《专利法》第二十二条第三款的无效理由。原告认为,螺旋型结构可以解决轴向膨胀问题是本领域技术人员的公知常识,而根据本专利的说明书,其相对于现有技术的改进仅仅在于用螺旋型回水管解决轴向膨胀问题,其相对于现有技术不具有创造性。原专利复审委员会在评价创造性的时候,没有分析本专利区别技术特征与所要解决的技术问题。事实上,本专利唯一的区别技术特征属于公知常识,其他技术特征对创造性的评判没有任何影响,因此,原专利复审委员会认定事实、适用法律错误。综上,请求撤销被诉决定并判令被告重新作出决定。

被告辩称:被诉决定认定事实清楚,适用法律正确,作出程序合法,请求法院驳回原告的诉讼请求。

第三人述称:同意被诉决定意见,请求法院驳回原告的诉讼请求。

本院经审理查明:

一、本专利

(一)专利权人:第三人。

(二)发明创造名称:一种螺旋水管结构激光管。

(三)专利号:200810007630.60。

(四)申请日:2008年3月3日。

(五)授权公告日:2012年8月22日。

(六)本专利授权公告的权利要求:

1. 一种螺旋型回水管的激光管结构,应用于中小功率激光切割,雕刻,该激光管结构是由放电管(6)、水套管(5)、回气管(4)、储气管(3)、水嘴(7)(10)、回水管(11)组成的玻璃结构件,在烧制所述玻璃结构件时,将水套管(5)一头的所述回水管(11)不是直接连接在储气管上,而是把所述回水管(11)在所述水套管(5)外绕上一圈或多圈,形成螺旋型回水管(11),然后所述螺旋型回水管(11)的另一头和所述水嘴(7)烧接上,当水套管(5)和储气管(3)处于不同温度下,而导致它们的轴向膨胀长度不一致,这种轴向膨胀长度不一致能被所述螺旋型回水管(11)的弹性所吸收。

2. 根据权利要求1所述的一种螺旋型回水管的激光管结构,其主要特征在于:所述水套管(5)其中一头的水流通道是通过绕了一圈或几圈的所述螺旋型回水管(11)连接到水嘴(7)上的。

二、其他

第三人在评审阶段提交了公告号为CN2060264U的中国实用新型专利申请说明书、授权公告号为CN2443509Y的中国实用新型专利说明书、公开号为CN1925238A的中国发明专利申请公布说明书、授权公告号为CN2362211Y的中国实用新型专利说明书,用以证明激光管包括的基本结构特征是本领域技术人员熟知的。

诉讼中,原告补充提交了92228597.7号、98206802.6号、87215453号实用新型专利说明书及200610080752.9号、200780021136.9号发明专利说明书,用以证明激光管的结构有很多种,并非通常由放电管、水套管、回气管、水嘴组成,本专利权利要求含有不能解决其专利所称解决的技术问题的技术方案。原告还提交了另案审理笔录,用以证明第三人在无效阶段主张的事实及原专利复审委员会认定的事实与第三人在侵权诉讼中主张的事实相互矛盾。

另查,根据中央机构改革部署,原专利复审委员会的相关职责由国家知识产权局统一行使。

上述事实,有被诉决定、本专利授权文本、第三人在评审中提交的证据及当事人陈述等证据在案佐证。

本院认为：

一、关于《专利法实施细则》第二十一条第二款

《专利法实施细则》第二十一条第二款规定：独立权利要求应当从整体上反映发明或者实用新型的技术方案，记载解决技术问题的必要技术特征。

原告主张，本专利权利要求 1－2 缺少放电管、回气管、储气管、水嘴等组件数量、组件之间的位置关系及连接关系，缺少水嘴数量上的限制，缺少电子与其他组件之间的位置、连接关系，缺少电极等必要技术特征。

对此本院认为，独立权利要求应当记载必要技术特征，则是指权利要求应当记载解决技术问题所需的所有必要技术特征，其总和应当足以构成发明或者实用新型的技术方案，使之区别于背景技术中所述的其他技术方案。

具体到本案中，放电管、水套管、回气管、储气管、水嘴组件在激光管领域中均具有本领域技术人员理解的通常含义。从部件上来说，常规二氧化碳激光管通常包括电极、放电管、水套管、回气管、储气管、谐振腔镜；从结构上来说，通常采用层套筒式结构，最里层为放电管，第二层为水套管，最外层为储气管，回气管连通储气管和放电管，水套管和储气管两端烧结，水套管的两端分别设置进水水嘴和出水水嘴。换言之，本领域技术人员知晓常规激光管包含放电管、水套管、回气管、储气管、水嘴组件等部件，亦知晓它们的数量、位置关系及连接关系。

权利要求 1 对水套管和储气管的连接关系做了进一步限定，该限定特征是本发明的激光管区别于常规激光管的特征，也是本发明的发明点。由于水套管和回水管内均流通有冷却水，而储气管内为气体，所以通水的水套管和回水管与通气的储气管并不连通。根据权利要求 1 中"在烧制所述玻璃结构件时，将水套管一头的所述回水管不是直接连接在储气管上，而是把所述回水管在所述水套管外绕上一圈或多圈，形成螺旋型回水管，然后所述螺旋型回水管的另一头和所述水嘴烧接上"可知，本发明将水套管与

储气管两端烧结的连接方式改为水套管一端通过螺旋型回水管连接储气管的同侧一端,即螺旋型回水管一端连通水套管,另一端首先在水套管外绕上一圈或多圈,然后穿过但不连通储气管,继而连接至储气管上的水嘴。

根据本领域的公知常识可知,螺旋型回水管连接的水嘴为出水水嘴。常规激光管的水套管和储气管在出水水嘴和进水水嘴附近各具有两端部,水在其中起到冷凝作用,即从进水端流入冷水,从出水端流出热水。本专利为了解决水套管与储气管在不同温度下轴向膨胀长度不一致的问题而设置螺旋型回水管,将螺旋型回水管设置在进水端或出水端都能不同程度地减少温度差异带来的轴向膨胀问题,从而减少激光管炸裂的风险,只是具体效果有所差别。由于水流在流经水套管后温度发生变化,故水套管和储气管在出水水嘴的同侧两端部温差相比于另一侧的两端部温差较大,因此为取得更好的防止激光管炸裂的技术效果,本领域技术人员容易想到将提供缓冲的螺旋型回水管设置在温差较大的两端部之间即出水端的效果明显更好。因此,本专利权利要求1并未限定螺旋型回水管是设在出水端还是进水端不会导致本专利无法实现发明目的。

由此可见,权利要求1隐含公开了激光管还包括电极、谐振腔镜等常规部件,说明书附图也直接地、毫无疑义地标示了电极、放电管、水套管、回气管、储气管以及由全反镜和输出镜组成的谐振腔镜,虽然说明书及附图中未明确记载或标示进水端、出水端,但并不会导致本专利无法实现发明目的。

需要指出的是,被诉决定并未否认权利要求内容的含义是螺旋型回水管既可设置在进水端亦可设置在出水端,只是认定本领域技术人员因其中一种方案明显效果更好,在实际操作中可以排除选用另一种方案,这与原告关于"螺旋型回水管无论在进水端还是在出水端均可实现本专利的发明目的"的陈述并不矛盾。

综上,本领域技术人员根据权利要求1的限定并结合二氧化碳激光器领域的一般知识,能够知晓如何实现本专利权利要求1

各组件之间的连接,从而在权利要求1限定的技术方案的基础上实现本专利的发明目的,本专利权利要求1不缺少必要技术特征。同理,本专利权利要求2亦不缺少必要技术特征。

二、关于《专利法实施细则》第二十条第一款

《专利法实施细则》第二十条第一款规定:权利要求书应当说明发明或者实用新型的技术特征,清楚、简要地表述请求保护的范围。

权利要求书应当清楚,指的是权利要求类型应当清楚和权利要求所确定的保护范围应当清楚。

原告主张,权利要求1中的"中小功率激光"表述不清楚,无法得知具体的功率。

对此本院认为,首先,根据本领域公知常识可知,在激光器领域,按照功率大小一般可分为大功率激光器、中小功率激光器,对于二氧化碳激光器而言,通常认为500W以上的功率为高功率。相应地,500W以下功率应为中小功率。其次,本专利权利要求对"中小功率"的限定在于激光管的用途,对激光管本身的产品结构并无限定作用,本领域技术人员根据上述知识足以知晓该产品的应用范围,权利要求1中"中小功率"这一术语不会导致权利要求不清楚。

原告主张,本专利权利要求1-2要求保护的是一种结构,但仅仅限定了该结构是由放电管、水套管、回气管、储气管、水嘴组成的玻璃结构件,而没有限制上述组件的数量、组件之间的位置关系和连接关系,导致权利要求1-2不清楚。

对此本院认为,本专利权利要求1未限定组件数量及组件之间的位置关系、连接关系,实际上意味着专利权人在该权利要求1中不采用组件数量及组件之间的位置关系、连接关系对权利要求1的保护范围作出限定,专利权人对此自行承担保护范围较大有可能包含现有技术而不具备新颖性或创造性的后果。在权利要求1明确其保护的是一种激光管,并清楚限定了各组件的情况下,缺少前述技术特征并不会导致权利要求类型或者保护范围不清楚。

同理,本专利权利要求 2 的权利要求类型或者保护范围亦是清楚的。

三、关于《专利法》第二十六条第四款

《专利法》第二十六条第四款规定,权利要求书应当以说明书为依据,说明要求专利保护的范围。

原告主张,权利要求 2 与权利要求 1 的区别特征是"所述水套管其中一头的水流通道是通过绕了一圈或几圈的所述螺旋型回水管连接到水嘴上",也就是说权利要求 1 还包括与权利要求 2 不同的技术方案,即包括回水管不是与水流通道连接的技术方案,以及回水管不是绕在水套管外面的技术方案,由于说明书没有记载前述技术方案,因此权利要求不能得到说明书的支持。

对此本院认为,在权利要求 1 所要求保护的技术方案中,水流从进水水嘴进入,依次通过水套管、螺旋型回水管,最后通过出水水嘴流出,由此可知权利要求 1 所要求保护的技术方案中回水管与水流通道连通。同时根据权利要求 1"而是把回水管在所述水套管外绕上一圈或多圈"的记载可知,权利要求 1 所要求保护的技术方案中回水管绕在水套管外面,权利要求 1 既不包括回水管不与水流通道连接的技术方案,也不包括回水管不是绕在水套管外面的技术方案,说明书也未记载前述两方案。权利要求 2 是权利要求 1 的从属权利要求,是对权利要求 1 的进一步限定,原告主张独立权利要求 1 必然存在与从属权利要求 2 不同的方案缺乏事实和法律依据,且原告主张的两方案也违反了本领域技术人员的设计常识。据此,权利要求 1-2 的技术方案可以得到说明书的支持。

四、关于《专利法》第二十六条第三款

《专利法》第二十六条第三款规定,说明书应当对发明或者实用新型作出清楚、完整的说明,以所属技术领域的技术人员能够实现为准;必要的时候,应当有附图。

原告主张,由于说明书没有记载缺少组件数量及组件之间的位置关系、连接关系等必要技术特征的技术方案如何解决本专利的技术问题,因而本专利说明书公开不充分。

对此本院认为,如前所述,本专利权利要求1-2并不缺少必要技术特征,且本领域技术人员根据不同的实际应用场合、具体设计要求而能够确定构成激光管的各组件的数量、位置以及它们之间的连接关系,本专利说明书已经对发明作出清楚、完整的说明,本领域的技术人员能够实现,因此本专利说明书公开不充分的无效理由不能成立。

五、关于《专利法》第二十二条第三款

《专利法》第二十二条第三款规定,创造性是指与现有技术相比,该发明具有突出的实质性特点和显著的进步。在判断一项权利要求的创造性时,如果该权利要求的技术方案和最接近的现有技术相比存在区别技术特征,而现有技术中给出了将上述区别技术特征应用到该最接近的现有技术以解决其存在的技术问题的技术启示,则该权利要求的技术方案不具备创造性。

原告主张,将回水管设计为螺旋管结构,该设计为本领域的惯常设计,其最早出现在国外产品中,而且该特征起到的技术效果并非通过降低应力,而是通过防止回水管中的气泡聚集,达到避免激光管炸裂的目的,因此本专利相对于现有技术不具备创造性。

对此本院认为,本专利权利要求1-2要求保护一种激光管结构,该结构除包括螺旋型回水管特征外还包括其他技术特征,一项权利要求的技术方案应整体考虑,而不能以某一项特征属于本领域的公知常识而否定技术方案的创造性。原告主张类似设计出现在国外产品中,但未提供现有技术证据。另外,从技术效果来看,尽管其声称的本发明要求保护的技术方案的具体工作原理与本发明的描述不同,但是原告也认同本发明要求保护的激光管结构客观上可以起到避免激光管炸裂的技术效果,原告和第三人对于具体工作原理的认知不同不足以否定技术方案的创造性。

综上所述,原专利复审委员会作出的被诉决定证据确凿,适用法律、法规正确,符合法定程序,审查结论正确;原告的诉讼理由不能成立,本院不予支持。依照《中华人民共和国行政诉讼法》第六

十九条之规定,判决如下:

驳回原告上海容东激光科技有限公司的诉讼请求。

案件受理费一百元,由原告上海容东激光科技有限公司负担(已交纳)。

如不服本判决,各方当事人可在本判决书送达之日起十五日内,向本院递交上诉状,并按对方当事人人数提出副本,交纳上诉案件受理费一百元,上诉于最高人民法院。

3. 二审判决书

中华人民共和国最高人民法院
行政判决书

(2020)最高法知行终72号

上诉人(原审原告):上海容东激光科技有限公司。住所地:上海市嘉定区尚学路225、229号3幢1层E区。

被上诉人(原审被告):国家知识产权局。住所地:北京市海淀区蓟门桥西土城路6号。

原审第三人:北京热刺激光技术有限责任公司。住所地:北京市朝阳区酒仙桥东路1号院6号楼5层501室、502室。

上诉人上海容东激光科技有限公司(以下简称容东公司)因与被上诉人国家知识产权局、原审第三人北京热刺激光技术有限责任公司(以下简称热刺公司)发明专利权无效行政纠纷一案,不服北京知识产权法院于2019年10月8日作出的(2018)京73行初3022号行政判决,向本院提起上诉。本院于2020年3月23日立案受理后,依法组成合议庭,于2020年9月8日对本案公开开庭进行了审理。上诉人容东公司,被上诉人国家知识产权局,原审第三人热刺公司的委托诉讼代理人到庭参加了诉讼。本案现已审理终结。

容东公司上诉请求:撤销原审判决,撤销第35109号无效宣告请求审查决定(以下简称被诉决定),并判令国家知识产权局重新作出审查决定。事实和理由：专利制度存在的基础是公开换保护，专利获得保护的范围不能超出其实际作出的贡献（公开的范围）。本案中，本专利明显存在说明书公开不充分、权利要求不清楚、权利要求不能得到说明书的支持等问题。但热刺公司却正是基于上述原因，获得了远远超出其发明的保护范围。其中表现最明显的就是，热刺公司及国家知识产权局在原审庭审中明确表示，本专利的唯一实施例附图中，(10)是进水端、(7)是出水端。但由于本专利存在上述问题，反而导致其获得了超出实施例能够概括的技术方案之外的保护范围。也就是获得了10是出水端、7是进水端的保护范围。这主要是由于被诉决定及原审判决认定了一个超级的本领域技术人员，凡是本专利存在的问题，均通过本领域技术人员解决。对比原审判决对上述问题的分析和对创造性的分析，就会发现原审判决对本领域技术人员认知水平的认定自相矛盾。一方面，原审判决在没有任何证据的情况下，认定本领域技术人员清楚地知道本专利各组件的数量、位置关系、连接关系；另一方面，又认定"该结构除了螺旋型回水管特征之外还包括其他技术特征，一项权利要求的技术方案应整体考虑，而不能以某一项特征属于本领域的公知常识而否定技术方案的创造性"。但事实上，本专利的创造性仅仅体现在螺旋型回水管上，原审判决认可该技术特征属于公知常识，但认为其他特征可以使本专利具有创造性，这种认定明显自相矛盾。具体理由包括：

（一）关于2002年实施的《中华人民共和国专利法实施细则》（以下简称2002年专利法实施细则）第二十条第一款的无效理由。本专利权利要求1-2要求保护的是一种结构，但仅仅限定了该结构是由放电管、水套管、回气管、储气管、水嘴组成的玻璃结构件，而没有限制上述组件的数量、组件之间的位置关系和连接关系。本专利属于机械构造，由于其没有限定组件之间的位置关系、连接关系，因此本专利权利要求1-2没有限定其要求保护的结构是什么，权利要求1-2不清楚。本案中热刺公司提交的证据中均不能直接得出本专利中上述组件的数量、位置关系、连接关系。因此,原审判决认定事实、适用法律错误。根据热刺公司在无效程序中提交的《意见陈述书附页》和被诉决定的内容可知,国家知识产权局对技术方案的理解与热刺公司对技术方案的理解相互矛盾,其根本原因就在于权利要求不清楚,导致本领域技术人员无法清楚的界定其保护范围。这可直接证明,本专利的权利要求不清楚。

(二)关于2001年实施的《中华人民共和国专利法》(以下简称专利法)第二十六条第四款的无效理由。权利要求1-2限定该结构由放电管、回气管、储气管、水嘴组成,但没有限定这些组件的数量、组件之间的位置关系,也就是说权利要求1-2中包括了这些组件之间没有任何联系的技术方案,但说明书并没有披露这样的技术方案如何解决本专利所要解决的技术问题。因此权利要求1-2没有得到说明书的支持。根据《专利审查指南》第二部分第二章2.1.2"凡是所述技术领域的技术人员不能从现有技术中直接、唯一地得出的有关内容,均应当在说明书中描述"。本案中,国家知识产权局没有任何证据证明组件的数量、组件之间的位置关系、组件之间的连接关系能够从现有技术中直接、唯一的得出,而直接认定本领域技术人员能够合理概括出这些技术特征,因此被诉决定和原审判决适用法律、认定事实错误。

(三)关于2002年专利法实施细则第二十一条第二款的无效理由。本专利权利要求1-2缺少放电管、回气管、储气管、水嘴等组件数量、组件之间的位置关系及连接关系,缺少水嘴数量上的限制,缺少电极等必要技术特征。被诉决定的认定与热刺公司的陈述相互矛盾,即被诉决定认定的本领域技术人员甚至已经将本专利的发明人排除在外。原审判决则认为这两者并不矛盾。因此,原审判决认定事实、适用法律错误。

(四)关于2001年专利法第二十六条第三款的无效理由。由于说明书没有披露在缺少上述技术特征的情况下如何解决本专利要解决的技术问题,因此本专利说明书公开不充分。同样,原审判决认定领域技术人员根据不同的实际应用场合、具体要求而能够确定上述技术特征。但原审判决作出上述认定时,却没有结合本案的证据进行分析,因此原审判决认定事实、适用法律错误。国家知识产权局及热刺公司在庭审中明确称,本专利说明书附图中(10)是进水端、(7)是出水端,但本专利的说明书却没有公开这一技术特征,且(10)是进水端、(7)是出水端也不是本领域的公知常识,因此本专利说明书公开不充分。原审判决认定"由于水流在流经水套管后温度发生变化,故水套管和储气管在出水水嘴的同侧两端部温度差相比于另一侧的两端温度差较大……"完全没有任何依据,更不能证明(10)是进水端、(7)是出水端是本领域公知常识。因此,原审判决认定事实错误、适用法律错误。

(五)关于2001年专利法第二十二条第三款的无效理由。容东公司在无效程序口审中明确提出以热刺公司的证据——公告号为CN2060264U的中国实用新型专利申请说明书作为对比文件,但原国家知识产权局专利复审委员会(以下简称专利复审委员会)无理拒绝了容东公司的主张。上述对比文件公开的封离式CO_2激光管披露了本专利权利要求1-2的全部技术特征,且回水管的设计客观上解决了轴向膨胀差的技术问题,因此本专利相对于对比文件不具有创造性。螺旋型结构可以解决轴向膨胀问题是本领域技术人员的公知常识,而根据本专利的说明书,其相对于现有技术的改进仅仅在于用螺旋型回水管解决轴向膨胀问题,其相对于现有技术不具有创造性。原审判决认定本专利还包括了其他的技术特征,其技术方案的保护范围应以其全部技术特征相结合后整体限定,而不能以其某一特征属于本领域公知常识而否定整个技术方案的创造性,也就是原审判决也认为用螺旋型结构解决轴向膨胀问题属于本领域公知常识,但由于本专利还有其他技术特征,因此本专利具有创造性。原审判决在评价创造性的时候,没有分析本专利区别技术特征与所要解决的技术问题。事实上,本专利解决技术问题的唯一的区别技术特征是螺旋型回水管,其他技术特征对创造性的评判没有任何影响,因此,原审判决认定事实、适用法律错误。

综上,原审判决在本案中毫无依据地认定了一个神通广大的本领域技术人员,这个本领域技术人员的认知水平不仅超过的发明人,而且会根据需要发生变化;被诉决定在评判创造性的时候,没有分析本专利的区别技术特征和要解决的技术问题;从而导致认定事实、适用法律错误,依法应予撤销。

国家知识产权局辩称,原审判决认定事实清楚、适用法律正确、审理程序合法,请求驳回上诉,维持原判。

热刺公司述称,原审判决认定事实清楚、适用法律正确、审理程序合法,请求驳回上诉,维持原判。

容东公司向原审法院提起诉讼,原审法院于2018年4月3日立案受理,容东公司起诉请求:撤销被诉决定,并判令国家知识产权局重新作出审查决定。事实与理由:(一)关于2002年专利法实施细则第二十条第一款的无效理由。本专利权利要求1-2没有限制组件的数量、组件之间的位置关系和连接关系。本专利属于机械构造,由于其没有限定组件之间的位置关系、连接关系,因此本专利权利要求1-2没有限定其要求保护的结构是什么,权利要求1-2不清楚。(二)关于2001年专利法第二十六条第四款的无效理由。1.权利要求2与权利要求1的区别特征是"所述水套管其中一头的水流通道是通过绕了一圈或几圈的所述螺旋型回水管连接到水嘴上",也就是说权利要求1还包括与权利要求2不同的技术方案;由于说明书也没有记载任何与权利要求2不同的技术方案,因此权利要求1不能得到说明书的支持。2.权利要求1-2没有限定组件的数量、组件之间的位置关系,也就是说权利要求1-2中包括了这些组件之间没有任何联系的技术方案,但说明书并没有披露这样的技术方案如何解决本专利所要解决的技术问题。因此权利要求1-2没有得到说明书的支持。根据《专利审查指南》第二部分第二章2.1.2"凡是所述技术领域的技术人员不能从现有技术中直接、唯一地得出的有关内容,均应当在说明书中描述"。本案中,专利复审委员会没有任何证据证明组件的数量、组件之间的位置关系、组件之间的连接关系能够从现有技术中直接、唯一的得出,而直接认定本领域技术人员能够合理概括出这些技术特征,属于适用法律、认定事实错误。(三)关于2002年专利法实施细则第二十一条第二款的无效理由。本专利权利要求1-2缺少放电管、回气管、储气管、水嘴等组件数量、组件之间的位置关系及连接关系,缺少水嘴数量上的限制,缺少电极等必要技术特征。如果将螺旋型回水管接在另一端根本不能解决本专利要解决的技术问题,被诉决定对此的论述与热刺公司《意见陈述书》中的陈述相反。由此可见,被诉决定认定的本领域技术人员甚至已经将本专利的发明人排除在外。(四)关于2001年专利法第二十六条第三款的无效理由。由于说明书没有披露缺少上述技术特征的情况下如何解决本专利要解决的技术问题,因此本专利说明书公开不充分。被诉决定认为本领域技术人员根据不同的实际应用场合、具体要求而能够确定上述技术特征没有任何依据。(五)关于2001年专利法第二十二条第三款的无效理由。螺旋型结构可以解决轴向膨胀问题是本领域技术人员的公知常识,而根据本专利的说明书,其相对于现有技术的改进仅仅在于用螺旋型回水管解决轴向膨胀问题,其相对于现有技术不具有创造性。被诉决定在评价创造性的时候,没有分析本专利区别技术特征与所要解决的技术问题。事实上,本专利唯一的区别技术特征属于公知常识,其他技术特征对创造性的评判没有任何影响,因此,被诉决定认定事实、适用法律错误。

  国家知识产权局辩称,被诉决定认定事实清楚,适用法律正确,作出程序合法,请求法院驳回容东公司的诉讼请求。

  热刺公司述称,同意被诉决定意见,请求法院驳回容东公司的诉讼请求。

原审法院认定事实:

(一)本专利

专利权人:热刺公司。

发明创造名称:一种螺旋水管结构激光管。

专利号:ZL200810007630.6。

申请日:2008年3月3日。

授权公告日：2012年8月22日。

本专利授权公告的权利要求：

1. 一种螺旋型回水管的激光管结构,应用于中小功率激光切割,雕刻,该激光管结构是由放电管(6)、水套管(5)、回气管(4)、储气管(3)、水嘴(7)(10)、回水管(11)组成的玻璃结构件,在烧制所述玻璃结构件时,将水套管(5)一头的所述回水管(11)不是直接连接在储气管上,而是把所述回水管(11)在所述水套管(5)外绕上一圈或多圈,形成螺旋型回水管(11),然后所述螺旋型回水管(11)的另一头和所述水嘴(7)烧接上,当水套管(5)和储气管(3)处于不同温度下,而导致它们的轴向膨胀长度不一致,这种轴向膨胀长度不一致能被所述螺旋型回水管(11)的弹性所吸收。

2. 根据权利要求1所述的一种螺旋型回水管的激光管结构,其主要特征在于：所述水套管(5)其中一头的水流通道是通过绕了一圈或几圈的所述螺旋型回水管(11)连接到水嘴(7)上的。

(二)其他

被诉决定认定容东公司的无效理由均不能成立,故决定维持本专利有效。

热刺公司在无效阶段提交了公告号为CN2060264U的中国实用新型专利申请说明书、授权公告号为CN2443509Y的中国实用新型专利说明书、公开号为CN1925238A的中国发明专利申请公布说明书、授权公告号为CN2362211Y的中国实用新型专利说明书,用以证明激光管包括的基本结构特征是本领域技术人员熟知的。

诉讼中,容东公司补充提交了92228597.7号、98206802.6号、87215453号实用新型专利说明书及200610080752.9号、200780021136.9号发明专利说明书,用以证明激光管的结构有很多种,并非通常由放电管、水套管、回气管、水嘴组成,本专利权利要求含有不能解决其专利所称解决的技术问题的技术方案。容东公司还提交了另案审理笔录,用以证明热刺公司在无效阶段主张的事实及被诉决定认定的事实与热刺公司在侵权诉讼中主张的事实相互矛盾。

原审法院认为:

(一)关于2002年专利法实施细则第二十一条第二款

独立权利要求应当记载必要技术特征,是指权利要求应当记载解决技术问题所需的所有必要技术特征,其总和应当足以构成发明或者实用新型的技术方案,使之区别于背景技术中所述的其他技术方案。

具体到本案中,放电管、水套管、回气管、储气管、水嘴组件在激光管领域中均具有本领域技术人员理解的通常含义。从部件上来说,常规二氧化碳激光管通常包括电极、放电管、水套管、回气管、储气管、谐振腔镜;从结构上来说,通常采用层套筒式结构,最里层为放电管,第二层为水套管,最外层为储气管,回气管连通储气管和放电管,水套管和储气管两端烧结,水套管的两端分别设置进水水嘴和出水水嘴。换言之,本领域技术人员知晓常规激光管包含放电管、水套管、回气管、储气管、水嘴组件等部件,亦知晓它们的数量、位置关系及连接关系。

权利要求1对水套管和储气管的连接关系做了进一步限定,该限定特征是本发明的激光管区别于常规激光管的特征,也是本发明的发明点。由于水套管和回水管内均流通有冷却水,而储气管内为气体,所以通水的水套管和回水管与通气的储气管并不连通。根据权利要求1中"在烧制所述玻璃结构件时,将水套管一头的所述回水管不是直接连接在储气管上,而是把所述回水管在所述水套管外绕上一圈或多圈,形成螺旋型回水管,然后所述螺旋型回水管的另一头和所述水嘴烧接上"可知,本发明将水套管与储气管两端烧结的连接方式改为水套管一端通过螺旋型回水管连接储气管的同侧一端,即螺旋型回水管一端连通水套管,另一端首先在水套管外绕上一圈或多圈,然后穿过但不连通储气管,继而连接至储气管上的水嘴。

根据本领域的公知常识可知,螺旋型回水管连接的水嘴为出水水嘴。常规激光管的水套管和储气管在出水水嘴和进水水嘴附近各具有两端部,水在其中起到冷凝作用,即从进水端流入冷水,从出水端流出热水。本专利为了解决水套管与储气管在不同温度下轴向膨胀长度不一致的问题而设置螺旋型回水管,将螺旋型回水管设置在进水端或出水端都能不同程度地减少温度差异带来的轴向膨胀问题,从而减少激光管炸裂的风险,只是具体效果有所差别。由于水流在流经水套管后温度发生变化,故水套管和储气管在出水水嘴的同侧两端部温差相比于另一侧的两端部温差较大,因此为取得更好的防止激光管炸裂的技术效果,本领域技术人员容易想到将提供缓冲的螺旋型回水管设置在温差较大的两端部之间即出水端的效果明显更好。因此,本专利权利要求1并未限定螺旋型回水管是设在出水端还是进水端不会导致本专利无法实现发明目的。

由此可见,权利要求1隐含公开了激光管还包括电极、谐振腔镜等常规部件,说明书附图也直接地、毫无疑义地标示了电极、放电管、水套管、回气管、储气管以及由全反镜和输出镜组成的谐振腔镜,虽然说明书及附图中未明确记载或标示进水端、出水端,但并不会导致本专利无法实现发明目的。

需要指出的是,被诉决定并未否认权利要求内容的含义是螺旋型回水管既可设置在进水端亦可设置在出水端,只是认定本领域技术人员因其中一种方案明显效果更好,在实际操作中可以排除选用另一种方案,这与热刺公司关于"螺旋型回水管无论在进水端还是在出水端均可实现本专利的发明目的"的陈述并不矛盾。

综上,本领域技术人员根据权利要求1的限定并结合二氧化碳激光器领域的一般知识,能够知晓如何实现本专利权利要求1各组件之间的连接,从而在权利要求1限定的技术方案的基础上实现本专利的发明目的,本专利权利要求1不缺少必要技术特征。同理,本专利权利要求2亦不缺少必要技术特征。

(二)关于2002年专利法实施细则第二十条第一款

关于容东公司主张权利要求1中的"中小功率激光"表述不清楚,无法得知具体的功率。首先,根据本领域公知常识可知,在激光器领域,按照功率大小一般可分为大功率激光器、中小功率激光器,对于二氧化碳激光器而言,通常认为500W以上的功率为高功率。相应地,500W以下功率应为中小功率。其次,本专利权利要求对"中小功率"的限定在于激光管的用途,对激光管本身的产品结构并无限定作用,本领域技术人员根据上述知识足以知晓该产品的应用范围,权利要求1中"中小功率"这一术语不会导致权利要求不清楚。

关于容东公司主张本专利权利要求1-2没有限制组件的数量、组件之间的位置关系和连接关系,导致权利要求1-2不清楚。本专利权利要求1未限定组件数量及组件之间的位置关系、连接关系,实际上意味着专利权人在该权利要求1中不采用组件数量及组件之间的位置关系、连接关系对权利要求1的保护范围作出限定,专利权人对此自行承担保护范围较大有可能包含现有技术而不具备新颖性或创造性的后果。在权利要求1明确其保护的是一种激光管,并清楚限定了各组件的情况下,缺少前述技术特征并不会导致权利要求类型或者保护范围不清楚。同理,本专利权利要求2的权利要求类型或者保护范围亦是清楚的。

(三)关于2001年专利法第二十六条第四款

在权利要求1所要求保护的技术方案中,水流从进水水嘴进入,依次通过水套管、螺旋型回水管,最后通过出水水嘴流出,由此可知权利要求1所要求保护的技术方案中回水管与水流通道连通。同时根据权利要求1"而是把回水管在所述水套管外绕上一圈或多圈"的记载可知,权利要求1所要求保护的技术方案中回水管绕在水套管外面,权利要求1既不包括回水管不与水流通道连接的技术方案,也不包括回水管不是绕在水套管外面的技术方案,说明书也未记载前述两方案。权利要求2是权利要求1的从属权利要求,是对权利要求1的进一步限定,容东公司主张独立权利要求1必然存在与从属权利要求2不同的方案缺乏事实和法律依据,且容东公司主张的两方案也违反了本领域技术人员的设计常识。据此,权利要求1-2的技术方案可以得到说明书的支持。

(四)关于 2001 年专利法第二十六条第三款

如前所述,本专利权利要求 1-2 并不缺少必要技术特征,且本领域技术人员根据不同的实际应用场合、具体设计要求而能够确定构成激光管的各组件的数量、位置以及它们之间的连接关系,本专利说明书已经对发明作出清楚、完整的说明,本领域的技术人员能够实现,因此本专利说明书公开不充分的无效理由不能成立。

(五)关于 2001 年专利法第二十二条第三款

本专利权利要求 1-2 要求保护一种激光管结构,该结构除包括螺旋型回水管特征外还包括其他技术特征,一项权利要求的技术方案应整体考虑,而不能以某一项特征属于本领域的公知常识而否定技术方案的创造性。容东公司主张类似设计出现在国外产品中,但未提供现有技术证据。另外,从技术效果来看,尽管其声称的本发明要求保护的技术方案的具体工作原理与本发明的描述不同,但是容东公司也认同本发明要求保护的激光管结构客观上可以起到避免激光管炸裂的技术效果,容东公司和热刺公司对于具体工作原理的认知不同不足以否定技术方案的创造性。

原审法院判决:驳回容东公司的诉讼请求。案件受理费 100 元,由容东公司负担。

二审审理中,热刺公司为证明其主张,向本院提交了以下证据:

证据 1.《激光原理与技术》,高等教育出版社 2004 年 7 月第 1 版,用以证明本领域技术人员能够依据该教科书的记载知道本专利的位置、数量等部件结构特征。

证据 2.《激光技术与应用》,国防科技大学出版社 2002 年 1 月第 1 版,用以证明本专利权利要求中的"小功率"用语清楚。

证据 3.(2019)最高法知民终 26 号民事判决书,用以证明最高人民法院在判决书中认为本专利不存在"权利要求不清楚、缺乏必要技术特征、权利要求得不到说明书支持、说明书公开不充分"的情形。

容东公司的质证意见为:对三份证据的真实性、合法性无异议,不认可证明目的。

国家知识产权局的质证意见为:认可三份证据的真实性、合法性、关联性。

本院的认证意见为:对证据1的真实性、合法性予以确认。容东公司在无效宣告请求的理由中并未主张本专利权利要求1中的"中小功率"不清楚,故证据2与本案不具有关联性;证据3所要证明的问题涉及法律适用问题,不属于证明客观事实的证据。因此,对证据2、3均不予采纳。

原审查明的事实基本属实,本院予以确认。

本院另查明,容东公司在无效宣告请求的理由中并未主张本专利权利要求1中的"中小功率"不清楚;其在无效宣告请求时未提交评价创造性的对比文件,主张本专利相对于公知常识不具有创造性,在无效程序的口审中提出以热刺公司提交的证据作为对比文件评价本专利的创造性。

本专利说明书背景技术部分记载:"当前生产的玻璃管二氧化碳激光管,其水套管和储气管外的水嘴之间用玻璃管直接相连,而另外一头水套管和储气管又烧结在一起。在激光器工作过程中,其冷却水的温度在18℃至25℃之间,当工作环境的温度有别于这个温度时,就会造成水套管的温度和储气管的温度不一样,在同一种材料膨胀系数一样的情况下,水套管和储气管温度不同,就会导致它们的轴向膨胀长度不一样,当这种情况超出玻璃管的弹性极限时,激光管将炸裂,无法输出激光。"发明内容部分记载:"……本发明所要解决的技术问题是提供一种使用可靠,能很大程度提高二氧化碳激光器稳定性的技术……这种长度差能被这种结构的螺旋水管的弹性所吸收,而不会使激光管炸裂。"

本专利说明书仅有一个附图,各方当事人均认可该附图中的回水管在出水口一端。

本院认为,本案为发明专利权无效行政纠纷,因本专利申请日在2008年修正的专利法实施之前,提起无效宣告请求日在2010年修订的专利法实施细则实施之后,故本案实体问题应适用2001

年实施的专利法及2002年实施的专利法实施细则,程序问题适用2009年实施的专利法和2010年实施的专利法实施细则。本案二审的争议焦点包括:(一)本专利独立权利要求是否缺少必要技术特征;(二)本专利权利要求保护范围是否清楚;(三)本专利说明书是否公开充分;(四)本专利权利要求是否得到说明书支持;(五)本专利是否具有创造性。

(一)本专利独立权利要求是否缺少必要技术特征

2002年专利法实施细则第二十一条第二款规定:"独立权利要求应当从整体上反映发明或者实用新型的技术方案,记载解决技术问题的必要技术特征。"必要技术特征,是指发明或者实用新型为解决其技术问题所不可缺少的技术特征,其总和足以构成发明或者实用新型的技术方案,使之区别于背景技术中所述的其他技术方案。判断独立权利要求是否缺少必要技术特征,应当从说明书记载的发明或者实用新型所要解决的技术问题出发,不能脱离该技术问题而要求专利申请人增加权利要求中的技术特征。

本案中,其一,根据本专利说明书的描述,本专利所要解决的技术问题是提高二氧化碳激光器的稳定性,防止因水套管和储气管温度不同导致轴向膨胀长度不同,从而引起激光管炸裂的情形。为此,权利要求1在限定了激光器各个组件的基础上,为使之区别于现有技术方案,限定了以螺旋型回水管吸收因不同温度引起的轴向膨胀长度不同,并限定了回水管的结构及其与水套管和水嘴的连接关系,即"回水管(11)在所述水套管(5)外绕上一圈或多圈,形成螺旋型回水管(11),然后所述螺旋型回水管(11)的另一头和所述水嘴(7)烧接上",上述限定与对激光器各个组件的限定共同构成一个完整的技术方案。其二,本专利设置螺旋型回水管所针对的是没有设置螺旋型回水管的背景技术中存在的轴向膨胀长度不同的问题,判断是否缺少必要技术特征时亦不能脱离本专利相对于背景技术的该技术效果。由于进水端和出水端都存在水套管和储气管之间的温度差异,故将螺旋型回水管设置在进水端或出水端,相对于没有设置螺旋型回水管的技术方案,都能不同程度地减少温度差异带来的轴向膨胀问题,从而减少激光管炸裂的风险。虽然在此基础上对螺旋型回水管位置的设置确实会对技术方案的具体实施及其效果产生影响,但不影响其相对于背景技术均能提高二氧化碳激光器的稳定性,故进一步比较回水管设置位置不同的效果优劣,从而选择更优的方案,并非本专利独立权利要求中必须记载的内容,不构成必要技术特征。其三,对于其他组件的数量和位置关系,在案证据表明,二氧化碳激光管是一种常见的用于激光加工的产品,且存在由放电管、储气管、水套管、回气管、水嘴等部分组成的基本结构,其常规的结构设置是本专利申请日之前本领域技术人员所知晓的普通技术知识。在本专利权利要求1明确限定了激光管结构中的各个组件的情况下,本领域技术人员可以根据普通技术知识、应用常规实验能力对上述组件的数量、位置和连接关系进行常规设置。除螺旋型回水管的位置问题外,容东公司亦不能说明对组件的数量、位置和连接关系进行进一步限定对于解决本专利所要解决的技术问题的作用,故相关技术特征不属于必须记载在独立权利要求中的必要技术特征。因此,本专利独立权利要求具备解决本专利所要解决的技术问题所不可缺少的技术特征。

针对容东公司的上诉意见,本院需要强调的是,本领域的技术人员是指一种假设的"人",假定他知晓申请日或者优先权日之前发明所属技术领域所有的普通技术知识,能够获知该领域中所有的现有技术,并且具有应用该日期之前常规实验手段的能力。权利人的陈述并不必然代表本领域技术人员的知识和能力水平。在以本领域技术人员作为判断标准时,应当考虑其对现有技术的理解、实验和推理能力,不能机械地仅以与现有技术文件的记载完全一致的技术方案作为本领域技术人员的知识和能力水平。同时需要指出的是,专利法及专利法实施细则对权利要求书和说明书的撰写要求作出规定,是为了确保实现专利制度以公开换保护的目的和避免权利人获得与其技术贡献不相匹配的保护范围,但如果脱离本领域技术人员的标准要求申请人在独立权利要求中记载过多技术特征或要求说明书面面俱到,也会导致对申请人撰写专利文件的要求与其创新程度不相适应,悖离专利法鼓励发明创造的立法目的。

(二)本专利权利要求保护范围是否清楚

2002年专利法实施细则第二十条第一款规定:"权利要求书应当说明发明或者实用新型的技术特征,清楚、简要地表述请求保护的范围。"权利要求书应当清楚,指的是权利要求类型应当清楚和权利要求所确定的保护范围应当清楚。

经审查,容东公司在无效宣告请求的理由中并未主张本专利权利要求1中的"中小功率"不清楚,原审法院对此进行评述超出了本案的审理范围。

关于本专利权利要求1中未限定各组件的数量、位置关系、连接关系是否导致权利要求不清楚的问题。本专利权利要求1未限定组件数量及组件之间的位置关系、连接关系,实际上意味着专利权人在权利要求1中不采用组件数量及组件之间的位置关系、连接关系对权利要求1的保护范围作出限定,专利权人对此自行承担保护范围较大有可能包含现有技术而不具备新颖性或创造性的后果。在权利要求1明确其保护的是一种激光管,并清楚限定了各组件的情况下,缺少上述技术特征并不会导致权利要求类型或者保护范围不清楚。同样,本专利权利要求并未限定螺旋型回水管是设在出水端还是进水端,对保护范围的影响也是清楚的。此外,如上所述,本领域的技术人员是指一种假设的"人",权利人的陈述并不必然代表本领域技术人员的知识和能力水平,专利权无效审查部门与权利人的理解不一致亦不构成权利要求不清楚的理由。

(三)本专利说明书是否公开充分

2001年专利法第二十六条第三款规定:"说明书应当对发明或者实用新型作出清楚、完整的说明,以所属技术领域的技术人员能够实现为准;必要的时候,应当有附图"。

虽然本专利说明书只给出了一个附图,但本专利要解决背景技术中水套管和储气管之间的温度差异带来的轴向膨胀长度不同的问题,由于进水端和出水端都存在水套管和储气管之间的温度差异,本领域技术人员可以理解,将螺旋型回水管设置在进水端或出水端,相对于没有设置回水管的技术方案,都能不同程度地减少温度差异带来的轴向膨胀问题,从而减少激光管炸裂的风险。在两端设置的效果优劣不应纳入评价本专利说明书的范畴。至于具体如何实施,说明书已载明将水套管一头的回水管在水套管外绕上一圈或多圈后另一头和水嘴烧接上,以本领域技术人员的常规实验能力,可以根据不同的实际应用场合、具体设计要求进行设置。同样,对于其他组件的数量、位置和连接关系,本领域技术人员也可以根据普通技术知识、应用常规实验能力,结合不同的实际应用场合、具体设计要求进行设置。

(四)本专利权利要求是否得到说明书支持

2001年专利法第二十六条第四款规定,权利要求书应当以说明书为依据,说明要求专利保护的范围。

如上所述,本领域技术人员可以理解,将螺旋型回水管设置在进水端或出水端均能实现本专利相对于背景技术的发明目的,也可以根据普通技术知识和常规实验能力对组件的数量、位置和连接关系进行设置,故本专利权利要求1的限定能够得到说明书的支持。容东公司主张权利要求1-2中包括了这些组件之间没有任何联系的技术方案,显然不符合本领域技术人员的认知。

(五)本专利是否具有创造性

2001年专利法第二十二条第三款规定:"创造性,是指与现有技术相比,该发明具有突出的实质性特点和显著的进步,该实用新型具有实质性特点和进步。"

2010年专利法实施细则第六十七条规定:"在专利复审委员会受理无效宣告请求后,请求人可以在提出无效宣告请求之日起1个月内增加理由或者补充证据。逾期增加理由或者补充证据的,专利复审委员会可以不予考虑。"

本案中,容东公司在无效程序的口审中提出以热刺公司的证据作为主张本专利不具有创造性的证据,属于增加理由或者补充证据的情形,且时间超过提出无效宣告请求之日起1个月,专利复审委员会对此不予考虑于法有据。

容东公司还主张本专利相对于公知常识不具有创造性,并主张被诉决定及原审判决以本领域技术人员的标准评述本专利权利要求书和说明书的结论与否定本专利创造性的结论相矛盾。对此,本院认为,创造性判断的对象是权利要求限定的整体技术方案,即使权利要求中的各个技术特征均为现有技术或公知常识中的技术特征,也并不必然意味着技术方案整体不具有创造性。容东公司在本案中并没有从本专利技术方案整体出发,其提出的主张不符合创造性判断的逻辑,其要求被诉决定评述本专利实际解决的技术问题和技术启示缺乏必要的基础。此外,容东公司亦未提出任何关于设置螺旋型回水管的现有技术证据,故其理由不足以否定本专利的创造性。被诉决定和原审判决评价权利要求书、说明书是否符合法律规定时是从权利要求书、说明书记载的内容本身出发,判断本领域技术人员能否清楚地确定保护范围或实施技术方案;在评价创造性时是从现有技术出发,判断本领域技术人员得到本专利的技术方案是否需要付出创造性劳动,二者的出发点、逻辑及适用本领域技术人员的标准所针对的内容均不相同,并不存在容东公司主张的矛盾之处。

综上所述,容东公司的上诉请求不能成立,应予驳回;原审判决认定事实基本清楚,适用法律、法规正确,判决结果正确,应予维持。依照《中华人民共和国行政诉讼法》第八十九条第一款第一项规定,判决如下:

驳回上诉,维持原判。

二审案件受理费100元,由上海容东激光科技有限公司负担。

本判决为终审判决。

后　　记

本书是在中国知识产权培训中心关心支持下，中国知识产权培训中心系列培训教材的重要组成部分。伴随着中国知识产权诉讼制度的改革，书中内容已经修改多次，所选案例也相对成熟，现分享给同行。我的《专利权诉讼典型案例指引》《商标权诉讼典型案例指引》《著作权诉讼典型案例指引》《反不正当竞争诉讼典型案例指引》已经出版，加上本书，构成了较为完整的"知识产权争议处理典型案例指引丛书"。

我1998年在上海宝山钢铁股份有限公司工作。最初几年，我学习实践了瑞典ABB公司、美国摩根公司、德国西门子公司及日本三菱公司等全球著名企业的先进技术，同时开始接触知识产权。我那时注意到所接触的资料上均标注"版权所有"的字样，深知技术创新与知识产权密不可分，极其重要。在宝钢工作期间，我主持完成了宝钢股份公司的科研项目，并申报了企业技术秘密，这激发了我从事知识产权相关工作的兴趣。在宝钢股份公司的工作经历，让我受益匪浅。

2007年，我参与上海市新闻出版（版权）领域的多项立法调研，亲历众多的版权行政执法案件，进一步提升我在知识产权领域的法律操作技能。2009年至2012年，我在复旦大学法学院完成博士研究求学之路，系统研究了知识产权诉讼制度。2014年至2016年，我在复旦大学经济学院完成博士后研究工作，就知识产权司法赔偿问题进行探索性的研究。

不积跬步，无以至千里；不积小流，无以成江海。纵观我的工作和研究的经历，从接触知识产权到从事知识产权相关工作，超过二十年。前进之路，布满荆棘，很难至千里，汇江海。我能够实践在探索的路上，就已经感觉是幸运的宠儿。近十年来，我特别感谢百威（中国）销售有限公司、中策橡胶集团股份有限公司、福达(中国)投资有限公司、上海老凤祥有限公司、东浩兰生(集团)有限公司、欧力(上海)饮料有限公司、正泰集团股份有限公司、达索析统(上海)资讯技术有限公司、北京热刺激光技术有限责任公司等世界知名企业的信任,让我有幸负责办理数百件知识产权诉讼案件,积累了版权、专利、商标、不正当竞争及商业秘密等知识产权争议解决全领域的经验。

本书的写作,困难重重。最初难以寻求合适的案例,现在时机相对成熟,终于得以精选出最近三年的相关案例进行研究。本书详细论述了知识产权个案的特殊性,阐述了知识产权一体化保护的综合性,就知识产权一体化保护的实体法及程序法问题进行系统分析,力求易于读者理解,遇到相关问题时可以参考。

本书的前言和后记均由我毛笔书写。我儿时跟随爷爷学习毛笔字,曾在1997年软笔书法竞赛中获奖。囿于青少年时期的求学之辛、工作之重,不得已而丢掉儿时的兴趣。而今重拾,每日坚持习字,先后得到了卢英杰老师、蔡修权老师的帮助和悉心指点。能够同时走上知识产权及书法之路,我倍感充实。

我在本书写作过程中得到了侯思铭、王新月、武超、张菁等朋友的帮助,在此深表谢意。我坚信,求学、求知与实践,当"博学之、审问之、慎思之、明辨之、笃行之"。本书中许多观点和处理方案肯定有疏漏和缺陷,仍有待提高,在此恳请师长、朋友和读者们批评、教正。

最后,特别向中国知识产权培训中心和文汇出版社的领导及老师表示衷心感谢,有了你们的鼎力支持,本书才得以顺利出版!

刘华俊
2022年10月于上海

后记

讼典型案例指引著作权诉讼典型案例指引反不正当竞争诉讼典型案例指引己经出版加上本书构成了较为完整的知识产权争议处理典型案例指引丛书

我一九九八年在上海宝山钢铁股份有限公司工作最初几年我学习实践了瑞典ABB公司美国摩根

後記

本書是在中國知識產權培訓中心關心支持下中國知識產權培訓中心系列培訓教材的重要組成部分伴隨著中國知識產權訴訟制度的改革書中內容已經修改多次所選案例也相對成熟現分享給同行我的專利權訴訟典型案例指引商標權訴

知識產權相關工作的興趣在寶鋼股份公司的工作經歷讓我受益匪淺。

二〇〇七年我參與上海市新聞出版版權領域的多項立法調研，親歷眾多的版權行政執法案件，進一步提升我在知識產權領域的法律操作技能。二〇〇九年至二〇一二年我在復旦大學法學院完公司德國西門子公司及日本三菱公司等全球著名企業的先進技術同時開始接觸知識產權我那時注意到所接觸的資料上均標注版權所有字樣深知技術創新與知識產權密不可分極其重要在寶鋼工作期間我主持完成了寶鋼股份公司的科研項目並申報了企業技術秘密這激發了我從事

识产权相关工作超过二十年前进之路布满荆棘很难至千里汇江海我能够句实践在探索的路上就已经感觉是幸运的宠儿近十年来我特别感谢

百威中国销售有限公司

中策橡胶集团股份有限公司

福达中国投资有限公司

成博士研究求學之路系統研究了知識產權訴訟制度二〇一四年至二〇一六年我在復旦大學經濟學院完成博士後研究工作就知識產權司法賠償問題進行探索性的研究

不積跬步無以至千里不積小流無以成江海縱觀我的工作和研究經歷應從接觸知識產權到從事知

等世界知名企業的信任讓我有幸負責辦理數百件知識產權訴訟案件積累了版權專利商標不正當競爭及商業秘密等知識產權爭議解決全領域的經驗

本書的寫作困難重重家初難以尋求合適的案例現在時機相對成熟終於得以精選出家近三年的

上海老鳳祥有限公司

東浩蘭生集團有限公司

歐力上海飲料有限公司

正泰集團股份有限公司

達索析統上海資訊技術有限公司

北京熱刺激光技術有限責任公司

爺之學習毛筆字曾在一九九七年軟筆書法竞賽中獲獎囿於青少年時期的求學之辛工作之重不得己而丟掉兒時的興趣而今重拾每日堅持習字先後得到了盧英傑老師蔡脩權老師的幫助和悉心指點能够同時走上知識產權及書法之路我倍感充實

相關案例進行研究本書詳細論述了知識產權個案的特殊性闡述了知識產權一體化保護的綜合性就知識產權一體化保護的實體法及程序法問題進行系統分析力求易於讀者理解遇到相關問題時可以參考

本書的前言和後記均由我毛筆書寫我兒時跟隨

最後特別向中國知識產權培訓中心及文匯出版社的領導和老師表示衷心感謝，有了你們的鼎力支持本書才得以順利出版。

二〇二二年十月

劉華俊於上海

我在本書寫作過程中得到了侯思銘王新月武趙張菁等朋友的幫助在此深表謝意我堅信求學求知與實踐當博學之審問之慎思之明辨之篤行之本書中許多觀點和處理方案肯定有疏漏和缺陷仍有待提高在此懇請師長朋友和讀者們批評教正